《中国家庭基本藏书》

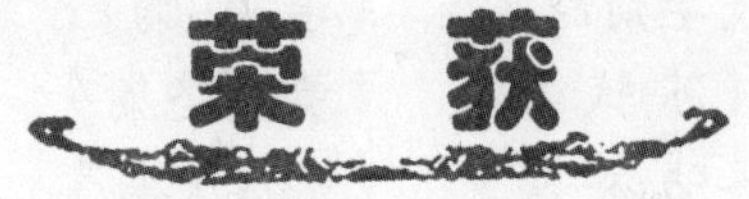

新闻出版总署优秀畅销书奖
全国优秀古籍图书普及读物奖
第十七届山西省优秀图书一等奖
第二届山西出版政府奖
山西出版集团2008年度十种好书

全套藏书累计销售500万册

中国家庭基本藏书（修订版）

诸子百家卷

《诗经》 《楚辞》 《论语·大学·中庸》 《孟子》 《老子
《庄子》 《荀子》 《韩非子》 《孙子兵法·尉缭子·鬼谷子》
《墨子》 《周易》 《山海经》 《吕氏春秋》 《三十六计》

名家选集卷

《三曹诗集》《陶渊明集》《王勃集》《孟浩然集》《高适集
《王维集》《李白集》《杜甫集》《岑参集》《韩愈集
《白居易集》《刘禹锡集》《柳宗元集》《元稹集》《李贺集
《杜牧集》《李商隐集》《李煜集》《柳永集》《欧阳修集
《王安石集》《苏轼集》《黄庭坚集》《秦观集》《周邦彦集
《李清照集》《陆游集》《范成大集》《杨万里集》《辛弃疾集
《姜夔集》《元好问集》《文天祥集》《唐伯虎集》《李贽集》
《三袁集》《张岱集》《傅山集》《纳兰性德集》《郑板桥集
《袁枚集》《龚自珍集》

史著选集卷

《左传》《国语》《战国策》《史记》《汉书》《后汉书》《三国志
《资治通鉴》

综合选集卷

《唐诗三百首》《宋词三百首》《元曲三百首》《千家诗》《古文观止》
《汉魏六朝小赋骈文选》《唐宋八大家文选》《明清小品文选》

笔记杂著卷

《蒙学六种——三字经·百家姓·千字文·增广贤文·幼学琼林·格言联璧》
《颜氏家训·朱子家训》《世说新语》《曾国藩家书》《金刚经·坛经》
《菜根谭·小窗幽记·幽梦影》《浮生六记》《闲情偶寄》《近思录》
《徐霞客游记》《古代书信精选》

戏曲小说卷

《元杂剧精选》《西厢记》《牡丹亭》《长生殿》《桃花扇》《今古奇观》
《三国演义》《水浒传》《西游记》《红楼梦》《聊斋志异》《儒林外史》
《封神演义》《话本小说选》《文言小说选》

中国家庭基本藏书　史著选集卷

战国策

〔战国〕佚名〔著〕　〔汉〕刘向〔编订〕　宋韬〔译注〕

山西出版集团
三晋出版社

博学工作室

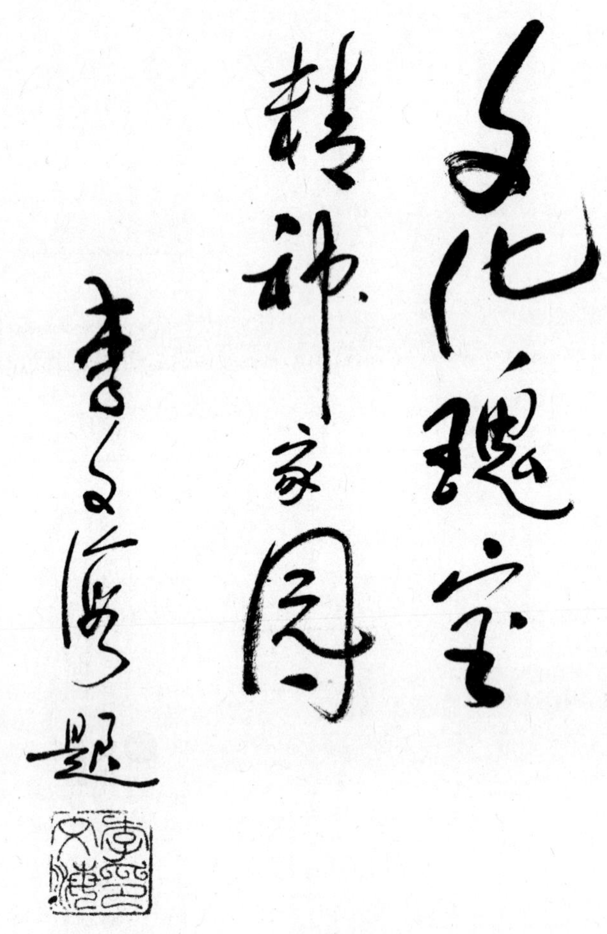

·中国史学会会长、中国人民大学教授李文海先生为《中国家庭基本藏书》题词

前言

《战国策》从刘向整理、校定完成，至今已有2000多年。刘向在《战国策书录》中说："所校中《战国策》书，中书馀卷，错乱相糅莒。又有国别者八篇，少不足。臣向因国别者，略以时次之，分别不以序者以相补，除复重，得三十三篇。"自此，经刘向编纂校定的《战国策》33卷就流传下来了。但到了宋代，《战国策》残阙得就比较严重了。北宋《崇文总目》说："《战国策》二十二卷"，缺了11卷。曾巩（1019—1083）在北宋嘉祐（1056—1067）年间曾编校史馆书籍，他对散佚的11卷多方寻求，终于补全。南宋绍兴（1131—1162）年间，《战国策》出现了两个重要的校注本。一是姚宏校注本；一是鲍彪校注本。前者详于校勘，后者精于考证。元泰定二年（1325），吴师道作《战国策鲍注补正》，补鲍注之缺，正鲍注之失。清嘉庆八年（1803）江苏吴县黄丕烈摹刻宋版姚本，收入《士礼居丛书》中。解放前，上海中华书局据黄丕烈《士礼居丛书》摹宋姚宏本重刻，收入《四部备要》史部；上海商务印书馆据元至正十五年

(1355)刊刻的鲍彪本影印，收入《四部丛刊》史部。1978年，上海古籍出版社出版了《战国策》汇注本。该本以《士礼居丛书》本为底本，汇集了姚宏、鲍彪、吴师道、黄丕烈诸家校注，集诸本于一身，是现在流行的最好的本子。

本书即是以1978年上海古籍出版社出版的《战国策》汇注本为底本，兼校以其他诸家版本及《史记》、《战国纵横家书》等文献。本书在校对上，主要有两种情况。一为改字，二为删字。但不论哪种情况，都在正文中径自为之，并在注释中一一说明所改之依据、所删之理由。在注释上，主要偏重于难解的字、词，必要时，也引用了高诱、鲍彪、吴师道、黄丕烈、金正炜等学者的注释。但不论是引用古贤之注，还是引用时贤之说，都一一标明；若遇到有多种说法、本书择善而从时，皆注明从某说，并简要说明其理由。在译文上，以直译为主，意译为辅，在尽量反映原文原貌的同时，力求做到"信"、"达"、"雅"。本书在选择篇目时，力求反映《战国策》的全貌，同时也尽量考虑了文章的思想性或艺术性。为了帮助读者阅读，每篇选文都写了简要的题解，概括介绍文章的主要内容。

此外，本书在译注时，也参阅了牛鸿恩等《战国策选注》(天津古籍出版社1984年版)、何建章《战国策注释》(中华书局1990年版)、王守谦等《战国策全译》(贵州人民出版社1992年版)、钱超尘《战国策译注》(北京燕山出版社1993年版)、王扶汉《文白对照全译战国策》(中央民族学院出版社1993年版)及任重、霍旭东译注的《战国策选译》(巴蜀书社1997年版)等著作，在此一并表示感谢！

为方便读者使用，末附"《刘向书录》"、"《战国策》名言警句"(正文中用着重号标出)、"《战国策》主要版本"及"《战国策》重要研究著作"。

《战国策》毕竟是两千多年前的作品，难免有时代或阶级的烙印，加之本人学识浅陋，译注时错误肯定不少，所以，还希望读者朋友们在阅读时，"取其精华，弃其糟粕"，真正能感悟到古代那些"高才秀士"们的睿智。

宋　韬

2008年8月

《战国策》及其价值（代序）

王　晖

《战国策》主要是战国时代游说之士的言行汇集，也有一些历史史实和人物的记录。其书作者不详，大概不是一人一时所作，故书中不免有自相矛盾之处。《战国策》一书名称为刘向校定其书时所定，原书错乱相糅，简牍纷杂，而且中秘所藏其书，名称不一，或称《国策》、或称《国事》、或称《短长》、或称《事语》、或称《长书》、或称《修书》，刘向在编定之时定名为《战国策》。其书所述事件在春秋之后、楚汉相争之前，有245年的历史。全书按国编排，分为东周、西周、秦、齐、楚、赵、魏、韩、燕、宋、卫、中山十二国，共三十三篇。其中齐、秦篇数最多，《齐策》六篇，《秦策》五篇，其馀《楚策》、《赵策》、《魏策》各四篇，《韩策》、《燕策》各三篇，《中山策》一篇，《宋策》、《卫策》合为一篇。除中山、宋、卫三国外，齐、秦、楚、赵、魏、韩、燕七国正好构成战国时七个大国。

诸祖耿先生说："殷、周之训诰，战国之策书，前者上告下，后者下说上，此千载人文之一大进也。"这就是说，由《战国策》开始开创了由下说上的文章体裁，且蔚然成为一时风气。战国时代，各诸侯大国独霸一方，割据称雄，各个大国都想凭借自己的实力创建一个统一的中央集权王朝。于是各国之间在政治、经济、军事、外交等各个方面展开了错综复杂的斗争。在这种形势下，一批又一批的游说之士应运而生，他们站在各个不同的诸侯国或不同的政治集团立场上，提出各种不同的主张和策略。一时形成一种强大的政治势力。刘向在总结《战国策》中策士的作用时说："是以苏秦、张仪、公孙衍、陈轸、代、厉之属生，纵横短长之说，左右倾侧。苏秦为纵，张仪为横。横则秦帝，纵则楚王，所在国重，所去国轻。"也正是苏秦、张仪、公孙衍、陈轸等策士"所在国重，所去国轻"，一时诸侯王公权卿争养游说之士，多则数千，少则数十。他们或连横事秦，蚕食六国、吞併天下；或合纵为六国，出奇谋异智，转危为安，转亡为存。策士后学者为了方便揣摩学习，便把说士游客异智言行和佚闻收集起来，以资学习。一时简册纷出，蔚为大观。然而《战国策》作为历史著作，有些资料不够真实，往往夸大其词，在引用资料时应注意这一点。

1973年在长沙马王堆三号汉墓中出土了与《战国策》性质相近的帛书，记载了战国时期说客辩士的言论行为，共有十七章，其中有十六章不同于《战国策》，整理者定名为《战国纵横家书》，可作为《战国策》的别本，可补足今本《战国策》的不足，也是研究战国时期历史的宝贵资料。

本文引自王冠英主编《中国文化通史·先秦卷》，中共中央党校出版社，2001年1月版，该篇作者为王晖。题目为译注者所拟。

目录

◎魏 策

◎韩 策

◎燕 策

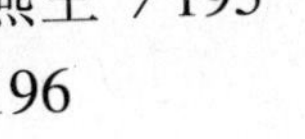

◎宋策

◎东周策

题解

《东周策》反映了周室政权的由盛而衰。《秦兴师临周而求九鼎》记述东周国大臣颜率通过其睿智和计谋，巧使秦、齐两国取消了向东周国索取九鼎的请求。九鼎，是周王朝政权的象征。“秦兴师求九鼎”反映出战国时期诸侯势力强大、再也不把周王室放在眼里的社会现实。《东周与西周争》写齐明巧计破解西周与楚、韩联合攻打东周的计划。《东周欲为稻》记述了周王室一分为二后还互相倾轧、以邻为壑，而其臣子们则置国家利益于不顾，只谋一己之私利。《秦假道于周以伐韩》记述东周国君采用韩国史官史悫的计谋，使本来打算向东周借路的秦国取消了攻打韩国的计划，不仅解除了东周因借路给秦国可能会得罪韩国的忧虑，而且还使东周得到了韩国送来的土地。《赵取周之祭地》写周国大臣郑朝巧计索回被赵国夺去的祭田的事。《杜赫欲重景翠于周》记述东周人杜赫劝说东周国君重用楚国大将景翠之事。《三国隘秦》则记述了东周国为不失掉大国的邦交，在韩、赵、魏三国阻绝了秦国向东方发展势力的情况下，以替秦国侦察东方大国的行动为由，而主动亲近秦国、争取秦国之事。岂知秦国正是通过连横的策略才一步步蚕食东方六国，并最终消灭六国的。《昌他亡西周》记述了西周大臣冯且用反间计杀死西周叛臣昌他之事。其实，春秋时期，周室即已衰微，礼乐征伐自诸侯出、自大夫出，诸侯强国僭越王权之事经常发生。如春秋初年由“周郑交质”、“周郑交恶”（前720）发展到郑军“射王中肩”（前707）的事件，春秋中期晋文公请求天子之葬礼的事件（前635）、楚庄王“观兵于周疆”、“问鼎之大小轻重”的事件（前606），均反映出那个时代“礼崩乐坏”的社会现状。

秦兴师临周而求九鼎

原文

秦兴师临周而求九鼎①，周君患之，以告颜率②。颜率曰：“大王勿忧，臣请东借救于齐。”颜率至齐，谓齐王曰③：“夫秦之为无道也，欲兴兵临周而求九鼎，周之君臣，内自尽计：与秦，不若归之大国④。夫存危国，美名也；得九鼎，厚宝也。愿大王图之⑤。”齐王大悦，发师五万人，使陈臣思将以救周⑥，而秦兵罢。

①师：军队。　九鼎：是一组九个大鼎。相传禹铸九鼎，夏、商、周传为国宝。周武王伐纣灭商，得商王

朝国宝九鼎。武王之子成王把九鼎自商都迁至镐京(今陕西省西安市西郊),举行隆重的定鼎仪式。从此,“九鼎”成了周王朝政权的象征。　求:索。

②颜率:鲍彪注曰:“周人。”

③齐王:即齐宣王,威王之子,名辟疆,田齐第五代国君,公元前319年—公元前301年在位。

④若:如。　归:赠送。

⑤图:谋,考虑。

⑥陈臣思:即田臣思,齐国公族。　将:率领。

秦国出兵进逼东周,想要索取九鼎,东周国君很是忧虑,把此事告诉了大臣颜率。颜率说:“大王您不必担忧,请让我到东方的齐国去求援兵。”颜率到了齐国,对齐宣王说:“秦国无道,想发兵进逼东周索取九鼎,我国的君臣已经作了研究,一致认为把九鼎给秦国不如送给贵国。齐国保护濒临危亡的国家将能获得美好的名声;得到九鼎就是得到了最贵重的宝物。希望大王考虑这件事。”齐宣王听了十分高兴,于是就发兵五万,派陈臣思率领去救援东周,秦军这才撤退。

齐将求九鼎[①],周君又患之。颜率曰:“大王勿忧,臣请东解之。”颜率至齐,谓齐王曰:“周赖大国之义,得君臣父子相保也,愿献九鼎,不识大国何途之从而致之齐?”齐王曰:“寡人将寄径于梁[②]。”颜率曰:“不可。夫梁之君臣欲得九鼎,谋之晖台之下[③],少海之上[④],其日久矣。鼎入梁,必不出。”齐王曰:“寡人将寄径于楚。”对曰:“不可。楚之君臣欲得九鼎,谋之于叶庭之中,其日久矣。若入楚,鼎必不出。”王曰:“寡人终何途之从而致之齐?”颜率曰:“弊邑固窃为大王患之。夫鼎者,非效醯壶酱甀耳[⑤],可怀挟提挈以至齐者;非效鸟集乌飞,兔兴马逝,漓然止于齐者。昔周之伐殷,得九鼎,凡一鼎而九万人挽之,九九八十一万人,士卒师徒,器械被具[⑥],所以备者称此。今大王纵有其人,何途之从而出?臣窃为大王私忧之。”齐王曰:“子之数来者,犹无与耳。”颜率曰:“不敢欺大国,疾定所从出,弊邑迁鼎以待命。”齐王乃止。

①将:乃,又。

②寄径:借路。　梁:三家分晋:魏始都安邑(今山西夏县),惠王时徙都大梁(今河南开封),故魏亦称梁。

③晖台:魏国台名。

④少海:鲍本作“沙海”。故址在今开封附近。

⑤醯(xī):醋。　甀(chuí):小口坛子。

⑥器械被(pī)具:鲍彪注:“械,器之总名。被具,士卒所服用之具。”器械被具,指搬运九鼎所使用的器

械工具衣物等。

齐国退了秦兵之后，又向东周索要九鼎，东周国君又为此忧虑起来。颜率说："大王不必忧虑，请让我到东方的齐国去解决这个问题。"颜率到了齐国，对齐宣王说："我们东周依仗贵国的义举，君臣父子才得以保全，愿意奉献出九鼎，不知贵国打算从哪条路线把它们运到齐国去?"齐宣王说："我打算向魏国借路。"颜率说："这条路不行。魏国的君臣也想得到九鼎，他们曾经在晖台之下、少海之上谋画过很长时间了。九鼎进入魏国，就甭想运出来了。"齐宣王又说："那我还打算向楚国借路。"颜率回答说："这条路也不行。楚国的君臣也想得到九鼎，他们曾经在叶庭之中谋画过，时日也很久了。如果九鼎进入楚国，必定还是运不出来。"齐宣王说："那我该用哪条路线才能把九鼎运来齐国呢?"颜率说："我们东周确实暗中也为大王发愁。鼎这东西，不像醋壶酱坛子，可以揣在怀里提在手中弄到齐国去；也不像鸟雀、乌鸦可以飞到齐国，更不像野兔和奔马，可以跑到齐国。从前周王讨伐殷朝，得到了这九鼎，每鼎用了九万人牵引。搬运这九个鼎，共需要九九八十一万人，其馀所需的士兵役夫，器械服装等用具，用来备用的也相当于这个数目。现在大王即使有那么多人，但究竟从哪条路线运出来呢?我暗地里也替大王发愁。"齐宣王说："您多次来，还是不想给九鼎啊。"颜率说："我们不敢欺骗贵国，请赶快确定运送九鼎的路线，敝国正等待您的命令，准备随时献出九鼎。"齐宣王只好放弃了求取九鼎的打算。

东周与西周争

【原文】

东周与西周争，西周欲和于楚、韩[①]。齐明谓东周君曰："臣恐西周之与楚、韩宝，令之为己求地于东周也。不若谓楚、韩曰，西周之欲入宝，持二端[②]。今东周之兵不急西周，西周之宝不入楚、韩。楚、韩欲得宝，即且趣我攻西周[③]。西周宝出，是我为楚[④]、韩取宝以德之也，西周弱矣。"

①和于楚、韩：和二国以为己援。和，联合。

②持二端：言东兵急则入，不急则已。

③趣：通"促"，促使。

④是：则。

译文

东周与西周发生冲突，西周想与楚国、韩国联合起来对抗东周。齐明对东周国君说："我担心西周给楚、韩宝物，让楚、韩两国替自己向东周索取土地。您不如派人对楚、韩两国说，西周想送给你们宝物的事，还在两可之间。现在东周的军队如果不紧逼西周，西周的宝物就不能落到楚、韩两国的手里。楚、韩想要得到宝物，就应促使我们东周去进攻西周。西周的宝物送出来，那是我们为楚、韩争得的宝物，施予的恩德，这样西周就会软弱下来。"

东周欲为稻

东周欲为稻[①]，西周不下水，东周患之。苏子谓东周君曰："臣请使西周下水可乎？"乃往见西周之君曰："君之谋过矣[②]！今不下水，所以富东周也。今其民皆种麦，无他种矣。君若欲害之，不若一为下水，以病其所种。下水，东周必复种稻；种稻而复夺之。若是，则东周之民可令一仰西周[③]，而受命于君矣。"西周君曰："善。"遂下水。苏子亦得两国之金也。

①为稻：种稻。鲍彪注："为谓种之。"

②过：错误。

③一：完全。　仰：仰仗，依赖。

译文

东周打算种水稻，可是西周不肯往下放水，东周人为此很忧虑。苏子对东周国君说："请让我出使西周，让他们放水，可以吗？"于是他便去见西周的国君说："您的计划错啦！现在不放水，恰恰是让东周富裕起来。如今东周的百姓都种麦子，不种别的作物了。大王您如果要加害他们，不如先放一阵子水，去损害他们所种的麦子。如果放水，东周一定改种稻子；种了稻将来再去抢他们的。若是这样，那么可以使东周的百姓完全仰仗西周而听从大王的命令了。"西周国君说："很好！"于是往下放水，苏子也因此得到了两国的赏金。

秦假道于周以伐韩

秦假道于周以伐韩，周恐假之而恶于韩[①]，不假而恶于秦。史黡谓周君曰[②]：“君何不令人谓韩公叔曰[③]：‘秦敢绝塞而伐韩者[④]，信东周也。公何不与周地，发重使使之楚，秦必疑，不信周，是韩不伐也[⑤]。’又谓秦王曰：‘韩强与周地[⑥]，将以疑周于秦[⑦]，寡人不敢弗受。’秦必无辞而令周弗受，是得地于韩而听于秦也[⑧]。”

①恶于韩：犹言得罪韩。

②史黡(yǎn)：韩国史官，身世不详。

③韩公叔：韩氏公族，韩国大臣。

④绝塞：越过边塞。绝，渡、越。鲍彪注：“绝，横渡。塞，障也，为垣垒以遮止邻国往来。”

⑤是：如此。

⑥强：硬。

⑦将：欲，想。

⑧听：听从，顺从。

译文

秦国向东周借路用来讨伐韩国，东周害怕借路给秦国而得罪韩国，可是不借路就会得罪秦国。史黡对东周国君说：“您何不打发人去对韩公叔说：‘秦国敢于横越东周的边塞去讨伐韩国，这是相信东周的缘故。您为什么不送土地给东周，让他们派出重臣出使楚国，这样秦国必定产生疑虑，不再信任东周，这样一来，韩国就不会受到讨伐了。’然后再派人去对秦王说：‘韩国硬要送给我们东周土地，是想让秦国怀疑东周，我们主君不敢不领受。’秦王一定不会说不让东周接受土地，这样东周既得到了韩国的土地又听从了秦国的意思。”

赵取周之祭地

赵取周之祭地[①]，周君患之，告于郑朝[②]。郑朝曰：“君勿患也，臣请以三十金复取之。”周君予之，郑朝献赵太卜[③]，因告以祭地事。及王病，太卜谴之曰[④]：“周之祭地为祟[⑤]。”赵乃还之。

①祭地：祭田，生产所得收益专用于祭祀的田地。

②郑朝：周大臣。

③太卜：掌管国家占卜的长官。

④谴：责，告。

⑤祟：鬼神作怪。

赵国夺取了东周的祭田，周君很忧虑，便把此事告诉了郑朝。郑朝说："君王不必忧虑，我请求用三十斤金把那祭田重新收回来。"周君给了郑朝三十斤金，郑朝把它献给了赵国的太卜，并谈了祭田的事。等到赵国国王生病的时候，让太卜卜问，太卜责怪说："这是东周祭田的鬼神在作怪。"于是赵国就归还了东周的祭田。

杜赫欲重景翠于周

杜赫欲重景翠于周[①]，谓周君曰："君之国小，尽君之重宝珠玉以事诸侯，不可不察也。譬之如张罗者[②]，张于无鸟之所，则终日无所得矣；张于多鸟处，则又骇鸟矣；必张于有鸟无鸟之际，然后能多得鸟矣。今君将施于大人[③]，大人轻君；施于小人，小人无可以求，又费财焉。君必施于今之穷士，不必且为大人者，故能得欲矣[④]。"

①杜赫：周人，曾在东周、齐、楚、韩四国活动。 景翠：楚国大将。

②张：设。 罗：捕鸟网。

③施：给。

④欲：愿望。

杜赫想让东周重用楚将景翠，就对周君说："您的国家很小，如果把您所有的珍宝珠玉都拿出来去侍奉诸侯，不能不仔细考虑该给谁不该给谁。打个比方，就像张网捕鸟一样，把网张在没有鸟雀的地方，那么从早到晚将一无所得；张在鸟多的地方，那又容易把鸟惊吓跑了；必须把网张在有鸟又没有鸟的地方，这样才能捕到更多的鸟雀。现在您把珍宝送给诸侯之类的大人物，大人物一定看不起您；送给小人物，小人物又没有什么用处，况且又破费了许多财宝。您应当把宝物送给当前虽然穷困但将来有可能成为大人物的人，这样做您就能如愿以偿了。”

三国隘秦

原文

三国隘秦[①]，周令其相之秦，以秦之轻也[②]，留其行。有人谓相国曰：“秦之轻重，未可知也。秦欲知三国之情，公不如遂见秦王曰：‘请为王听东方之处[③]。’秦必重公[④]。是公重周，重周以取秦也。齐重故有周，而已取齐[⑤]，是周常不失重国之交也。”

①隘：阻绝。

②轻：轻视，轻慢。

③听：侦察。

④重：重视，看重。

⑤而已取齐：又取得了齐国的重视。吴师道云：“取谓得于彼也。齐为重国，故能收有周，而周已取之矣，今复取秦，楚周常不失重国之交。”

韩、赵、魏三国阻绝了秦国的势力向东方发展，周君派他的相国出使秦国。因为怕受秦国的轻视，便停止了这次出访。有人对相国说：“秦国对相国的出访是轻视还是重视，尚不可知。秦国很想知道三国的实情，您不如马上去见秦王说：‘请允许我为大王侦察东方三国的行动。’秦王必定会看重您。这样您使东周受到秦国的尊重，东周受尊重就是争取到秦国了。齐国本来就尊重东周，东周才会有威信，而我们已经争取到了齐国，这种既得秦又得齐的做法，才是东周能经常保持受到大国重视的正确的外交策略。”

昌他亡西周

原文

昌他亡西周[①]，之东周[②]，尽输西周之情于东周[③]。东周大喜，西周大怒。冯且曰[④]：“臣能杀之。”君予金三十斤。冯且使人操金与书[⑤]，间遗昌他书曰[⑥]：“告昌他，事可成，勉成之[⑦]；不可成，亟亡来亡来[⑧]。事久且泄，自令身死。”因使人告东周之候曰[⑨]：“今夕有奸人当入者矣。”候得而献东周，东周立杀昌他。

①昌他：西周臣。　亡：逃离，出奔。鲍彪本注："以罪去国曰亡。"
②之：到，至。
③输：告诉，交给。
④冯且：西周臣。
⑤操：持，拿。　书：信。
⑥间遗（wèi）昌他书：暗中送给昌他一封书信。鲍彪本注："为反间书以遗之。"遗，给。
⑦勉：尽力。
⑧亟：赶快。
⑨候：负责侦察的官员。鲍彪本注："侦候之吏。"

昌他逃离西周，来到东周，把西周的实情全都告诉了东周。东周国君十分高兴，西周国君却非常恼怒。冯且对西周国君说："我能把昌他杀了。"于是西周国君给了他三十斤金，冯且为了离间东周和昌他的关系，便派人带着金子和信函，乘机把信送给了昌他，信上说："敬告昌他，事情能办成，就努力去办；如果办不成，就赶快逃回来，逃回来。事情久了就会暴露，那就是自取死亡。"于是又派人去告诉东周负责侦察的官吏说："今天晚上有个奸细入境。"侦察官吏果然抓到了昌他并把他押送到东周，东周立即杀死了昌他。

◎西周策

题解

《西周策》记录了西周历史上的重大事件。《秦败魏将犀武军于伊阙》写的是秦败魏于伊阙之后，又进逼西周。在此背景下，赵国存周并使自己在秦、魏二国中受到重视之策。《秦令樗里疾以车百乘入周》记述西周君以百人的队伍迎接秦国公子樗里疾，遭到楚怀王的谴责，后又通过大臣游腾的游说而使楚怀王高兴的事件。反映出当时夹在大国之间的小国的艰难生存环境。《雍氏之役》记述在楚国攻打韩国的战役中，韩国向西周征兵调粮，引起了西周国君的忧虑。后来大臣苏代不仅用计解除了这个忧虑，而且还使西周得到了韩国的高都之地。《苏厉谓周君》写的是秦兵攻破魏都大梁后，进逼西周。为了解除西周面临的潜在危险，苏厉替西周国君所出的退秦之策。《楚兵在山南》记述周君用计离间楚国君臣之事。《司寇布为周最谓周君》写周臣司寇布巧谏周君要尽快立周最为太子，并让诸侯知道之事。

秦败魏将犀武军于伊阙

原文

秦败魏将犀武军于伊阙[①]，进兵而攻周。为周最谓李兑曰："君不如禁秦之攻周。赵之上计，莫如令秦、魏复战。今秦攻周而得之[②]，则众必多伤矣。秦欲待周之得，必不攻魏；秦若攻周而不得，前有胜魏之劳，后有攻周之败，又必不攻魏。今君禁之，而秦未与魏讲也。而全赵令其止[③]，必不敢不听，是君却秦而定周也。秦去周，必复攻魏，魏不能支[④]，必因君而讲[⑤]，则君重矣。若魏不讲，而疾支之，是君存周而战秦、魏也。重亦尽在赵。"

①败：姚宏本"败"作"攻"。王念孙《读书杂志·战国策第一》曰："攻字当作败。今作攻者，因下攻字而误也。秦既败魏军，乃进兵而攻周。若但言攻魏军，则胜败未可知，不得遽进兵而攻周也。" 伊阙：山名，一名阙塞山，一名龙门山，一名阙口山，在今河南洛阳市西南。《水经注》以为大禹凿龙门通水，两山相对似阙，伊水流经其间，故曰伊阙。

②得之：得到西周的土地和人民。吴师道云："得其土地人民也。"

③全赵：赵未遭战祸，未受损伤，故曰"全赵"。

④支：抵御。

⑤因：通过。

秦军在伊阙击败魏将犀武的军队之后，又进军攻打西周。有人替周最对李兑说："您不如阻止秦军攻打西周。赵国的上策莫过于让秦、魏两国再次交战。现在秦国进攻西周，如果取得了胜利，那么它的士兵伤亡一定很多。秦国如果在西周取得胜利，一定不会再进攻魏国了；秦国如果进攻西周未能取胜，它前面有战胜魏国的劳绩，后面有进攻西周的失败，就再也无力去进攻魏国了。现在您阻止秦国进攻西周，正是趁着秦国还没有与魏国讲和的时候。如果赵国让秦国停止进攻西周，它一定不敢不听从，您这样做就是退了秦兵而使西周得到了安全。秦军离开西周，必定会再次攻打魏国，魏国没有力量抵抗，一定会通过您去与秦国讲和，那么您就受到重视了。如果魏国不肯讲和，而硬要极力抵抗，这样您就保存了西周而让秦、魏两国再次交战了。左右天下的大权就全在赵国手里。"

秦令樗里疾以车百乘入周

秦令樗里疾以车百乘入周①，周君迎之以卒②，甚敬③。楚王怒，让周，以其重秦客。游腾谓楚王曰④："昔智伯欲伐仇由⑤，遗之大钟，载以广车，因随入以兵，仇由卒亡，无备故也。桓公伐蔡也⑥，号言伐楚，其实袭蔡⑦。今秦，虎狼之国也，兼有吞周之意；使樗里疾以车百乘入周，周君惧焉，以蔡、仇由戒之，故使长兵在前，强弩在后，名曰卫疾，而实囚之也。周君岂能无爱国哉？恐一日之亡国，而忧大王⑧。"楚王乃悦。

①樗(chū)里疾：秦惠王异母弟，武王时为左丞相。高诱注："疾，秦公子名也。其里有大樗树，因号樗里子也。"樗，臭椿树。

②卒：兵士百人为卒。

③敬：敬重，尊重。

④游腾：西周臣。

⑤智伯：即荀瑶，晋卿。　仇(qiú)由：靠近晋国的少数民族"狄国"，故城在今山西省盂县东北，为智伯所灭。

⑥桓公：即齐桓公小白。　蔡：即蔡国，在今河南上蔡县，其后迁于安徽凤台，后被楚所灭。

⑦袭：偷袭。古代战争鸣钟击鼓，无钟鼓谓之袭。

⑧忧大王：使大王忧。忧，用如使动词。

秦国派公子樗里疾率领一百辆兵车访问西周，西周国君用一百名兵士去迎接他们,很是恭敬。楚怀王很气愤,并谴责西周,认为他们过分尊重秦国的客人。西周的一位大臣游腾对楚怀王说："从前智伯想要讨伐狄人的仇由国，就赠给仇由一口大钟,用大车装着,派士兵尾随而入,仇由终于被消灭了,那是毫无防备的缘故。齐桓公讨伐蔡国的时候,表面上宣称讨伐楚国,其实是去偷袭蔡国。现在的秦国是个虎狼之国，怀有吞并周朝的野心；派樗里疾率领一百辆兵车进入周境，周君为此而恐惧，深以蔡国和仇由的教训为戒，所以派持戈的士兵走在前面，强弩手跟在后面,名义上是保卫樗里疾,其实是围住他。周君难道不爱自己的国家吗？是怕有朝一日国家灭亡,而增加您的忧虑。"楚王听了这番话才高兴起来。

雍氏之役

雍氏之役韩征甲与粟于周[①]。周君患之,告苏代[②]。苏代曰:"何患焉？代能为君令韩不征甲与粟于周,又能为君得高都[③]。"周君大悦,曰:"子苟能,寡人请以国听[④]。"苏代遂往见韩相国公中曰:"公不闻楚计乎?昭应谓楚王曰:'韩氏罢于兵,仓廪空[⑤],无以守城,吾收之以饥,不过一月必拔之。'今围雍氏五月不能拔,是楚病也[⑥]。楚王始不信昭应之计矣,今公乃征甲及粟于周,此告楚病也。昭应闻此,必劝楚王益兵守雍氏,雍氏必拔。"公中曰:"善。然吾使者已行矣。"代曰:"公何不以高都与周?"公中怒曰:"吾无征甲与粟于周,亦已多矣。何为与高都?"代曰:"与之高都,则周必折而入于韩[⑦],秦闻之必大怒,而焚周之节[⑧],不通其使,是公以弊高都得完周也[⑨],何不与也？"公中曰:"善。"不征甲与粟于周而与高都,楚卒不拔雍氏而去。

①征:无偿索要。鲍彪注:"征,犹索。"

②苏代:洛阳人,姚本注为苏秦之兄,鲍本注为苏秦之弟。

③高都:韩地,在今河南洛阳市西南。

④听:听从。鲍彪注:"以国事从之。"

⑤仓、廪:都是储存粮食的仓库。仓藏谷;廪藏米。

⑥病:困苦。鲍彪注:"病犹困也。"

⑦折:犹言转过来。

⑧节:符节,符信。是古代国与国之间通使的凭证,竹质。

⑨弊:破,不重要。 完:全,完整。

在楚国围攻韩国雍氏的战役中,韩国向西周征兵调粮。西周国君很忧虑,把自己的忧虑告诉了苏代。苏代说:"何必忧虑呢?我能替您让韩国不向西周征兵调粮,而且还能为您得到韩国的高都。"周君非常高兴地说:"您如果能办成,请让我把国家大事交给你管理。"于是苏代便去拜见韩国的相国公中,说:"您没有听到楚国的计策吗?楚国将领昭应曾经对楚王说:'韩国兵员疲惫,粮库空虚,无力守城,我们趁着韩国闹饥荒去夺取它的雍氏,不过一个月一定可以攻下来。'如今楚军围困雍氏五个月还不能攻下来,这就显露出楚国已陷入困境了。楚王这时已经开始不相信昭应的计策了,现在您却向西周征兵调粮,这就等于告诉楚国自己支持不住了。如果昭应听到这种情况,一定会劝说楚王增兵攻取雍氏,雍氏定会被攻陷。"公中说:"您说得对。可是我们的使者已经起程了。"苏代说:"您为什么不把高都送给西周?"公中气愤地说:"我不向西周征兵和调粮,已经够不错的了。为什么还要给它高都呢?"苏代说:"给它高都,周王一定转而归顺韩国,秦国听到这事也必定大发雷霆,就会烧掉西周的符信,断绝使臣的往来。这样您就能用破败的高都换得一个完整的西周,为什么不给呢?"公中说:"好吧。"于是就没有向西周征兵调粮,反而割让了高都。楚军最后也没有攻下雍氏就离去了。

苏厉谓周君

苏厉谓周君曰:"败韩、魏,杀犀武,攻赵,取蔺、离石、祁者,皆白起。是攻用兵①,又有天命也。今攻梁②,梁必破,破则周危,君不若止之。谓白起曰:'楚有养由基者,善射;去柳叶者百步而射之③,百发百中。左右皆曰善。有一人过曰,善射,可教射也矣。养由基曰,人皆善,子乃曰可教射,子何不代我射之也。客曰,我不能教子支左屈右④。夫射柳叶者,百发百中,而不已善息,少焉气力倦,弓拨矢钩,一发不中,前功尽矣。今公破韩、魏,杀犀武,而北攻赵,取蔺、离石、祁者,公也。公之功甚多。今公又以秦兵出塞,过两周,践韩而以攻梁,一攻而不得,前功尽灭,公不若称病不出也。'"

①攻:通"功",巧,善。

②梁:魏都大梁,今河南开封市。

③去:距离。

④支左屈右：善射之法。

苏厉对周君说："打败韩、魏两国，杀死韩将犀武，攻破赵国，夺取蔺、离石、祁三地的人都是白起。这是白起善于用兵，又有天命相助的缘故。现在他又进攻魏国大梁，大梁必定被攻破，大梁一破西周就危险了，君王不如去劝阻他。您可以这样对白起说：'从前楚国有个叫养由基的人，善于射箭，离柳叶一百步远而射，百发百中，左右的人都叫好。有一个人从旁边走过说：你很会射箭，可以教射箭了。养由基说，别人都说我射得好，你却说才可以教射，你何不替我射它一下。这人说，我不能教你左臂支、右臂屈的那种射击法。射柳叶，即使百发百中，您却不善于歇息，射过一会儿之后力气倦怠，便会弓不正箭不直，一次射不中，那就前功尽弃了。现在您已经击破韩、魏两国，杀死了犀武，并且向北攻破赵国，夺取了赵国的蔺、离石、祁等地方的都是您。您的功劳太多了。现在您又率领秦兵出塞，经过东、西两周，挺进韩国来攻打大梁，如果一举进攻而不取胜，岂不前功尽灭？所以您还不如称病不出兵攻魏为好。'"

楚兵在山南

楚兵在山南，吾得将为楚王属怨于周①。或谓周君曰："不如令太子将军正迎吾得于境，而君自郊迎，令天下皆知君之重吾得也②。因泄之楚，曰：'周君所以事吾得者器，必名曰某。'楚王必求之，而吾得无效也③，王必罪之。"

①吾得：楚将名。　属怨：结怨。

②重：尊重。

③效：献。

楚军进驻在伊阙山的南边，楚将吾得打算替楚王去结怨周君（即与周交战）。有人对周君说："不如让太子同军正一起到边境上去迎接吾得，而您自己也亲自到郊外去迎接，让天下人都知道君王是尊重楚将吾得的。再有意地向楚国透露说：'周君所用来侍奉吾得的东西，必定是一件什么宝物。'楚王也一定想得到这件宝物，可是吾得却没有拿到什么宝物，因此无法献出来，这样楚王一定会怪罪他的。"

司寇布为周最谓周君

【原文】

司寇布为周最谓周君曰[①]："君使人告齐王以周最不肯为太子也，臣为君不取也。函冶氏为齐太公买良剑，公不知善，归其剑而责之金[②]。越人请买之千金，折而不卖[③]。将死，而属其子曰[④]：'必无独知。'今君之使最为太子，独知之契也[⑤]，天下未有信之者也[⑥]。臣恐齐王之为君实立果而让之于最，以嫁之齐也[⑦]。君为多巧，最为多诈，君何不买信货哉[⑧]？奉养无有爱于最也[⑨]，使天下见之。"

①司寇布：周臣。司寇，主管刑狱的最高长官。布，为其名。

②责：求，索取。

③折(shé)：亏损，不够本钱。

④属：通"嘱"。

⑤契：约。

⑥信：知。

⑦嫁：欺。

⑧信货：人所共知的珍物，喻周最。

⑨爱：仁惠。

司寇布替周最对周君说："您想派人到齐国把周最不想做太子的事告诉齐王，我认为您的做法不可取。过去函冶氏替齐太公买了一把宝剑，太公没有看出宝剑质地的优良，就把这把宝剑还给了函冶氏而要回买剑的钱。一个越国人愿意出一千斤金买这把宝剑，函冶氏认为不够本没有卖。函冶氏临死时，嘱咐他儿子说：'千万不要只自己知道这把宝剑的价值。'现在您想让周最做太子，只有您自己一个人知道，诸侯都不知道这件事。我只怕齐王要说您实际上是想立周果为太子，而谎说想立周最，借以欺骗齐国。如果有人认为您是在玩弄计谋，而周最又是诡计多端，那么您为什么不买真正为众人所知的好货呢？对亲人奉养没有比周最再仁惠的了，应该让天下人都知道。"

◎秦　策

题解

《秦策》记述了秦国历史上的重大事件。《卫鞅亡魏入秦》记述了战国时期秦孝公任用商鞅为相，商鞅依法治国，一年之后秦国大治，成为诸侯中势力最强大的一个这件事。但不幸的是，商鞅未能善终，而是落了个车裂的下场，其历史悲剧值得我们深思。《苏秦始将连横》记述了苏秦以连横之计上书秦王失败之后，又发愤读书，最后以合纵之策游说诸侯，而得到富贵的历史故事。《秦惠王谓寒泉子》写秦惠王接受寒泉子派张仪出使山东六国的建议。从中可看出秦国君王善于纳谏，臣下勇于匡正君王错误的良好风气。《司马错与张仪争论于秦惠王前》记述了秦惠王的两位大臣司马错和张仪在秦国的发展道路上的争论，他们一个主张伐韩，一个主张伐蜀。但秦惠王最终选择了后者，历史证明，其选择是正确的。《张仪欲以汉中与楚》写甘茂对张仪劝秦惠王割让汉中之地以与楚和策略的驳斥。文章虽短，但把张仪的目光短浅和甘茂的深谋远虑刻画得惟妙惟肖。《齐助楚攻秦》写的是张仪为秦拆散齐、楚联盟之事。这一事件成为秦并六国的重要转折点。《楚绝齐齐举兵伐楚》写陈轸巧解秦国对楚国的威胁。《医扁鹊见秦武王》写名医扁鹊为秦武王治病。《秦武王谓甘茂》记述甘茂使魏，并最终与秦武王盟于息壤之事。《薛公为魏谓魏冉》写薛公田文劝秦国穰侯魏冉支持魏国攻齐之事。《秦客卿造谓穰侯》写秦客卿造为穰侯出"使燕专志于攻齐"之策。《范雎至秦》记述范雎劝谏秦昭王在军事上采用远交近攻的策略，在朝政上废除"四贵"（太后、穰侯、高陵君、泾阳君）的治国之道。《秦攻邯郸》记述秦将王稽不善待下属，终致获罪；而举荐王稽受到牵连的范雎则巧妙地逃脱了株连。《蔡泽见逐于赵》写范雎在秦国因荐人不当而深感内心惭愧与不安，燕人蔡泽乘此机会入秦劝谏范雎急流勇退，以免重蹈商君、白公、吴起、大夫种等人功成不去、终以祸终的悲惨结局。《秦昭王谓左右》写秦国大臣中期劝谏秦昭王戒骄戒躁之事。《楚王使景鲤如秦》写楚怀王相景鲤巧谏秦王，解除了自己被秦王杀害的危险。《濮阳人吕不韦贾于邯郸》则记述了吕不韦的传奇经历。

卫鞅亡魏入秦

原文

卫鞅亡魏入秦[①]，孝公以为相[②]，封之于商[③]，号曰商君[④]。商君治秦，法令至行[⑤]，公平无私，罚不讳强大[⑥]，赏不私亲近，法及太子，黥劓其傅[⑦]。期年之后[⑧]，道不拾遗，民不妄取，兵革大强，诸侯畏惧。然刻深寡恩[⑨]，特以强服之耳[⑩]。

①卫鞅：卫国贵族的后代，又名公孙鞅，秦孝公封他于商，故名商鞅。

②孝公：献公之子，名渠梁，秦国第二十九君，公元前361—公元前338年在位。

③商：地名，在今陕西商县东南。

④君：古代一种尊称，如孟尝君、信陵君、平原君、春申君等。

⑤至：大。

⑥讳：避忌。

⑦黥(qíng)：古代肉刑的一种，用刀刺犯人面额后，再用墨涂，即墨刑。　劓(yì)：古代五刑之一，即割鼻。鲍彪注："墨其颡曰黥，截其鼻曰劓。"

⑧期(jī)年：周年。

⑨刻深寡恩：高诱注："刻，急也。寡，少也。深，重也。言少恩仁也。"

⑩特：只。

卫鞅从魏国逃往秦国，秦孝公让他做相国，封给他商地，称为商君。商君治理秦国，法令大行，公平不偏袒，惩罚违法者不避强宗大族，奖赏有功者不偏袒亲属近臣，太子犯法也要受制裁，对太子的老师处以黥、劓之刑。商君的法令施行一年之后，路上丢失的东西没有人敢去拾，老百姓不敢乱取非分之财，国家兵力强大，各诸侯国都害怕秦国。但是，商君执法过于苛刻严峻，只是用强制手段迫使群臣百姓服从而已。

孝公行之八年，疾且不起，欲传商君[①]，辞不受。孝公已死，惠王代后，莅政有顷[②]，商君告归[③]。

人说惠王曰[④]："大臣太重者国危，左右太亲者身危。今秦妇人婴儿皆言商君之法，莫言大王之法，是商君反为主，大王更为臣也[⑤]。且夫商君，固大王仇雠也[⑥]，愿大王图之[⑦]。"商君归还，惠王车裂之[⑧]，而秦人不怜。

①传：让位。

②莅(lì)政：执政。

③商君告归：鲍彪注："惧诛归商。"高诱注："惧惠王诛之，欲还归魏也。"

④说(shuì)：劝说，游说。

⑤更：变。

⑥仇雠(chóu):仇敌。

⑦图:谋,计议。

⑧车裂:古代酷刑之一。被刑者的四肢及头缚在五辆车上,以五马驾车,同时分驰,撕裂肢体。亦称"轘"(huán)或"轘刑",又称"肢解",俗称"五马分尸"。

秦孝公用商君法令治国八年后,大病不起,想把王位传给商君,商君辞谢不接受。后来,孝公去世,他的儿子惠王继位,执政不久,商君害怕惠王陷害自己,想要回到魏国去。

有人对惠王说:"大臣声望过重,将危及国家,左右之人太亲近国君,将危及君王自身。如今,连秦国的妇女孩童都在谈论商君的法令,却没有人谈论大王的法令。这是商君反为君主,而大王您倒变成了人臣了。商君本来就是大王的仇敌啊!希望大王对他采取措施。"商君归魏不成,又返回秦国,秦惠王对他施用了车裂的酷刑,但秦国人一点也不怜悯他。

苏秦始将连横

苏秦始将连横说秦惠王曰[①]:"大王之国,西有巴、蜀、汉中之利,北有胡貉、代马之用,南有巫山、黔中之限,东有肴、函之固,田肥美,民殷富[②],战车万乘,奋击百万[③],沃野千里,蓄积饶多,地势形便[④],此所谓天府,天下之雄国也。以大王之贤,士民之众,车骑之用[⑤],兵法之教,可以并诸侯,吞天下,称帝而治。愿大王少留意,臣请奏其效。"

秦王曰:"寡人闻之,毛羽不丰满者不可以高飞,文章不成者不可以诛罚[⑥],道德不厚者不可以使民[⑦],政教不顺者不可以烦大臣。今先生俨然不远千里而庭教之,愿以异日[⑧]。"

①连横:联合关东诸国共同事秦。

②殷:盛,多。

③奋击:勇于殊死作战的士卒。

④地势形便:所处的地理位置险要有力,而山、川、草、木诸地形有利;攻之不可得,守之不可破。势,力。便,利。

⑤骑(jì):一人一马为骑。

⑥文章:法令。

⑦道德:仁义恩惠。

⑧异日：他日。

苏秦起初用连横的主张去游说秦惠王说："您的国家，西面有巴、蜀、汉中这些富饶的土地，北面有胡地出产的貉皮和代地出产的良马可供使用，南面有巫山、黔中的险阻，东面有殽山、函谷关的坚固。田地肥美，百姓众多而且富裕，战车上万辆，勇士有百万，沃野千里，物产丰富，地理环境又便于攻守，这真称得上是天然的宝库，天下最强大的国家了。凭着大王的贤明，百姓的众多，将士的听命效劳，兵法的熟习，尽可以兼并诸侯，吞灭天下，称帝王而统治诸侯了。请大王稍稍留意我的话，让我陈说秦国地利兵强的功效。"

秦王说："我曾听到这样的说法，羽毛不丰满的，不可以高飞；法令不完备的，不可以用刑罚；道德不厚重的，不可以驱使百姓；政治教化不昌明的，不可以烦劳大臣。现在先生不远千里来到朝廷上庄重地指教我，请把这件事推迟到以后再议吧。"

【原文】

苏秦曰："臣固疑大王之不能用也。昔者神农伐补遂，黄帝伐涿鹿而擒蚩尤，尧伐驩兜，舜伐三苗，禹伐共工，汤伐有夏，文王伐崇，武王伐纣，齐桓任战而伯天下①。由此观之，恶有不战者乎②？古者使车毂击驰③，言语相结，天下为一；约从连横，兵革不藏；文士并饬④，诸侯乱惑，万端俱起，不可胜理；科条既备，民多伪态；书策稠浊⑤，百姓不足，上下相愁，民无所聊；明言章理，兵甲愈起；辩言伟服，战攻不息；繁称文辞，天下不治；舌弊耳聋，不见成功；行义约信，天下不亲。于是，乃废文任武，厚养死士，缀甲厉兵，效胜于战场。夫徒处而致利，安坐而广地，虽古五帝、三王、五伯，明主贤君，常欲坐而致之，其势不能，故以战续之。宽则两军相攻，迫则杖戟相橦，然后可建大功。是故兵胜于外，义强于内，威立于上，民服于下。今欲并天下，凌万乘，诎敌国⑥，制海内，子元元，臣诸侯，非兵不可！今之嗣主，忽于至道，皆惛于教⑦，乱于治，迷于言，惑于语，沈于辩，溺于辞。以此论之，王固不能行也。"

①任：用。　伯(bà)：通"霸"。

②恶(wū)：何，哪。

③使车：出使别国的使臣所乘的车。　毂(gǔ)：车轴两端突出的部分。

④饬(shì)：通"饰"。

⑤稠：多。　浊：乱。

⑥诎(qū)：使屈服。

⑦惛(hūn)：不明。

苏秦说："我本来就怀疑大王是不会采纳我的主张的。从前神农氏攻打补遂，黄帝攻打涿鹿擒获蚩尤，唐尧攻打驩兜，虞舜攻打三苗，夏禹攻打共工，商汤攻打夏桀，周文王攻打崇国，周武王攻打商纣，齐桓公用战争手段做了天下的霸主。从这些情况看来，要想兼并天下，哪有不用战争的道理呢？古时使者车毂互相碰撞，来往奔驰，各国都用言语互相订立盟约，天下得以统一；后来，约纵连横相互对抗，武器并没有弃用；文人辩士花言巧语竞相游说，使诸侯迷惑昏乱，各种矛盾和事端因此而产生，天下繁乱而无法治理；法令条规全制订了，老百姓却不能信守，多是虚假应付；文书、简策繁多杂乱，老百姓反而不能丰足，君臣上下互相幽怨，民众无所依赖；越是讲那些冠冕堂皇的道理，战争越多，身着盛装的说客越是能言善辩，战争就越是不能停息；越搞那些繁杂的说教和浮夸的言辞，天下就越是不能治理；说的人舌头都说破了，听的人耳朵都被震聋了，却见不到成功；行动看似正义，又用盟信约束，可是天下的人却不亲近。于是，放弃文治，崇尚武功，豢养一批批不怕死的武士，制作盔甲，磨砺好兵器，决胜于战场。如果只是白白呆着而想得到好处，安坐不动而想扩大领土，即使是古代的五帝、三王、五霸和那些贤明的君主，只想坐而得利，那也是办不到的啊！所以只好用战争来接替文治。两军相距得远时，便互相攻打；离得近时，就手持武器互相搏击，这样才可以建立起伟大的功业。因此，兵士在外打胜仗，君主在国内施仁政，国家的威望就树立起来了，下面的老百姓也就服从了。如今要想吞并天下，超过拥有兵车万辆的诸侯，让敌国屈服，从而统治天下，以百姓为子，使诸侯称臣，非用兵不可。现在那些继承王位的君主，却忽略了用兵这一至关重要的道理，他们都被政教所昏乱，被花言巧语所迷惑，沉溺于辩论和辞令之中。照这样说来，大王您本来就不能推行霸业的。"

说秦王书十上而说不行，黑貂之裘弊，黄金百斤尽，资用乏绝，去秦而归，羸縢履蹻[1]，负书担橐，形容枯槁，面目犁黑，状有愧色。归至家，妻不下纴，嫂不为炊，父母不与言。苏秦喟叹曰："妻不以我为夫，嫂不以我为叔，父母不以我为子，是皆秦之罪也。"乃夜发书[2]，陈箧数十[3]，得太公阴符之谋，伏而诵之，简练以为揣摩。读书欲睡，引锥自刺其股[4]，血流至足。曰："安有说人主不能出其金玉锦绣，取卿相之尊者乎？"期年揣摩成，曰："此真可以说当世之君矣！"

①羸(léi):缠绕。 滕(téng):绑腿布。 跻(jué):草鞋。

②发:取出。

③箧(qiè):书箱。

④股:大腿。

苏秦游说秦王的奏章上了十次，游说还是没有成功。弄得黑貂皮袍也穿破了,百斤黄金也用光了,费用没有了,只得离开秦国回家去。他腿上缠着裹腿,脚上穿着草鞋，背上背着书籍，肩上挑着担子，模样憔悴，面目焦黑，一副惭愧的样子。回到家里,妻子不下织布机,嫂子不给他做饭,父母不同他说话。苏秦长叹一声说:“唉!妻子不把我当丈夫,嫂子不把我当小叔子,父母不把我当儿子,这都是我苏秦自己的过错呀！”于是,苏秦便连夜发愤读书,把几十箱书打开,找到了吕尚所著的名叫《阴符》的兵法书,伏案诵读,熟记书中精要处,并深入研究它的本意。读到困倦欲睡时,就拿锥子刺自己的大腿,鲜血直流到脚跟。苏秦说:“哪有去游说君王,却不能拿到黄金、美玉、锦缎,得到公卿相国的尊贵位置的呢?”过了一整年,他的兵法研究成熟了,便说:“这回真可以去游说当代的国君了。”

原文

于是乃摩燕乌集阙[①],见说赵王于华屋之下,抵掌而谈[②]。赵王大悦,封为武安君。受相印,革车百乘[③],锦绣千纯,白璧百双,黄金万溢[④],以随其后,约从散横,以抑强秦[⑤]。

①摩:切近。

②抵(zhǐ)掌而谈:谈得融洽投机。抵,侧击。

③革车:兵车。

④溢:通“镒”。重量单位,一镒等于二十两(一说二十四两)。

⑤抑:抵抗。

于是苏秦便走到燕乌集宫阙,在华丽堂皇的大殿中会见赵王,谈得很融洽。赵王非常高兴,就封苏秦为武安君,并授给他相印,给兵车一百辆,锦缎一千匹,白璧一百双,黄金二十万两,带着它们到各诸侯国去,联合关东六国,破坏连横的谋画,以此来抵抗强大的秦国。

故苏秦相于赵而关不通。当此之时，天下之大，万民之众，王侯之威，谋臣之权，皆欲决苏秦之策。不费斗粮，未烦一兵，未战一士，未绝一弦，未折一矢，诸侯相亲，贤于兄弟[①]。夫贤人在而天下服，一人用而天下从，故曰：式于政不式于勇[②]；式于廊庙之内，不式于四境之外。当秦之隆，黄金万溢为用，转毂连骑[③]，炫煌于道，山东之国，从风而服，使赵大重。且夫苏秦，特穷巷掘门桑户棬枢之士耳[④]，伏轼撙衔[⑤]，横历天下[⑥]，廷说诸侯之王，杜左右之口，天下莫之能伉[⑦]。

①贤于：超过，胜过。

②式：用。

③转毂连骑：车马成队。

④特：只不过。　棬枢：用树枝圈成门枢。

⑤伏轼(shì)撙(zǔn)衔：伏在车前的横木上，拉着马的勒头。形容苏秦乘车出游的得意姿态。轼，车前扶手的横木。撙，勒住。衔，用青铜或铁制成的马具，放在马口上，用以勒马。

⑥横：遍。　历：经，行。

⑦伉：通"抗"。

因此，苏秦在赵国做了宰相，各国都断绝了同秦国的联系，六国的要塞，也都不和秦国相通了。在这个时候，天下如此之大，百姓这样众多，王侯这等威严，谋臣这么有权势，全都要取决于苏秦的计谋。苏秦没有耗费一斗粮饷，没有烦劳一兵一卒，没有让一位将军去领兵打仗，没有断一根弓弦，没有折一支竹箭，就使诸侯相亲相爱，比亲兄弟还要亲。这就是说，贤人在位，天下自然信服，一人用事天下都顺从。因此说：贤人要使用政治，不要使用武力；在朝廷之内决策天下大事，不必在国境之外去行动。正当苏秦声势大振的时候，赵王拿出万镒黄金供给他使用，车马成队，威风凛凛地来往于大道上，山东各国像风吹草伏一样地迅速附从，使赵国受到诸侯的尊重。而苏秦只不过是一个穷巷中以桑板为门户、圈树枝条为门枢、寒窟陋室里的穷书生罢了。现在他气派十足地乘着车辆，勒着马头，游历天下，到各国朝廷去游说诸侯，堵塞住周围人们的口，天下没有任何一个人能和他相比。

将说楚王，路过洛阳，父母闻之，清宫除道[①]，张乐设饮[②]，郊迎三十里。妻侧

目而视，倾耳而听。嫂蛇行匍伏，四拜自跪而谢[3]。苏秦曰："嫂何前倨而后卑也[4]？"嫂曰："以季子之位尊而多金。"苏秦曰："嗟乎！贫穷则父母不子，富贵则亲戚畏惧。人生世上，势位富贵，盖可忽乎哉[5]？"

①宫：房间。　除：打扫，清扫。

②张：布置。　设：摆。

③谢：谢罪。

④倨（jù）：傲慢。

⑤盖：同"盍"，何，怎么。

当苏秦将要去游说楚王时，路过洛阳老家。他的父母听到这个消息，便赶紧收拾房屋，清扫街道，奏起乐曲，摆出美酒，到城郊三十里去迎接他；他的妻子侧着眼睛细看，倾着耳朵细听；他的嫂子伏在地上爬行，一连拜了四拜，跪着谢罪。苏秦问他嫂子说："嫂子，你为什么以前那么傲慢，现在却又如此谦卑呢？"他嫂子回答说："因为小叔子现在地位显贵，并且又有那么多的金钱！"苏秦叹息说："唉！贫困时，父母不把我当儿子；富贵了，连家里的亲人都畏惧我。人生在世，权势地位和金钱财富怎么可以忽视呢？"

秦惠王谓寒泉子

秦惠王谓寒泉子曰："苏秦欺寡人，欲以一人之智，反覆东山之君，从以欺秦[1]。赵固负其众[2]，故先使苏秦以币帛约乎诸侯。诸侯不可一，犹连鸡之不能俱止于栖之明矣。寡人忿然，含怒日久，吾欲使武安子起往喻意焉[3]。"寒泉子曰："不可。夫攻城堕邑，请使武安子。善我国家使诸侯，请使客卿张仪。"秦惠王曰："受命。"

①从：合纵。

②负：恃，依仗。

③喻：通"谕"，告知。

秦惠王对寒泉子说："苏秦欺骗我，想凭他一个人的才智，去策反山东六国国君联合起来欺骗秦国。赵国必定依仗财多人众，而抢先让苏秦带着财宝和锦绣去联合各诸侯国谋画攻击我国。各诸侯国的想法不可能完全一致，就如同你不能把几只鸡用绳子拴在一起放在鸡舍之中一样。我对苏秦非常气愤，心怀怒气已经很久了，我打算派遣白起将军前往山东各国去开导他们。”寒泉子说：“不行。攻城陷邑，请派遣白将军。要让各诸侯友善我国，请派遣客卿张仪。”秦惠王说：“我接受先生的指教。”

司马错与张仪争论于秦惠王前

原文

司马错与张仪争论于秦惠王前。司马错欲伐蜀，张仪曰：“不如伐韩。”王曰：“请闻其说。”

对曰：“亲魏善楚，下兵三川，塞轘辕、缑氏之口①，当屯留之道②，魏绝南阳③，楚临南郑，秦攻新城、宜阳，以临二周之郊，诛周主之罪④，侵楚、魏之地。周自知不救，九鼎宝器必出。据九鼎，按图籍⑤，挟天子以令天下，天下莫敢不听，此王业也。今夫蜀，西辟之国⑥，而戎狄之长也，弊兵劳众不足以成名⑦，得其地不足以为利。臣闻：‘争名者于朝，争利者于市。’今三川、周室，天下之市朝也，而王不争焉，顾争于戎狄⑧，去王业远矣。”

①轘(huán)辕、缑(gōu)氏：二险道，在河南。

②当：通“挡”。

③绝：使断绝。

④诛：惩罚，声讨。

⑤按图籍：图指地图；籍指登记人口、财帛、粮食之文簿。鲍彪注：“土地之图，人民、金、谷之籍。”按，通“案”，考察、掌握。

⑥辟：通“僻”，边远，偏远。

⑦弊：疲。

⑧顾：反而，却。

秦将司马错与张仪在秦惠王面前争论，司马错要攻打蜀国，张仪说：“不如攻打韩国。”秦惠王说：“请你们各自说说理由，让我听听。”

张仪说：“我们先去亲近魏国，和楚国友好，然后出兵三川，阻塞轘辕、缑氏两地的要道关口，挡住屯留的道路，让魏国隔断南阳，让楚国迫近南郑，我们秦国攻下新城、宜阳，一直打到西周东周的城郊，声讨周王的罪孽，再去占领楚国、魏国的土地。周王自知无法解救，一定会献出九鼎宝器。我们占有了九鼎宝器，掌握地图和户籍，就可以胁迫周天子去向天下发号施令，天下没有谁敢不听从的，这是统一天下的功业。现在那蜀国，只不过是西方偏远的国家，而且是戎狄部落的首领，我们去攻打它，疲兵劳民而不能扬名天下，夺取那块土地也不能获得实际利益。我听说，争名的人要到朝廷去，争利的人要到市场去。现在的三川、周室，就好比是天下的朝廷和市场，大王您不去争夺，反而争夺戎狄这样偏远落后的国家，这离建立帝王大业实在是太远了。"

原文

司马错曰："不然。臣闻之，欲富国者，务广其地[①]；欲强兵者，务富其民；欲王者，务博其德。三资者备[②]，而王随之矣[③]。今王之地小民贫，故臣愿从事于易。夫蜀，西辟之国也，而戎狄之长也，而有桀、纣之乱。以秦攻之，譬如使豺狼逐群羊也。取其地，足以广国也；得其财，足以富民；缮兵不伤众[④]，而彼已服矣。故拔一国，而天下不以为暴；利尽西海，诸侯不以为贪。是我一举而名实两附，而又有禁暴止乱之名。今攻韩劫天子，劫天子，恶名也，而未必利也，又有不义之名，而攻天下之所不欲，危！臣请谒其故[⑤]：周，天下之宗室也；齐、韩，周之与国也。周自知失九鼎，韩自知亡三川，则必将二国并力合谋，以因于齐、赵，而求解乎楚、魏[⑥]。以鼎与楚，以地与魏，王不能禁。此臣所谓'危'，不如伐蜀之完也[⑦]。"惠王曰："善！寡人听子。"

卒起兵伐蜀，十月取之，遂定蜀。蜀主更号为侯，而使陈庄相蜀。蜀既属[⑧]，秦益强富厚，轻诸侯。

①务：一定，务必。吴师道云："务，专力也。"

②资：条件。

③王(wàng)：用作动词，称王。

④缮兵：治理。

⑤谒：告，陈述。

⑥乎：同"于"，向。

⑦完：万全，稳妥。

⑧属：附，归服。

司马错说："不是这样的。我听说过这样的话，要想富国，一定要扩大他的土地；要想强兵，一定要使他的百姓富足起来；要想称霸天下，一定要广施他的德政。这三个条件具备了，那么称霸天下的事业自然会随之而来。现在大王您的地方小，百姓穷，所以我想先收拾容易对付的国家。蜀国是西方偏僻的国家，也是戎狄各族的首领，并且那里还有夏桀、商纣那样的祸乱。用秦国的兵力去攻打它，就好比豺狼驱赶羊群一样，轻而易举地就能取胜。我们取得了他的土地，便能扩大疆土；得到了它的财物，便能使百姓富足；只要整治好军队，并不一定去伤劳民众，蜀国也就已经降服了。灭掉一个小国，天下的人不会认为残暴；占有了西蜀的全部财富，各诸侯也不会认为是贪婪。这样的一次用兵，可以名实两收，而且还能得到制止暴虐和平息骚乱的好名声。现在如果去攻打韩国、劫持天子，而劫持天子，这是很坏的名声啊！而且不一定有好处，还会落个不义的名声，去攻打天下人不愿意攻打的国家，是很危险的！请让我讲明理由：周室是天下的宗主，齐国、韩国是周室交好的国家。周室如果自知要失去九鼎，韩国自知要失去三川，两国将通力合作，依靠齐国和赵国，并且会向楚国和魏国求救。如果周室把九鼎给楚国，韩国把三川给魏国，那大王是不能制止的。这就是我所说危险的原因，所以攻打韩国不如攻打蜀国万全。”秦王说：“很好，我听从你的意见。”

最后，秦国出兵攻打蜀国，用了十个月便占领了它，接着平定了蜀国。蜀国国君改称为侯，秦惠王派陈庄做蜀相。蜀国既已归服秦国，秦国便更为强大富足，更加轻视各诸侯国了。

张仪欲以汉中与楚

原文

张仪欲以汉中与楚，请秦王曰：“有汉中，蠹[①]。种树不处者，人必害之；家有不宜之财[②]，则伤。今汉中南边为楚利，此国累也[③]。”甘茂谓王曰：“地大者，国多忧乎？天下有变，王割汉中以和楚，楚必畔天下而与王[④]。王今以汉中与楚，即天下有变，王何以市楚也[⑤]？”

①蠹（dù）：木中虫，引申为祸害。

②不宜之财：不义之财。

③累：忧患。

④畔：通“叛”。

⑤市：交易。

张仪想把汉中割让给楚国，对秦惠王说：“我国有了汉中，就是国家的一个祸害。就好像树种得不是地方，别人必定要伤害它；又如同家里有不义之财，也一定

会遭受损害。现在汉中南边为楚国利益的所在,这是秦国的忧患。"甘茂对秦惠王说:"土地广大,忧患就一定多吗?天下一有祸乱,您就割让汉中去求和,楚国必定会背离天下诸侯与您亲善。您今天拿出汉中向楚国求和,假若天下再有什么祸乱,您又拿什么去与楚国做交易呢?"

齐助楚攻秦

原文

齐助楚攻秦,取曲沃。其后,秦欲伐齐,齐、楚之交善①,惠王患之,谓张仪曰:"吾欲伐齐,齐、楚方欢,子为寡人虑之,奈何?"张仪曰:"王其为臣约车并币②,臣请试之。"

张仪南见楚王曰:"弊邑之王所说甚者,无大大王;唯仪之所甚愿为臣者,亦无大大王。弊邑之王所甚憎者,亦无大齐王;唯仪之甚憎者,亦无大齐王。今齐王之罪,其于弊邑之王甚厚,弊邑欲伐之,而大国与之欢,是以弊邑之王不得事王,而令仪不得为臣也。大王苟能闭关绝齐,臣请使秦王献商於之地,方六百里。若此,齐必弱,齐弱则必为王役矣。则是北弱齐,西德于秦,而私商於之地以为利也,则此一计而三利俱至。"

①善:友善,亲善。

②约:具,备。

齐国帮助楚国攻打秦国,夺取了秦国的曲沃。后来,秦国想要讨伐齐国,以报其助楚攻秦之仇,只因齐国和楚国互相亲善,秦惠王为此很忧虑,对张仪说:"我想讨伐齐国,可齐、楚两国正处在友好的时候,你替我谋画谋画,怎么样?"张仪说:"请大王为我预备车马和礼物,让我去试试看。"

张仪前往南方拜见楚怀王说:"我们国王最喜欢的人,莫过于大王您了;我所最愿做臣子的,也莫过于大王您了。我们国王最憎恶的人,莫过于齐威王了;我所最憎恶的人,也莫过于齐威王了。现在齐威王的罪恶,对于我们国王来说,是最深重的,我国想要讨伐他,只是贵国与他友好,因此我们国王就不能听从您的吩咐,我也不能做您的臣子了。大王如果能关闭关卡与齐国断绝来往,我就请秦王献出方圆六百里的商於之地。这样一来,齐国失去援助而必然受到削弱,齐国一旦衰弱,就必定受大王驱使了。那么,在北面大王可以使齐国衰弱,在西面又有恩于秦，还可以私下获得商於之地，这一计策可以同时给您带来三种好处。”

楚王大说，宣言之于朝廷，曰：“不谷得商於之地，方六百里。”群臣闻见者毕贺，陈轸后见，独不贺。楚王曰：“不谷不烦一兵，不伤一人，而得商於之地六百里，寡人自以为智矣！诸士大夫皆贺，子独不贺，何也？”陈轸对曰：“臣见商於之地不可得，而患必至也，故不敢妄贺。”王曰：“何也？”对曰：“夫秦所以重王者，以王有齐也。今地未可得而齐先绝，是楚孤也，秦又何重孤国？且先出地绝齐，秦计必弗为也。先绝齐后责地[①]，且必受欺于张仪。受欺于张仪，王必惋之[②]。是西生秦患，北绝齐交，则两国兵必至矣。”楚王不听，曰：“吾事善矣！子其弭口无言[③]，以待吾事。”楚王使人绝齐，使者未来，又重绝之。

①责：索取。

②惋：怨恨。

③弭：止。

楚怀王听了张仪的话心里非常高兴，便在朝廷上宣布说：“我已得到了秦国的商於之地，方圆共六百里。”听到这个消息的臣子们都表示祝贺，陈轸最后一个去见楚怀王，只有他一人不表示祝贺。楚王说：“我不烦劳一兵，也不损失一人，却得到了商於土地六百里，我自认为够聪明的了！各位士大夫都来道贺，唯独你不祝贺，为什么？”陈轸回答说：“依我看来商於这地方是得不到的，不但得不到，而且祸患必然来到，所以不敢盲目祝贺。”楚怀王说：“为什么？”陈轸回答说：“秦王之所以重视您，是因为您有齐国的援助。现在土地还没有得到却先和齐国绝交了，这样就使楚国陷入孤立，秦国又何必要重视一个孤立无援的国家呢？但是要秦国先交出土地然后再与齐国绝交，按秦国的计策一定不会这样做。如果我们先和齐国绝交然后去向秦国索取土地，必然会被张仪欺骗。受了张仪的欺骗，大王必定要悔恨。这样在西边便产生了秦国的祸害，北边又和齐国断交了，那么，秦、齐两国的军队必将到来。”楚王不听陈轸的话，说：“我办的事很好！你闭住嘴不必多言，等着我办的好事吧。”楚王派出使者和齐国断交，使者还没有回来，便又派另一个使者去声明绝交的事。

【原文】

张仪反[①]，秦使人使齐，齐、秦之交阴合。楚因使一将军受地于秦。张仪至，称病不朝。楚王曰："张子以寡人不绝齐乎?"乃使勇士往詈齐王[2]。张仪知楚绝齐也，乃出见使者曰："从某至某，广从六里。"使者曰："臣闻六百里，不闻六里。"仪曰："仪固以小人，安得六百里?"使者反报楚王，楚王大怒，欲兴师伐秦。陈轸曰："臣可以言乎?"王曰："可矣。"轸曰："伐秦非计也，王不如因而赂之一名都，与之伐齐，是我亡于秦而取偿于齐也。楚国不尚全乎?王今已绝齐，而责欺于秦，是吾合齐、秦之交也，固必大伤。"

楚王不听，遂举兵伐秦。秦与齐合，韩氏从之。楚兵大败于杜陵。故楚之土壤士民非削弱，仅以救亡者，计失于陈轸，过听于张仪。

①反：通"返"。

②詈(lì)：骂。

张仪回到秦国以后，秦国派人出使齐国，齐、秦两国暗中讲和。楚国依照张仪的许诺派出一位将军去接受土地，张仪回到秦国，假装有病不见楚将。楚怀王说："张仪大概以为我不会和齐国绝交吧?"便派勇士去大骂齐王。张仪知道楚国已经和齐国绝交，便出来会见楚国的使臣说："从某处到某处，纵横六里，请贵使臣接收吧。"楚国的使者说："我听说是六百里，而不是六里。"张仪说："我本来就是一个卑微贫贱的人，哪里有六百里献给贵国呢?"使者便回去报告楚王，楚王大怒，想出兵讨伐秦国。陈轸说："我可以说话吗?"楚王说："可以。"陈轸曰："讨伐秦国不是好计策，您不如趁势送给他一个大都邑，和他一同去讨伐齐国，这样，我国丢了一个都邑给秦国，却可以从齐国的领土得到补偿。楚国不是仍然很完整吗?您现在已经和齐国绝了交，却谴责秦国的欺骗，这样，我国反而使齐、秦两国联合起来了，那么我国就一定会大受损失。"

楚王听不进去，于是发兵讨伐秦国。秦国与齐国联合起来，韩国也随从他们。楚军在杜陵被打得大败。结果楚国的土地和军民不但被削弱了，而且仅能使国家不亡，这都是由于没有采用陈轸的计策，错误地听信了张仪的话。

楚绝齐齐举兵伐楚

楚绝齐，齐举兵伐楚。陈轸谓楚王曰："王不如以地东解于齐，西讲于秦[1]。"楚王使陈轸之秦，秦王谓轸曰："子秦人也[2]，寡人与子故也[3]，寡人不佞，不能亲国事也，故子弃寡人事楚王。今齐、楚相伐，或谓救之便，或谓救之不便，子独不可以忠为子主计，以其馀为寡人乎？”陈轸曰：“王独不闻吴人之游楚者乎[4]？楚王甚爱之，病，故使人问之，曰：‘诚病乎？意亦思乎[5]？’左右曰：‘臣不知其思与不思，诚思则将吴吟。’今轸将为王吴吟。王不闻夫管与之说乎[6]？有两虎争人而斗者，卞庄子将刺之[7]，管与止之曰：‘虎者，戾虫[8]；人者，甘饵也。今两虎争人而斗，小者必死，大者必伤。子待伤虎而刺之，则是一举而兼两虎也。无刺一虎之劳，而有刺两虎之名。’齐、楚今战，战必败。败，王起兵救之，有救齐之利，而无伐楚之害。计听知覆逆者，唯王可也。计者，事之本也；听者，存亡之机也[9]。计失而听过，能有国者寡也。故曰：‘计有一二者难悖也，听无失本末者难惑[10]。’”

①讲(gòu)：议和，媾和。

②子秦人也：高诱注曰：“轸先仕于秦，故言秦人。”

③故：高诱注曰：“故，旧。”意思是说秦王与陈轸有旧谊。

④游：仕，做官。

⑤意：同“抑”，或者，还是。

⑥管与：人名。

⑦卞庄子：春秋时期鲁国勇士。姚本作“管庄子”，鲍本作“卞庄子”。据文意，从鲍本。

⑧戾：凶暴。

⑨机：枢要，关键。

⑩惑：迷惑，迷乱。

楚国与齐国断绝了外交关系，于是齐国出兵讨伐楚国。陈轸对楚怀王说：“大王您不如把楚国的土地割给齐国一些，在东面与齐国和解，同时在西面与秦国媾和。”

楚怀王派陈轸前往秦国，秦惠王对陈轸说：“你是秦国人，我和你是老交情，我没有才智，不能主持国事，所以你离开我去侍奉楚王了。现在齐、楚二国互相讨伐，有人说救楚有利，有人说救楚无利，你为什么不可以用你的忠心为楚怀王谋划，然后再用你的馀力为我出出主意呢？”陈轸说：“大王难道没有听说过一位吴国人到楚国做官的事情吗？楚王非常喜爱他，那位吴国人病了，楚王特意派人去探问：‘是真的病了？还是思念吴国了？’左右的人说：‘我不知道他是否思念吴国，如果真的思念的话，他就会发出吴国人的声音。’现在我陈轸就给大王发出吴国的声音吧。大王您没听说过管与的言论吗？有两只老虎因抢着吃一人而搏斗，卞庄子要去刺杀它们，管与制止他说：‘老虎是一种凶猛的动物，人是它最美好的食物。现在两只虎因争一人而搏斗，小老虎一定会死掉，大老虎必定会负伤。你只需等待时机去刺杀负伤的老虎，那可是一举而能获得两只老虎。'现在齐、楚两国交战，交战双方必定有一方失败。一方失败，大王就可出兵去救助，这样，能占有救助齐国的好处，而不会有讨伐楚国的坏处。能谋善断又能预知事情发展的顺利与不顺利，只有大王您能做到。谋略，是办事的根本；决断，是存亡的关键。谋略错了而决断又出现过失，能保住国家的就很少了。所以说：'经过反复考虑的计谋是难于出现混乱的，能够听取意见的本末始终，是难于被迷惑的。'"

医扁鹊见秦武王

医扁鹊见秦武王[①]，武王示之病[②]，扁鹊请除[③]。左右曰："君之病，在耳之前，目之下，除之未必已也，将使耳不聪[④]，目不明。"君以告扁鹊。扁鹊怒而投其石[⑤]："君与知之者谋之，而与不知者败之。使此知秦国之政也，则君一举而亡国矣。"

注释

①扁鹊：战国名医，姓秦名越人，渤海郡（今河北任丘）人。学医于长桑君，医疗经验丰富，擅长各科，反对巫术治病。入秦后，太医令李醯自知不如，派人将他刺死。

②示：告诉。

③除：治疗，医治。

④聪：听觉灵敏。

⑤石：石针，古时外科医疗工具，用石磨成石针或石刀，用来破痈疽，除脓血。

名医扁鹊进见秦武王，武王告诉他自己的病情，扁鹊请求为武王医治。武王左右近臣说："大王的病在耳朵的前面，眼睛的下面，治疗不一定能根除，还会使耳不聪，目不明。"武王把左右近臣说的话告诉了扁鹊，扁鹊愤怒地扔掉石针，说："大王和懂行的人谋画，却又和不懂行的人共同败坏它。由此可知秦国的国政了，那么大王如用此法治国，一举就可以使国家覆灭了。"

秦武王谓甘茂

原文

秦武王谓甘茂曰："寡人欲车通三川，以窥周室，而寡人死不朽乎？"甘茂对曰："请之魏，约伐韩。"王令向寿辅行[①]。

甘茂至魏，谓向寿："子归告王曰：'魏听臣矣[②]，然愿王勿攻也。'事成，尽以为子功。”向寿归以告王，王迎甘茂于息壤[3]。

①辅行：副使。

②听：听从。

③息壤：秦邑，在今陕西咸阳。

秦武王对甘茂说：“我想用兵打通三川，以便窥探周室，那么我就是死了，我的功业也会不朽的。”甘茂回答说：“请让我到魏国去，约魏国一同讨伐韩国。”武王便派向寿做副使，一同去。

甘茂到了魏国，就对向寿说：“你回去告诉武王说：‘魏国肯听臣的话了，但请大王不要讨伐它。’这件事办成了，我就把功劳统统归到你身上。”向寿回去告诉了武王，武王便到息壤去迎接甘茂。

甘茂至，王问其故[1]。对曰：“宜阳，大县也，上党、南阳积之久矣[2]，名为县，其实郡也。今王倍数险[3]，行千里而攻之，难矣。臣闻张仪西并巴、蜀之地，北取西河之外，南取上庸，天下不以为多张仪，而贤先王。魏文侯令乐羊将，攻中山，三年而拔之，乐羊反而语功[4]，文侯示之谤书一箧，乐羊再拜稽首曰：‘此非臣之功，主君之力也。’今臣羁旅之臣也，樗里疾、公孙衍二人者，挟韩而议，王必听之，是王欺魏，而臣受公仲侈之怨也。昔者曾子处费，费人有与曾子同名族者而杀人[5]，人告曾子母曰：‘曾参杀人。’曾子之母曰：‘吾子不杀人。’织自若。有顷焉，人又曰：‘曾参杀人。’其母尚织自若也。顷之，一人又告之曰：‘曾参杀人。’其母惧，投杼逾墙而走[6]。夫以曾参之贤，与母之信也，而三人疑之，则慈母不能信也。今臣之贤不及曾子，而王之信臣又未若曾子之母也，疑臣者不适三人[7]，臣恐王为臣之投杼也。”王曰：“寡人不听也，请与子盟。”于是与之盟于息壤。

①故：指不攻韩之故。

②积：聚。

③倍：通“背”。

④反：通“返”。

⑤名：字。　族：姓。

⑥杼：织布梭。

⑦适：通“啻”，但，只。

甘茂来了，武王问他是什么缘故。甘茂回答说："宜阳是大县，上党、南阳两地的财富积聚在这里已经很久了，名义上是县，其实同郡一样。现在大王背负着险阻，士兵跋涉千里去攻打魏国，是很难的。我听到张仪在西面兼并了巴、蜀，在北面取得了西河，在南面取得了上庸，天下人都不称赞张仪，却认为先王是贤明的。魏文侯派遣乐羊领兵攻打中山国，三年才攻下来，乐羊回国就谈论自己的功劳。魏文侯把一匣子攻击他的书函交给他看，乐羊跪拜叩头说：'这不是臣的功劳，是大王您的力量啊。'现在我是一个客臣，您这里有樗里疾、公孙衍两个人，挟持韩国，议论着我，大王一定会听信他们的，这分明是大王欺骗了魏国，我却要受韩相公仲侈的埋怨了。从前曾子住在费这个地方，费地有一个和曾子同姓名的，他杀死了人，有人去告诉曾子的母亲说：'曾参杀人了。'曾子的母亲说：'我的儿子不会杀人。'他的母亲还是只管织布。时候不大，又有一个人跑来告诉曾参的母亲说：'您的儿子曾参杀人了。'曾参的母亲听后还能够保持平时坦然无事的样子，继续织布。又过了一会儿，另有一个人来告诉说：'曾子杀人了。'他的母亲害怕起来，丢下织布梭子，爬墙逃跑了。像曾子那样贤德，他母亲那样相信他，只需三个人说他杀了人，他母亲也便疑惑了，就是慈母也不能相信儿子了。现在我的贤德不及曾子，大王的相信我又不及曾子母亲相信曾子，而疑心我的人又不仅仅是三个，恐怕大王也要为我丢下织布梭子的。"秦王说："我不去听他们的，请让我和你订立盟约。"于是便同甘茂在息壤订了盟约。

薛公为魏谓魏冉

【原文】

薛公为魏谓魏冉曰："文闻秦王欲以吕礼收齐，以济天下，君必轻矣。齐、秦相聚以临三晋，礼必并相之，是君收齐以重吕礼也。齐免于天下之兵[①]，其雠君必深。君不如劝秦王令弊邑卒攻齐之事。齐破，文请以所得封君。齐破晋强，秦王畏晋之强也，必重君以取晋。齐予晋弊邑，而不能支秦[②]，晋必重君以事秦。是君破齐以为功，操晋以为重也[③]。破齐定封，而秦、晋皆重君；若齐不破，吕礼复用，子必大穷矣[④]。"

①兵：用兵，意为进攻。

②支：抵抗。

③操：依仗，凭借。

④穷：困境。

薛公田文为了魏国对秦国相国魏冉说："我听说秦王想让吕礼去联合齐国，以安天下，这样，您的地位一定要降低了。齐国和秦国联合去对付三晋，吕礼一定会兼任齐、秦两国的相国，这就等于您让吕礼联合齐国，反而抬高了吕礼的地位。齐国即使免除了诸侯的进攻，它照样会深深地仇视您。您不如劝说秦王让魏国去攻打齐国。齐国失败了，我愿意把所取得的土地送给您。齐国大败而魏国强大，秦王惧怕魏国的强大，一定会重用您去交结魏国。齐国给魏国薛邑，而魏国不能抗拒秦国，一定会借重您来交结秦国。这样，您打败齐国建立了功劳，又凭借魏国加强了您的地位。您打败了齐国巩固并扩大了自己的封邑，秦国和魏国就会共同重视您；如果齐国不被攻破，吕礼再次被齐国重用，那您一定会处于非常困窘的境地。"

秦客卿造谓穰侯

秦客卿造谓穰侯曰："秦封君以陶，藉君天下数年矣。攻齐之事成，陶为万乘，长小国[①]，率以朝天子，天下必听，五伯之事也[②]；攻齐不成，陶为邻恤[③]，而莫之据也。故攻齐之于陶也，存亡之机也。

"君欲成之，何不使人谓燕相国曰：'圣人不能为时，时至而弗失。舜虽贤，不遇尧也，不得为天子；汤、武虽贤，不当桀[④]、纣不王。故以舜、汤、武之贤，不遭时不得帝王。今攻齐，此君之大时也已。因天下之力，伐雠国之齐，报惠王之耻，成昭王之功，除万世之害，此燕之长利，而君之大名也。《书》云，树德莫如滋，除害莫如尽。吴不亡越，越故亡吴[⑤]；齐不亡燕，燕故亡齐。齐亡于燕，吴亡于越，此除疾不尽也。以非此时也，成君之功，除君之害，秦卒有他事而从齐[⑥]，齐、赵合，其雠君必深矣。挟君之雠以诛于燕，后虽悔之，不可得也已。君悉燕兵而疾攻之，天下之从君也，若报父子之仇。诚能亡齐，封君于河南，为万乘，达途于中国，南与陶为邻，世世无患。愿君之专志于攻齐，而无他虑也。'"

①长：用如动词，为……之长。

②伯：通"霸"。

③邻恤：近于忧患。邻，接近。

④当：值，遇到。

⑤故：通“顾”，反。

⑥卒：通“猝”，突然。

秦国名叫造的客卿对穰侯说：“秦国封给您陶邑，借助您控制天下已经多年了。攻打齐国的事如能成功，陶邑就将成为拥有万辆兵车的大国，同时成为各小国的首领，可以率领它们去朝拜天子，天下诸侯一定会俯首听命的，这可是五霸事业；攻打齐国如果失败，陶邑就将成为忧患，而失去依靠了。所以，攻打齐国对于陶邑来说，是存亡的关键。

“您要想使攻打齐国之事成功，为何不派人去对燕国的相国说：‘圣人不能创造时机，他却能把握不让时机失去。舜虽然贤能，但如果没有遇上尧帝，也就成不了天子；汤王、武王虽然贤能，但如果他们没有遇到夏桀、商纣，也就成不了帝王。所以舜帝、汤王、武王的贤能，如果不遇到时机，那是成不了帝王的。现在攻打齐国，这是您最好的时机了。依靠天下的兵力，讨伐仇敌齐国，去回报燕惠王的耻辱，完成燕昭王的功业，除掉千秋万世的祸害，这是燕国的长远利益，也是相国您最大的声誉。《尚书》上说，树立德行愈多愈好，铲除祸害愈彻底愈好。吴国不灭亡越国，越国反而灭了吴国；齐国不灭亡燕国，燕国就必然会灭亡齐国。齐国被燕国灭亡，吴国被越国灭亡，这都是除祸不彻底的缘故。不在这个时候去完成您的功业，去铲除您的祸害，秦国突然有了别的变故而联合齐国，齐国又联合赵国，您的敌对势力就更加严重了。挟持您的仇敌齐国来讨伐燕国，那时即使后悔，机会不可再得了。您动员全部燕国的兵力马上去消灭齐国，诸侯一定会像为父子报仇一样争先恐后地响应您的行动。果真能灭掉齐国，把黄河之南的土地封给您，使您成为万乘之国，身居中原，而四通八达，南面与陶邑为邻，世世代代没有了忧患。希望您专心致志去进攻齐国，而不要有其他想法了。’”

范雎至秦

范雎至秦，王庭迎，谓范雎曰：“寡人宜以身受令久矣[①]。今者义渠之事急，寡人日自请太后。今义渠之事已，寡人乃得以身受命。躬窃闵然不敏[②]，敬执宾主之礼。”范雎辞让。

是日见范雎，见者无不变色易容者。秦王屏左右[③]，宫中虚无人，秦王跪而请曰：“先生何以幸教寡人？”范雎曰：“唯唯。”有间[④]，秦王复请，范雎曰：“唯唯。”

若是者三。

秦王跽曰⑤："先生不幸教寡人乎？"

①宜：应该。　身：亲自。　令：教导。

②躬窃：对自己的谦称。

③屏：通"摒"，遣退。

④有间：不多一会儿。

⑤跽（jì）：长跪。

范雎到了秦国，秦王在朝廷迎接他，对范雎说："我早就应当亲自接受您的指教了。刚巧遇上了义渠国的战事很紧急，我天天忙于向太后请命。现在义渠国的战事结束了，我才能够来亲自接受您的指教。我私下里认为自己办事糊涂而又迟钝，现在我用宾主的礼节接见您。"范雎辞谢。

这天人们看到范雎进见秦王，看见的人没有不惊恐得面容变色的。秦王支开了左右的随从人员，宫廷里空无一人，秦王便跪在地上请教说："先生用什么来指教我呢？"范雎说："哦，哦。"停了一会儿，秦王再次请教他，范雎说："哦，哦！"这样重复了三遍。

秦王长跪说："先生终究不肯指教我吗？"

原文

范雎谢曰："非敢然也。臣闻始时吕尚之遇文王也，身为渔父而钓于渭阳之滨耳。若是者，交疏也①。已一说而立为太师，载与俱归者，其言深也。故文王果收功于吕尚，卒擅天下而身立为帝王。即使文王疏吕望而弗与深言②，是周无天子之德，而文、武无与成其王也。今臣，羁旅之臣也，交疏于王，而所愿陈者，皆匡君之事③，处人骨肉之间，愿以陈臣之陋忠④，而未知王心也，所以王三问而不对者是也。臣非有所畏而不敢言也，知今日言之于前，而明日伏诛于后，然臣弗敢畏也。大王信行臣之言，死不足以为臣患，亡不足以为臣忧，漆身而为厉⑤，被发而为狂，不足以为臣耻。五帝之圣而死，三王之仁而死，五伯之贤而死，乌获之力而死，贲、育之勇而死。死者，人之所必不免也。处必然之势，可以少有补于秦，此臣之所大愿也，臣何患乎？伍子胥橐载而出昭关⑥，夜行而昼伏⑦，至于蔆水，无以饵其口，坐行蒲服⑧，乞食于吴市，卒兴吴国，阖庐为霸。使臣得进谋如伍子胥，加之以幽囚，终身不复见，是臣说之行也，臣何忧乎？箕子、接舆，漆身而为厉，被发而为狂，无益于殷、楚。使臣得同行于箕子、接舆，漆身可以补所贤之王，是臣之大荣也，臣又何耻乎？臣之所恐者，独恐臣死之后，天下见臣尽忠而身蹶也[9]，是以杜口裹足[10]，莫肯即秦耳。足下上畏太后之严，下惑奸臣之态；居深宫之中，不离保傅之手；终身暗惑，无与照奸；大者宗庙灭覆，小者身以孤危。此臣之所恐耳！若夫穷辱之事，死亡之患，臣弗敢畏也。臣死而秦治，贤于生也。"

①疏：疏远。

②即使：如使，假如。

③匡：纠正。

④陋：僻，狭。

⑤厉：同"癞"。

⑥橐：一种口袋。

⑦伏：隐藏。

⑧坐行：膝行。　蒲服：即"匍匐"。

⑨蹶(jué)：跌倒，死亡。

⑩杜：堵塞。

范雎深表歉意地说："我不敢这样做。我听说从前姜太公遇见文王的时候，他只不过是一个渭水边钓鱼的渔翁罢了。之所以在那里相见，是因为他们原来的交情很疏远。后来文王和他一席谈话，便立他为太师，用车子送他一同回家，只因为他言谈深切的缘故。所以后来文王果然在吕尚身上收到功业，终于得天下而身为帝王。如果文王当时疏远吕尚，不同他深入谈论，那就是周朝没有做天子的德量，文王、武王也不能和他共同建成王业了。现在我是一个客籍的臣子，与大王的交情疏远，但我所要陈说的，都是匡正君王的事情，在您们亲骨肉之间，我愿陈说自己鄙陋的一片忠心，却不知道大王您的心意，所以大王三次问我，我三次没有回答，就是这个缘故。并不是我有什么害怕不敢说，我就是知道今天在大王面前说了，明天遭到诛杀，但我也不害怕。大王相信我的言论，就是死了我也不以为忧患，就是被赶走我也不忧愁，身上涂漆长出毒疮，披头散发成为狂人，我也不以为羞耻。五帝那么圣德也死了，三王那么仁德也死了，五霸那么贤能也死了，乌获那么有力气也死了，孟贲、夏育那么勇敢也死了。死是任何人也避免不了的。处在必然的形势下，只要能够稍稍有益于秦国，那便是我最大的心愿了，我还有什么害怕的呢？伍子胥藏在口袋里逃出昭关，夜间走路白天躲藏，到了蓤水，没有食物吃，便爬着赶路，在吴市上乞讨，后来终于振兴了吴国，使阖庐在诸侯中称霸。如果我能够进谋像伍子胥一样，即使把我幽禁起来，终身不再见大王，只要我的言论能够实行，我还有什么可忧虑的呢？箕子和接舆都因涂漆而生毒疮，披头散发成了狂人,但对殷朝和楚国没有什么益处。如果我和箕子、接舆一样,即使涂漆生疮,只要能对贤明的大王有所帮助,这便是我最大的光荣了,又怎么会感到羞耻呢?我所怕的,只是怕我死了之后,天下人看到我尽了忠反倒身死,因此而闭口裹足,没有人敢到秦国来了。现在大王您上怕太后的威严,下被奸臣所迷惑;住在深宫之中,离不开保母女傅的服侍,终身迷迷糊糊,没有谁可以与您共同明察奸诈的事情;那些奸诈的事情,大的要使国家覆灭,小的要危及自身。这是我最害怕的!至于我陷入穷困蒙受耻辱之事,以及死亡的忧患,不是我害怕的。我死了只要秦国政治清明安定,比我活着还好。"

【原文】

秦王跽曰:"先生是何言也!夫秦国僻远,寡人愚不肖,先生乃幸至此,此天以寡人慁先生[①],而存先王之庙也。寡人得受命于先生,此天所以幸先王而不弃其孤也。先生奈何而言若此!事无大小,上及太后,下至大臣,愿先生悉以教寡人,无疑寡人也。"范睢再拜,秦王亦再拜。

范睢曰:"大王之国,北有甘泉、谷口,南带泾、渭,右陇、蜀,左关、阪;战车千乘,奋击百万。以秦卒之勇,车骑之多,以当诸侯,譬若驰韩卢而逐蹇兔也[②],霸王之业可致。今反闭关而不敢窥兵于山东者,是穰侯为国谋不忠,而大王之计有所失也。"

王曰:"愿闻所失计。"

①慁(hùn):烦扰。

②驰:驱使。 韩卢:相传古韩国的名犬,黑色曰"卢",因犬毛为黑色,故名"韩卢"。 蹇(jiǎn):跛足。

秦王长跪着说:"先生这是什么话!秦国偏僻遥远,我又愚笨无才,幸而先生来到这里,这是上天要让我来打扰先生,从而得以保存我先王的宗庙。我得到先生的指教,这是上天宠爱先王而不遗弃他的后人。先生您为什么说出这等话来!现在事情不论大小,上到太后,下到大臣,希望先生一概指教我,不要再疑心我了。"范睢拜了两拜,秦王也拜了两拜。

范睢说:"大王的国土,北面有甘泉、谷口,南面有泾水、渭水,右面是陇坻、蜀道,左面是函谷关、陇坂;拥有战车上千辆,勇敢的士兵近百万。凭着秦国士兵的勇敢,车马的众多,去攻打诸侯,就像俊犬韩卢追捕跛脚的兔子一样,霸王大业一定能够获得。现在反而闭关自守不敢向山东六国用兵,这是因为穰侯为国谋画不尽忠心，而且大王您的计策又有失误的地方。”

昭王说：“希望听听我失误的地方。”

睢曰：“大王越韩、魏而攻强齐，非计也。少出师，则不足以伤齐；多之则害于秦。臣意王之计欲少出师，而悉韩、魏之兵则不义矣。今见与国之不可亲①，越人之国而攻，可乎？疏于计矣！昔者，齐人伐楚，战胜，破军杀将，再辟千里，肤寸之地无得者②，岂齐不欲地哉？形弗能有也③。诸侯见齐之罢露④，君臣之不亲，举兵而伐之，主辱军破，为天下笑。所以然者，以其伐楚而肥韩、魏也。此所谓藉贼兵而赍盗食者也⑤。王不如远交而近攻，得寸则王寸之，得尺亦王尺之也。今舍此而远攻，不亦缪乎？且昔者，中山之地，方五百里，赵独擅之⑥，功成、名立、利附，则天下莫能害。今韩、魏，中国之处⑦，而天下之枢也⑧。王若欲霸，必亲中国而以为天下枢，以威楚、赵。赵强则楚附，楚强则赵附。楚、赵附则齐必惧，惧必卑辞重币以事秦⑨，齐附而韩、魏可虚也。”

①亲：信。

②肤寸：言少量。古时计长度，以四指为一肤，一指为一寸，则一肤为四寸。

③形：势。

④罢露：疲弱。罢，通“疲”。露，羸，瘦弱。

⑤藉：同“借”。　赍(jī)：送，赠。

⑥擅：专有。

⑦中国：中原。

⑧枢：枢纽，中心。

⑨事：侍奉。

范雎说：“大王越过韩国和魏国去攻打强大的齐国，这个计策是错误的。出兵少了，便不足以伤害齐国；出兵多了，又有害于秦国。我料想大王的计策是想自己少出兵，而让韩国和魏国动用全部兵力去攻打齐国，这是不妥当的。现在看出与您联合的国家是不可靠的，经过别的国家去攻打远方的齐国，能行吗？这分明是计谋上的疏忽！从前，齐军去攻打楚国，打了胜仗，破了楚军杀了楚将，得地一千里，到后来连寸土也没有得到，难道齐国不想要土地吗？是形势不允许。诸侯看到齐国军队疲乏不堪，君臣又不和睦，就出兵攻打齐国，弄得齐军大败，闵王出走，被天下人耻笑。之所以会这样，是因为齐国攻打楚国，恰恰肥了韩、魏两国的缘故。这就是所谓的‘给贼送刀，给盗送粮’吧。大王不如用远交近攻的办法，那样得一寸就是大王的一寸土地，得一尺就是大王的一尺土地。现在舍弃这个办法却去远攻，不是荒谬吗？况且，从前中山国的土地，方圆五百里，被赵国独自占有，功业成就，名声建立，利益又到了手，天下没有一个国家敢侵害它。现在韩、魏两国处于中原，好比天下的枢纽。大王如果想称霸诸侯，一定要亲近中原各诸侯国，以它们为天下的枢纽，进一步去威镇楚国和赵国。赵国强了，楚国定会来归附；楚国强了，赵国也定来归附。楚、赵两国都来归附，齐国必然害怕。齐国一害怕必定用谦卑的言辞和贵重的财物来侍奉秦国了，齐国既然来归附，那么韩、魏两国一定可以灭亡了。”

王曰：“寡人欲亲魏，魏多变之国也，寡人不能亲。请问亲魏奈何？”范雎曰：“卑辞重币以事之；不可，削地而赂之；不可，举兵而伐之。”于是举兵而攻邢丘，邢丘拔，而魏请附。

曰：“秦、韩之地形，相错如绣[①]。秦之有韩，若木之有蠹[②]，人之病心腹。天下有变，为秦害者莫大于韩。王不如收韩。”王曰：“寡人欲收韩，韩不听，为之奈何？”

范雎曰：“举兵而攻荥阳，则成睾之路不通[③]；北斩太行之道则上党之兵不下[④]；一举而攻荥阳，则其国断而为三。韩见必亡，焉得不听？韩听而霸事可成也。”王曰：“善”。

注释

①相错如绣：犬牙交错。

②蠹(dù)：蛀虫。

③成睾：亦作“成皋”。

④斩：砍断。

昭王说：“我想亲近魏国，但魏国是一个策略多变的国家，我不能亲近它。请问亲近魏国该怎么办？”范雎说：“先用谦逊的言辞和贵重的财物去侍奉它；如果不行，再割些土地献给它；再不行，便出兵讨伐它。”于是出兵攻打邢丘，邢丘攻下来，魏国请求归附秦国。

范雎又说：“秦国和韩国的地形，像丝绣一样互相交错。秦国有韩国，好像树有了蠹虫，人患了心腹之病一样，天下一有变动，成为秦国祸患的国家，莫过于韩国了。大王不如拉拢韩国。”昭王说：“我想拉拢韩国，但韩国不听从，对它该怎么办？”

范雎说：“只要大王兴兵去攻打荥阳，那么成睾的路便不通了；北面截断了太行山的道路，上党的兵力便下不来；一举攻克荥阳，韩国便可分成三段，韩国看到国家必将灭亡，哪里还敢不依从呢？韩国一旦依从，那么大王的霸业便可成功了。"昭王说："太好了。"

原文

范雎曰："臣居山东，闻齐之有田单，不闻其有王。闻秦之有太后、穰侯、泾阳、华阳[1]，不闻其有王。夫擅国之谓王[2]，能专利害之谓王，制杀生之威之谓王[3]。今太后擅行不顾，穰侯出使不报，泾阳、华阳击断无讳[4]，四贵备而国不危者，未之有也。为此四者，下乃所谓无王已。然则权焉得不倾[5]，而令焉得从王出乎？臣闻：'善为国者，内固其威，而外重其权。'穰侯使者操王之重，决裂诸侯，剖符于天下[6]，征敌伐国，莫敢不听，战胜攻取，则利归于陶；国弊，御于诸侯；战败，则怨结于百姓，而祸归社稷。《诗》曰：'木实繁者披其枝[7]，披其枝者伤其心。大其都者危其国，尊其臣者卑其主。'淖齿管齐之权，缩闵王之筋，悬之庙梁，宿昔而死[8]。李兑用赵，减食主父，百日而饿死。今秦，太后、穰侯用事[9]，高陵、泾阳佐之，卒无秦王，此亦淖齿、李兑之类已。臣今见王独立于庙朝矣[10]，且臣将恐后世之有秦者，非王之子孙也。"

秦王惧，于是乃废太后，逐穰侯，出高陵，走泾阳于关外。

昭王谓范雎曰："昔者，齐公得管仲，时以为仲父。今吾得子，亦以为父。"

注释

①穰侯：魏冉。　泾阳、华阳：缪文远《战国策新校注》云："泾阳指泾阳君，为秦昭王同母弟公子市。华阳指华阳君，为秦昭王舅芈戎封号。"

②擅国：专国政。

③制：掌握，控制。

④击断：决断。　无讳：无所顾忌。

⑤焉：怎么。　得：能。　倾：倒，废，破坏。

⑥剖符：古代帝王授予诸侯、功臣的凭证。符为竹制，剖分为二，帝王与诸侯各执其一，故曰剖符。

⑦披：折，裂。

⑧宿昔：一夜。

⑨用事：执政。

⑩独立：孤立。

范雎说："我在东方的时候，只听到齐国有一个田单，却没有听到有齐王。只听到秦国有太后、穰侯、泾阳君和华阳君，却没有听到有秦王。只有能独自掌管国事的方可称为王，只有能专断利害的方可称为王，只有能控制生杀权柄的方可称为王。现在太后擅自专行不顾一切，穰侯出使各国，归来也不禀报，泾阳君、华阳君随意处治他人毫无顾忌，这四位权贵齐全而国家不危险的，那是从来没有的。因为有此四位权贵，下面才说秦国没有君王了。既然如此，那么国家的权威怎么会不倒，号令又怎么会从大王您那里发出来呢？我听说，‘善于治理国家的君王，对内牢固地树立他的威严，对外加强他的权势。’穰侯派出的使者，借重大王的威望，割裂诸侯的土地，擅自封爵，征伐敌国，没有人敢不听从。打了胜仗，便把利益归到他自己的封地陶国去；国家困难了，便让诸侯去承担；战败了，便结怨于老百姓，灾祸都集中到国家。《诗经》上说：‘果子多的树定要折断枝条，折断了枝条定要伤害树心。过大地封给臣子都邑，国家必然危险；臣子太尊贵了，君王必然卑弱。’楚将淖齿在齐国专权，他竟抽了齐闵王的筋，又把齐闵王挂在庙中的梁上，一宿就死了。赵国李兑掌权，他减少主父赵武灵王的食物，一百天之后主父就饿死了。现在秦国有太后、穰侯专权，加上高陵君和泾阳君帮助他们，到头来是不会有秦王的存在的，这些便是跟淖齿、李兑一类的家伙。我今天看到大王您在朝廷中孤立，恐怕后世占有秦国的，不会是大王您的子孙了。”

秦昭王心中害怕，便废了太后，驱逐了穰侯，调出高陵君，把泾阳君撵出关外。

昭王对范雎说：“从前齐桓公得到管仲，便尊他为仲父。现在我得到了您，也尊您为仲父吧。”

秦攻邯郸

原文

秦攻邯郸，十七月不下。庄谓王稽曰：“君何不赐军吏乎①？”王稽曰：“吾与王也②，不用人言。”庄曰：“不然。父之于子也，令有必行者③，必不行者。曰‘去贵妻，卖爱妾’，此令必行者也；因曰‘毋敢思也’，此令必不行者也。守闾妪曰④，‘其夕，某孺子内某士⑤。’贵妻已去，爱妾已卖，而心不有。欲教之者，人心固有。今君虽幸于王，不过父子之亲；军吏虽贱，不卑于守闾妪。且君擅主轻下之日久矣。闻‘三人成虎，十夫揉椎。众口所移⑥，毋翼而飞。’故曰，不如赐军吏而礼之。”王稽不听。军吏穷，果恶王稽⑦、杜挚以反。

①军吏：军中下级小官。

②与：听从，采纳。

③令：命令，教诲。

④妪（yù）：老妇人。

⑤孺子：年轻妇女的美称。

⑥移：改变。

⑦恶：说坏话。

秦军进攻邯郸，十七个月过去了，还没有攻下。有个名字叫庄的人对王稽说："您为什么不赏赐军中的官吏呢？"王稽说："我听从大王的，用不着别人插嘴。"庄说："不对。父亲对儿子来说，有的父命肯定得执行，有的父命未必能执行。如果父亲说'赶走你那宝贝老婆，卖掉你那心爱的小妾'，这个父命肯定做得到；如果是说'不许去想念她们'，这个父命肯定执行不了。再比如说，有个看守闾里大门的老太婆说：'那天晚上，有个年轻媳妇招进一个野男人。'对前一件事来说，儿子喜爱的妻子已经离去，心爱的小妾已经卖掉，而父亲不应说不许思念之情。对后一件事来说，要想控告他们通奸，每一个人本来都会有这种想法。如今您虽然受到大王的宠爱，却不过是父子的亲情罢了；军中的官吏虽然卑贱，却不比那守门的老太婆更下贱吧！再说您擅自处理人主的大事，看不起手下的兵将，这时间也不短了。我听说，'三人传播谣言，可以把没虎的地方说成有虎；十人弯曲木椎，可以把直木变成曲木。众口可以移动一切，没有翅膀也可以高飞。'因此，您不如赏赐军中官吏，并且对他们以礼相待。"王稽没有听从庄的意见。当军吏处在困境时，果然恶言相伤，说王稽和杜挚谋反。

秦王大怒，而欲兼诛范雎。范雎曰："臣，东鄙之贱人也①，开罪于魏②，遁逃来奔③。臣无诸侯之援，亲习之故，王举臣于羁旅之中④，使职事⑤，天下皆闻臣之身与王之举也。今遇惑⑥，或与罪人同心，而王明诛之，是王过举显于天下，而为诸侯所议也。臣愿请药赐死，而恩以相葬臣，王必不失臣之罪⑦，而无过举之名⑧。"王曰："有之。"遂弗杀而善遇之⑨。

①贱：微贱。

②开罪：得罪。

③遁：逃跑。

④举：提拔。

⑤职：主持，执掌。

⑥惑：愚惑，迷惑。

⑦失：放弃，饶恕。

⑧过举：误举。

⑨遇：待。

秦王听到控告后十分愤怒，想要一起处死范雎。范雎说：“我是东方卑贱的下等人，曾得罪魏王，逃命来到秦国。我本来没有任何诸侯的援助，更没有亲近的王侯朋友，是大王把我从流亡之中提举上来，让我主管国家大事，天下人都知道我的身世和大王对我的提拔。如今我愚昧迷惑，与罪人王稽合流，若是大王明令处死我，这倒在天下人面前显露出您提拔错了，并且将成为诸侯们议论的对象。我想请大王给我毒药，赐我一死，并恩准我以故相国的名义埋葬，这样大王必定是既没有放弃对我的惩处，又没有错误举荐的名声。”秦王说：“说得有道理。”于是秦王没有杀范雎，仍然善待他。

蔡泽见逐于赵

蔡泽见逐于赵[①]，而入韩、魏，遇夺釜鬲于涂[②]。闻应侯任郑安平、王稽皆负重罪，应侯内惭，乃西入秦。将见昭王，使人宣言以感怒应侯曰[③]：“燕客蔡泽，天下骏雄弘辩之士也。彼一见秦王，秦王必相之而夺君位[④]。”

①蔡泽：燕人，“游学干诸侯”，不为所用，乃入秦。《史记》有《蔡泽列传》。　见：被。

②釜：锅。　鬲（lì）：古代炊具，似鼎，足部中空。　涂：通“途”。

③感怒：激怒。

④相之：以之为相。

蔡泽被赵国驱逐出境，便到韩国和魏国去，路途中被人夺去了锅、鼎等炊具。他听说应侯范雎所任用的郑安平、王稽都身负重罪，范雎正因此而内心惭愧，于是他就往西进入秦国。将要谒见秦昭王，蔡泽先指使人公开扬言用以激怒范雎说：“燕客蔡泽，是当今天下才智过人的辩士。他一会见秦王，秦王必定会任用他为相国而夺取您的相位。”

【原文】

应侯闻之，使人召蔡泽。蔡泽入，则揖应侯，应侯固不快，及见之，又倨[①]。应侯因让之曰[②]：“子常宣言代我相秦，岂有此乎？”对曰：“然。”应侯曰：“请闻其说。”蔡泽曰：“吁！何君见之晚也。夫四时之序，成功者去。夫人生手足坚强，耳目聪明圣知，岂非士之所愿与？”应侯曰：“然。”蔡泽曰：“质仁秉义[3]，行道施德于天下，天下怀乐敬爱，愿以为君王，岂不辩智之期与？”应侯曰：“然。”蔡泽复曰：“富贵显荣，成理万物[4]，万物各得其所；生命寿长，终其年而不夭伤；天下继其统[5]，守其业，传之无穷，名实纯粹[6]，泽流千世，称之而毋绝，与天下终。岂非道之符，而圣人所谓吉祥善事与？”应侯曰：“然。”泽曰：“若秦之商君，楚之吴起，越之大夫种，其卒亦可愿矣？”应侯知蔡泽之欲困己以说，复曰：“何为不可？夫公孙鞅事孝公，极身无二[7]，尽公不还私，信赏罚以致治，竭智能，示情素，蒙怨咎，欺旧交，虏魏公子卬，卒为秦禽将，破敌军，攘地千里。吴起事悼王，使私不害公，谗不蔽忠，言不敢苟合，行不取苟容，行义不固毁誉，必有伯主强国，不辞祸凶。大夫种事越王，主离困辱[8]，悉忠而不解，主虽亡绝，尽能而不离，多功而不矜，贵富不骄怠。若此三子者，义之至，忠之节也。故君子杀身以成名，义之所在，身虽死，无憾悔，何为不可哉？”蔡泽曰：“主圣臣贤，天下之福也；君明臣忠，国之福也；父慈子孝，夫信妇贞，家之福也。故比干忠，不能存殷；子胥知[9]，不能存吴；申生孝，而晋惑乱。是有忠臣孝子，国家灭乱，何也？无明君贤父以听之。故天下以其君父为戮辱[10]，怜其臣子。夫待死而后可以立忠成名，是微子不足仁，孔子不足圣，管仲不足大也。”于是应侯称善。

①倨：傲慢。

②让：责问。

③秉：持，执行。

④成：善。　理：治。

⑤统：世代相传曰统。

⑥纯粹：完美。

⑦极身：终身。

⑧离：通“罹”，遭受。

⑨知：通“智”。

⑩戮辱：侮辱，唾弃。

范雎听说后，便派人召见蔡泽。蔡泽进来时只向范雎拱手作揖，范雎本来就不高兴，等到走近看见他，那态度又那么傲慢，范雎就责备他说：“您曾经公开扬言要取代我担任秦国的相国，难道真有这回事吗？”蔡泽回答说：“是的。”范雎说：“请让我听一听您的高论吧。”蔡泽说：“啊！为什么您的见识如此迟钝呢？春夏秋冬四时是有顺序的，完成时令的季节就得让位给后面的。一个人活着，手脚坚强，耳聪目明，通达事理，充满智慧，这难道不是士人所希望的吗？”范雎说：“对。”蔡泽说：“凭借仁义，对天下推行有道有德的措施，天下的老百姓就会从内心高兴而敬爱他，愿意他做君主，这难道不是能言善辩有智慧的士人所期望的吗？”范雎说：“对。”蔡泽又说：“取得富贵显荣，长养治理万物，让万物各得其所；使生命长寿，享尽自然的寿命而不夭折；让天下继承他的传统，保住他的事业，无穷无尽地传递下去，使名和实都完美无缺，恩泽流传千代，后人称颂不绝，与天地共存。这难道不正是推行道德措施，而被圣人称为吉祥的好事吗？”范雎说：“对。”蔡泽说：“像秦国的商君，楚国的吴起，越国的大夫种，他们的结局也是可以心甘情愿的吗？”范雎知道蔡泽想要用辩词使自己处于窘境，于是又说：“为什么不可以呢？公孙鞅为秦孝公服务，竭尽自己的才智，没有二心，尽公不顾私，赏罚讲信用，达到社会安定太平，他竭尽全力贡献自己的聪明才干，表现出真情实意，遭受到怨恨和责难，欺骗了他的老友，诱俘了魏国的公子卬，终于替秦国擒敌将，破敌军，夺取了近千里的土地。吴起为楚悼王服务，使得私家不能损害公家的利益，谗言不能蒙蔽忠良，他言行不苟合，只要行动合乎义理就不顾毁谤或者赞誉，一定要使楚国成为霸主强国，所以也就不避什么凶祸。大夫种为越王勾践服务，越王遭到困窘和耻辱，他竭尽忠心而不懈怠，越王即使处于危亡绝境，他也总是尽力而不肯离去，他的功劳虽多但不自我夸耀，他富贵但不骄傲懈怠。像这三位先生，达到了义的顶点和忠的楷模。所以，君子甘愿牺牲自我成就美名，只要是义所存在的地方，即使为它而死，也没有什么遗憾和悔恨，为什么不可以呢？”蔡泽说：“君主圣德，臣子贤能，这是天下的福气；君主英明，臣子忠诚，这是国家的福气；父亲慈爱，儿子孝顺，丈夫诚信，妻子贞节，这是家庭的福气。比干那么忠心耿耿，却不能保住殷商；伍子胥那么聪明智慧，却不能保住吴国；申生那么孝顺，晋国却内乱不止。这就是有了忠臣孝子，国家仍然灭亡或混乱，为什么呢？因为没有英明的君主和贤良的父亲来听从他们的缘故。所以天下人都以那些昏君愚父为耻辱，而怜悯那些忠臣孝子。如果等到死了以后才能立忠成名，那么，这就是微子不足以称为仁人，孔子不足以称为圣人，管仲不足以称为大人物了。”于是范雎说他讲得好。

【原文】

蔡泽得少间，因曰：“商君、吴起、大夫种，其为人臣，尽忠致功，则可愿矣。闳夭事文王，周公辅成王也，岂不亦忠乎？以君臣论之，商君、吴起、大夫种，其可愿孰与闳夭、周公哉？”应侯曰：“商君、吴起、大夫种不若也。”蔡泽曰：“然则君之主，慈仁任忠，不欺旧故，孰与秦孝公、楚悼王、越王乎？”应侯曰：“未知何如也。”蔡泽曰：“主固亲忠臣，不过秦孝[①]、越王、楚悼。君之为主，正乱、批患、折难[②]，广地殖谷，富国、足家、强主，威盖海内，功章万里之外[③]，不过商君、吴起、大夫种。而君之禄位贵盛，私家之富过于三子，而身不退，窃为君危之。语曰：‘日中则移，月满则亏。’物盛则衰，天之常数也；进退、盈缩、变化，圣人之常道也。昔者，齐桓公九合诸侯，一匡天下，至葵丘之会，有骄矜之色，畔者九国[④]。吴王夫差无敌于天下，轻诸侯，凌齐、晋，遂以杀身亡国。夏育、太史启叱呼骇三军，然而身死于庸夫。此皆乘至盛不及道理也。夫商君为孝公平权衡、正度量、调轻重，决裂阡陌，教民耕战，是以兵动而地广，兵休而国富，故秦无敌于天下，立威诸侯。功已成，遂以车裂。楚地持戟百万，白起率数万之师，以与楚战，一战举鄢、郢，再战烧夷陵，南并蜀、汉，又越韩、魏攻强赵，北坑马服，诛屠四十馀万之众，流血成川，沸声若雷，使秦业帝[⑤]。自是之后，赵、楚慑服，不敢攻秦者，白起之势也。身所服者[⑥]，七十馀城，功已成矣，赐死于杜邮。吴起为楚悼罢无能[⑦]，废无用，损不急之官[⑧]，塞私门之请，一楚国之俗，南攻杨越，北并陈、蔡，破横散从，使驰说之士无所开其口。功已成矣，卒支解。大夫种为越王垦草创邑，辟地殖谷，率四方士，上下之力，以擒劲吴，成霸功。勾践终棓而杀之[⑨]。此四子者，成功而不去，祸至于此。此所谓信而不能诎[⑩]，往而不能反者也。范蠡知之，超然避世，长为陶朱。君独不观博者乎？或欲分大投，或欲分功。此皆君之所明知也。今君相秦，计不下席，谋不出廊庙，坐制诸侯，利施三川，以实宜阳，决羊肠之险，塞太行之口，又斩范、中行之途，栈道千里于蜀、汉，使天下皆畏秦。秦之欲得矣，君之功极矣。此亦秦之分功之时也！如是不退，则商君、白公、吴起、大夫种是也。君何不以此时归相印，让贤者授之，必有伯夷之廉；长为应侯，世世称孤，而有乔、松之寿。孰与以祸终哉！此则君何居焉？”应侯曰：“善。”乃延入坐为上客。

①过：超过。

②正：治理，平定。　批：排除，消除。　折：消灭。

③章：同“彰”，明显，显著。

④畔：通“叛”。

⑤业帝：成就帝王的功业。

⑥服：降，攻下。

⑦罢：撤掉。

⑧损：裁减。

⑨棓：当为“倍”。通“背”。

⑩信：通“伸”。　诎：通“屈”。

蔡泽稍事休息，又对范雎说：“商君、吴起、大夫种，他们作为人臣，竭尽忠心建立功业，算得上如愿了。闳夭侍奉周文王，周公辅佐周成王，难道不也是忠心耿耿么？如果就君臣关系来说，商君、吴起、大夫种，他们与闳夭、周公比起来，又怎么样呢？”范雎说：“商君、吴起、大夫种是比不上闳夭、周公的。”蔡泽说：“那么，您的国君在仁慈和信任忠臣方面，在不欺骗老友方面，与秦孝公、楚悼王和越王勾践比起来，又怎么样呢?”范雎说:“不知道怎么样。”蔡泽说:“您的国君固然亲信忠臣，但不会超过秦孝公、越王勾践和楚悼王。您为您的国君拨乱反正，排除患难，扩展领土，广播五谷，使国富家足，国君强大，威力胜过天下诸侯，功劳昭著万里之外，也还不能超过商君、吴起、大夫种。可是您地位尊贵俸禄丰厚，私家的财富超过了这三位先生，您还不引退，我暗自为您感到危险。俗话说:‘太阳过了中午就要慢慢西移，月亮到了满月就要渐渐亏缺。’事物发展到了极盛的时候就要衰退，这是自然界的客观规律。前进与后退，延长与缩短，以及随着时间的推移而发生变化，这些都是圣人们都知晓的规律。从前齐桓公九次主持诸侯间的盟会，使天下一切得到匡正，到葵丘之会的时候，有骄傲自大的表情，叛离他的就有九个国家。吴王夫差无敌于天下，可由于他轻视诸侯，欺凌齐、晋，终于因此而杀身亡国。夏育、太史启一声呼喝，三军为之惊骇，然而最终被平庸的人杀死。这都是仗着自己威名全盛而不通达道理所致。商君为秦孝公统一度量衡，颁布标准的度量衡器，调整赋税的轻重，破除井田制的疆界，重新划分土地，教百姓学习耕种，操练军事，因此，军队一出动，疆土便扩大，军队休战，国家就富足。所以秦国无敌于天下，在诸侯中树立了威信。功业已经成就了，商鞅却被车裂了。楚国有百万持戟的战士，白起率领数万军队，与楚军作战。一战攻下了鄢和郢都，再战烧毁了夷陵，南面吞并了蜀、汉，又越过韩、魏去攻打强大的赵国，北面坑杀了马服君赵括，屠杀坑埋赵军四十馀万，流血成河，响声如雷，使秦国成就了帝业。从此以后，赵国、楚国恐惧而驯服，不敢攻打秦国，怕的就是白起的威力。白起亲身所降服的，就有七十馀城。功业已经成就了，他却被秦昭王赐死于杜邮。吴起为楚悼王罢免无能之辈，废除无用之徒，删减那些非急需的官员，堵塞来自私门的请求，使楚国的风俗得以统一，然后南面攻打杨越，北面吞并陈、蔡，破除连横，解散合纵，使往来游说连横合纵的策士们没有地方开口。功业已经成就了，吴起却被肢解而死。大夫种为越王勾践大力垦荒，创建城邑，开辟田地，播植五谷，率领各方人士，集中上下力量，降服了强劲的吴国，成就了霸王的功业。勾践最终背弃并杀害了他。这四位先生，都是成就了功业而不肯离去官位，以致身受祸害。这就是所谓能伸而不能屈，能进而不能退的人了。范蠡懂得功成身退的道理，他超然避世，长久地做着经商致富的陶朱公。您难道没见过进行赌博的人吗?有的想孤注一掷，有的想瓜分胜者钱财。这都是您明明白白知道的。现在您身为秦国的相国，用计不离坐席，施谋不出朝廷，坐着控制诸侯，利益伸展到三川，直达到宜阳，断绝了羊肠险路，堵塞了太行入口，又断绝了三晋的道路，修筑了上千里栈道与蜀、汉相通，使天下都害怕秦国。秦国的欲望实现了，您的功劳也达到顶点了。这也正是秦国人来分取您的利益的时候了!如果这时候还不隐退，那么，商君、白公、吴起、大夫种就是您的榜样。您为什么不趁这时候归还相印，让位给贤能的人？您这样做，一定会获得伯夷那样廉洁的声誉，长久地做应侯，世代称孤，并且还能享有王子乔、赤松子那样的长寿。这与终于遭祸相比，哪个好呢？您应当如何处理呢？”范雎说：“对。”于是请他就座，尊为上宾。

后数日，入朝，言于秦昭王曰：“客新有从山东来者蔡泽，其人辩士。臣之见人甚众，莫有及者，臣不如也。”秦昭王召见，与语，大说之，拜为客卿[①]。

应侯因谢病[②]，请归相印。昭王强起应侯，应侯遂称笃[③]，因免相。昭王新说蔡泽计画，遂拜为秦相，东收周室。

蔡泽相秦王数月，人或恶之，惧诛，乃谢病归相印，号为刚成君。居秦十馀年，事昭王、孝文王、庄襄王，卒事始皇帝[④]。为秦使于燕，三年而燕使太子丹入质于秦。

①客卿：非本国人而任用为卿的官职。

②谢病：托病辞职。

③笃：病重。

④始皇帝：秦庄襄王之子，名政，秦国第36代国君，继位后26年尽灭六国，建成统一的秦帝国，自号“始皇帝”，前246—前210年在位。

过了几天，范雎上朝，对秦昭王说：“有一位新近从山东来的客人名叫蔡泽，这人是一位辩士。我见过的人很多，没有谁赶得上他的，我不如他。”秦昭王于是召见蔡泽，与他交谈，非常喜欢他，授予他客卿的职位。

范雎于是称病辞官，请求归还相印。秦昭王强行叫他出来干事，他就声称病重，于是被免去了相国的职位。秦昭王新近正喜欢蔡泽的计划，便授予他秦国的相国职位，不久，东面吞并了周王室。

蔡泽辅佐秦昭王几个月以后，有人憎恶他，他害怕被诛杀，就称病辞官，归还了相印，称为刚成君。他住在秦国十多年，侍奉秦昭王、秦孝文王、秦庄襄王，最后侍奉秦始皇帝。他为秦国出使燕国三年，促使燕国派太子丹到秦国来做人质。

秦昭王谓左右

秦昭王谓左右曰：“今日韩、魏，孰与始强？”对曰：“弗如也。”王曰：“今之如

耳、魏齐[1]，孰与孟尝、芒卯之贤[2]？”对曰：“弗如也。”王曰：“以孟尝、芒卯之贤，帅强韩、魏之兵以伐秦，犹无奈寡人何也！今以无能之如耳、魏齐，帅弱韩、魏以攻秦，其无奈寡人何，亦明矣！”左右皆曰：“甚然。”

中期推琴对曰：“王之料天下过矣。昔者六晋之时，智氏最强，灭破范、中行，帅韩、魏以围赵襄子于晋阳。决晋水以灌晋阳，城不沈者三板耳[3]。智伯出行水[4]，韩康子御，魏桓子骖乘。智伯曰：‘始，吾不知水之可亡人之国也，乃今知之。汾水利以灌安邑[5]，绛水利以灌平阳[6]。’魏桓子肘韩康子[7]，康子履魏桓子，蹑其踵[8]。肘足接于车上，而智氏分矣。身死国亡，为天下笑。今秦之强，不能过智伯；韩、魏虽弱，尚贤在晋阳之下也。此乃方其用肘足时也，愿王之勿易也[9]。”

①如耳：曾作魏国大夫，后仕卫，时为韩国大臣。　魏齐：魏国大臣。

②孟尝：即孟尝君田文。　芒卯：即孟卯，魏国大将。

③沈：通“沉”，淹没。　三板：六尺。高二尺为一板。

④行：视察。

⑤安邑：魏桓子的城邑，在今山西夏县西北。

⑥平阳：韩康子的城邑，在今山西临汾。

⑦肘：用如动词，用肘碰触。

⑧蹑：踩。　踵：脚后跟。

⑨易：轻视。

秦昭王对左右的臣子说：“今天的韩国和魏国与当初相比较，哪个时期更强大呢？”大臣们说：“不如当初强大。”秦昭王又问：“现在的韩国大臣如耳和魏国大臣魏齐与当初的孟尝君和芒卯相比较，哪个更有才能呢？”大臣们回答说：“都不如孟尝君和芒卯。”秦昭王说：“当初，凭着孟尝君和芒卯的才干，率领强大的韩、魏联军来讨伐秦国，对我们还无可奈何！如今，以无能的如耳和魏齐，率领业已弱小了的韩、魏军队进攻秦国，他能把我怎么样也就很清楚的了！”大臣们都说：“的确是这样。”

大臣中期推开面前之琴对秦昭王说：“大王您错误地估计了天下的形势。从前晋国的韩氏、赵氏、魏氏、范氏、智氏和中行氏这六个卿相，智氏最强大，它消灭了范氏和中行氏之后，又率领韩氏和魏氏的军队在晋阳围住赵襄子。然后掘开晋水以淹晋阳城，城墙只剩六尺就要被淹没了。智伯出来巡视水势，韩康子驾着马车，魏桓子陪侍旁边。智伯说：‘开始我还不知道用河水可以消灭人家的国家，今天才知道了这个办法。用汾水淹没安邑很方便，用绛水淹没平阳也很省事。’这时魏桓子用胳膊肘碰了一下韩康子，韩康子也用脚踩了一下魏桓子，又踢了他的脚跟。正是因为两人肘脚在车上相碰，智伯的土地被瓜分了。智伯身死国亡，被天下人所耻笑。现在秦国的强大超不过智伯，韩、魏即使软弱，也比赵襄子被围在晋阳城时强得多。我们现在可是正处在'肘脚相碰'的时期，希望大王千万不可轻视他们。"

楚王使景鲤如秦

原文

楚王使景鲤如秦①。客谓秦王曰："景鲤，楚王所甚爱，王不如留之以市地。楚王听，则不用兵而得地；楚王不听，则杀景鲤，更与不如景鲤留，是便计也②。"秦王乃留景鲤。

景鲤使人说秦王曰："臣见王之权轻天下③，而地不可得也。臣之来使也，闻齐、魏皆且割地以事秦。所以然者，以秦与楚为昆弟国。今大王留臣，是示天下无楚也，齐、魏有何重于孤国也？楚知秦之孤，不与地，而外结交诸侯以图，则社稷必危，不如出臣。"秦王乃出之。

①景鲤：楚怀王之相。

②便：利，安全。

③权：势。

楚怀王派景鲤到秦国去。有人对秦王说："景鲤是楚王所喜爱的大臣，大王不如把他扣留下来，用他去换取楚国的土地。如果楚王答应了，那么我们不用出兵就能得到楚国的土地；如果楚王不答应，那么我们就把景鲤杀掉，再和才能不如景鲤的人打交道，这是万全之策。"秦王于是扣留了景鲤。

景鲤让人给秦王传话说："我看大王这样做，会失势于天下，并且土地也不可能得到。我刚要出使秦国的时候，听说齐、魏两国都打算割让土地来侍奉秦国。之所以这样，是因为秦国与楚国是兄弟之邦。如今大王扣留我，这就在天下诸侯中显示出秦国失去了楚国的邦交，齐国和魏国又怎么会尊重一个孤立无援的国家呢？当楚国知道秦国处于孤立之中，不但不会送给土地，而且还会在外边结交诸侯来图谋秦国，那秦国必然危险了，我看不如把我放回去。"秦王这才放了景鲤。

濮阳人吕不韦贾于邯郸

濮阳人吕不韦贾于邯郸[①]，见秦质子异人[②]，归而谓父曰："耕田之利几倍？"曰："十倍。""珠玉之赢几倍？"曰："百倍。""立国家之主赢几倍？"曰："无数。"曰："今力田疾作，不得暖衣馀食；今建国立君，泽可以遗世。愿往事之[③]。"

秦子异人质于赵，处于聊城。故往说之曰："子傒有承国之业，又有母在中[④]。今子无母于中，外托于不可知之国，一日倍约[⑤]，身为粪土[⑥]。今子听吾计事，求归，可以有秦国。吾为子使秦，必来请子。"

注释

①贾(gǔ)：经商。

②质子：古时两国交好，或结盟，为了取信于对方，派自己的亲信去对方作抵押，即所谓"人质"。如果派国君的儿子去做人质，即所谓"质子"。

③事：为。

④中：宫中，朝中。

⑤倍：同"背"。

⑥身为粪土：鲍彪注："弃死且贱也。"

濮阳人吕不韦在赵都邯郸经商，见到了秦国送到赵国做人质的王子异人，就回到家里对他父亲说："种田得利能有几倍？"他父亲说："十倍。"吕不韦再问："贩卖珠玉赢利能有几倍？"他父亲说："一百倍。"吕不韦又问："那么拥立国家的君主赢利能有几倍？"他父亲说："无数倍。"吕不韦说："如今老百姓努力耕田劳作，还不能得到温饱；现在如果建立一个国家，拥立一位君主，那么他的利益就可以传给后世。我愿意去干这样的事。"

秦国的王子异人在赵国做人质，住在聊城。吕不韦特地去向异人游说："子傒已有继承国业的资格，又有母后在宫中做后盾。现在您既无母后在宫中，自己在外又托身于一个不可预测的敌国，倘若有一天秦、赵背弃信约，那么您将成为粪土。现在您若能听从我的计划，先求得回国，就能有掌握秦国大权的机会。我替您去秦国活动，秦王必定会请您回去。"

乃说秦王后弟阳泉君曰："君之罪至死，君知之乎？君之门下无不居高尊位，

太子门下无贵者。君之府藏珍珠宝玉，君之骏马盈外厩，美女充后庭。王之春秋高[①]，一日山陵崩，太子用事[②]，君危于累卵，而不寿于朝生[③]。说有可以一切而使君富贵千万岁[④]，其宁于太山四维，必无危亡之患矣。"阳泉君避席[⑤]，请闻其说。不韦曰："王年高矣，王后无子，子傒有承国之业，士仓又辅之。王一日山陵崩，子傒立，士仓用事，王后之门，必生蓬蒿。子异人贤材也，弃在于赵，无母于内，引领西望，而愿一得归。王后诚请而立之，是子异人无国而有国，王后无子而有子也。"阳泉君曰："然。"入说王后，王后乃请赵而归之。

赵未之遣，不韦说赵曰："子异人，秦之宠子也，无母于中，王后欲取而子之。使秦而欲屠赵[⑥]，不顾一子以留计，是抱空质也[⑦]。若使子异人归而得立，赵厚送遣之，是不敢倍德畔施[⑧]，是自为德讲[⑨]。秦王老矣，一日晏驾[⑩]，虽有子异人，不足以结秦。"赵乃遣之。

①春秋：喻年龄。

②一日山陵崩，太子用事：高诱注："一日犹一旦也。山陵，喻尊高也。崩，死也。用事，即位治国事。"

③不寿于朝生：高诱注："朝生，木堇也。朝生夕落，真为短命不寿也。言命将不至终日也。"

④说：办法，计谋。　一切：权宜之计。

⑤避席：离开座位而起来，表示对人尊敬。

⑥屠：屠戮，消灭。

⑦抱：据有，拥有。

⑧倍：通"背"。　畔：通"叛"。

⑨是自为德讲：鲍彪注："必自为恩德讲好于赵。"为，因。讲，即"媾"。

⑩晏驾：指天子、诸侯国君等死亡。君王当早起上朝，如宫车晚出，必有事故。古代忌讳说"死"，故君王死称"晏驾"。晏，晚、迟。驾，车驾。

于是吕不韦就向秦王后华阳夫人的弟弟阳泉君游说道："您已经犯了死罪，您知道吗？您手下的人没有一个不是位居高官的，太子手下的人却没有一个高官显贵。您的府库中藏着珍珠宝玉，您的马圈里养着许多骏马，您的后宫里住满了美女。如今大王年事已高，一旦驾崩，太子掌权，那么您的处境比堆积起来的鸡蛋还危险，比朝荣夕落的木槿花的寿命还短。现在有一个权宜之计可以使您富贵千万年，它像泰山一样地安稳，肯定不会有危险的忧患。"阳泉君听后便从坐席上起来，请求指教。吕不韦说："大王年事已高，王后又没有儿子，子傒有继承国业的权利，又有士仓的辅佐。大王一旦去世，子傒即位，士仓掌权，那时王后的门庭一定会冷落得长满蓬蒿。现在王子异人是一位贤能的人，可是他却被遗弃在赵国做人质，宫内又没有母亲，他常仰首西望，渴望回到秦国。王后若是真的请大王立异人为太子，这样王子异人本没有国家却有了国家，王后本没有儿子却有了儿子，阳泉君说：“对。”便进宫劝说王后，王后于是请求赵国将异人送回来。

在赵国还没有把异人送回的时候，吕不韦劝说赵王道：“王子异人是秦王的宠子，宫中虽然没有母亲，秦王后却想领回去认他做儿子。假若秦国想要消灭赵国，它就不会为一个王子而停止进攻的计划，赵国分明是抓着一个空的人质。假若让王子异人回去做太子，赵国再用厚礼送行，这样他自然不敢忘恩负义，自会报答恩德。秦王老了，一旦去世，即使异人留在赵国，也不能与秦国结好。”赵王于是送异人回国。

【原文】

异人至，不韦使楚服而见[①]。王后悦其状，高其知[②]，曰：“吾楚人也。”而自子之，乃变其名曰楚。王使子诵，子曰：“少弃捐在外[③]，尝无师傅所教学，不习于诵。”王罢之，乃留止。间曰[④]：“陛下尝轫车于赵矣[⑤]，赵之豪杰，得知名者不少。今大王反国，皆西面而望。大王无一介之使以存之[⑥]，臣恐其皆有怨心。使边境早闭晚开。”王以为然，奇其计。王后劝立之。王乃召相，令之曰：“寡人子莫若楚。”立以为太子。

子楚立[⑦]，以不韦为相，号曰文信侯，食蓝田十二县。王后为华阳太后，诸侯皆致秦邑[⑧]。

①楚服而见：鲍彪注：“以王后楚人，故服楚制以说之。”

②知：通“智”。

③捐：弃。

④间：须臾，一会儿。

⑤轫(rèn)车：止车。　轫，垫在车轮下不使车转动的木头。

⑥存：劳问，慰问。

⑦子楚立：鲍彪注曰：“是为庄襄王。”

⑧致：送，进献。

异人回到秦国，吕不韦让他穿着楚人服装去拜见王后。王后很喜欢他这副模样，认为他聪明，并说：“我本是楚国人。”于是认他作自己的儿子，把他的名字改为楚。秦王让异人诵读经书，异人说：“我从小就流离在外，从来没有教师教我学习，不熟悉怎样诵读经书。”秦王这才作罢，可是异人还不走。过了一会他又向秦王说：“陛下也曾在赵国停留过，赵国的豪杰被大王结识的不在少数，如今大王回国，可他们都还在朝西面仰望您。大王却没有派遣一位使臣去慰问他们，我担心他们会存有怨心。不如让边境的关卡早闭晚开，加强警戒。”秦王认为有道理，惊奇他有这样的心计。王后鼓动秦王立异人为太子。于是秦王召相国下令道：“我的儿子没有哪个比得上楚的。”于是立异人为太子。

后来王子楚即位，用吕不韦做相国，封号为文信侯，以蓝田等十二个县为俸禄。王后封为华阳太后，诸侯都进献土地给秦国。

◎齐　策

题解

《齐策》记载的是齐国历史上的重大事件。《齐将封田婴于薛》写齐国大臣公孙闬设计使楚怀王不干涉齐国封田婴薛地之事。《靖郭君善齐貌辨》写田婴对齐貌辨知人善任,终受回报之事。《邯郸之难》写齐国大臣段干纶为齐威王出的“赵破魏弱”之策。《田忌为齐将》写孙膑为齐将田忌出的成就大业之计,可惜田忌并未听从,落得个“不入齐”的下场。《邹忌修八尺有馀》写齐相邹忌巧谏齐威王之事。《秦假道韩魏以攻齐》写齐宣王不为谣言迷惑,深信匡章之事。《苏秦为赵合从说齐宣王》写齐宣王接受苏秦的劝谏,采用合纵之策。《昭阳为楚伐魏》写陈轸为齐巧退楚兵之事。《权之难齐燕战》写孟尝君巧解赵助燕攻齐之事。《孟尝君将入秦》写苏秦巧谏孟尝君西入秦国。《孟尝君奉夏侯章》写孟尝君舍人夏侯章牺牲个人声誉以赞美孟尝君。《淳于髡一日而见七人于宣王》写淳于髡巧谏齐宣王纳贤。《齐欲伐魏》写淳于髡巧劝齐国取消征伐魏国的行动。《齐人有冯谖者》写孟尝君的门客冯谖为孟尝君出谋划策以巩固其地位之事。《鲁仲连谓孟尝》写鲁仲连巧谏孟尝君纳贤之事。《先生王斗造门而欲见齐宣王》写齐人王斗巧讽齐宣王好马、狗、酒、色的行为,最终使其纳贤任能之事。《齐王使使者问赵威后》通过描写赵威后诘问齐国使者的故事,反映出赵威后的民本思想。《齐人见田骈》写齐人巧诘田骈不做官。《管燕得罪齐王》写田需巧诘管燕难用士。

齐将封田婴于薛

原文

齐将封田婴于薛。楚王闻之,大怒,将伐齐。齐王有辍志①。公孙闬曰②:“封之成与不③,非在齐也,又将在楚。闬说楚王,令其欲封公也又甚于齐。”婴子曰:“愿委之于子。”公孙闬为谓楚王曰:“鲁、宋事楚而齐不事者,齐大而鲁、宋小。王独利鲁、宋之小,不恶齐大何也?夫齐削地而封田婴④,是其所以弱也。愿勿止。”楚王曰:“善。”因不止。

①辍(chuò):终止,停止。

②公孙闬(hàn):齐国大臣。

③不:通“否”。

④削：分。

译文

齐国将要把薛地封给田婴。楚怀王听到此事后，大怒，准备讨伐齐国。齐威王产生了停止封地的想法。公孙闬对田婴说："封地的事成功与否，不在齐国，还将在楚国。我去劝说楚王，使他想封您的心情超过齐国。"田婴说："愿把这件事托付给您。"公孙闬为田婴对楚王说："鲁国、宋国侍奉楚国而齐国却不侍奉楚国，这是因为齐国强大而鲁国、宋国弱小的缘故。大王只认为弱小的鲁国、宋国对自己有利，却为什么不厌恶齐国的强大对自己有害？如果齐国分割出一块领土给田婴，这是使自己削弱的做法。希望君王不要阻止。"楚王说："好。"因此没有阻止齐王把薛地封给田婴。

靖郭君善齐貌辨

原文

靖郭君善齐貌辨。齐貌辨之为人也多疵[①]，门人弗说。士尉以证靖郭君[②]，靖郭君不听，士尉辞而去。孟尝君又窃以谏，靖郭君大怒曰："刬而类[③]，破吾家，苟可慊齐貌辨者[④]，吾无辞为之。"于是舍之上舍，令长子御[⑤]，旦暮进食[⑥]。

数年，威王薨[⑦]，宣王立。靖郭君之交大不善于宣王，辞而之薛，与齐貌辨俱留。无几何，齐貌辨辞而行，请见宣王。靖郭君曰："王之不说婴甚，公往必得死焉。"齐貌辨曰："固不求生也[⑧]，请必行。"靖郭君不能止。

①疵：毛病，缺点，过失。

②证：通"诤"，谏，劝告，规劝。

③刬（chǎn）：铲除，消灭。　而：汝。

④慊（qiè）：满足，使高兴。

⑤御：侍奉。

⑥旦暮：早晚。

⑦薨（hōng）：古代诸侯或有爵位的人死去称薨。

⑧固：本来。

靖郭君和齐貌辨很要好。可是齐貌辨的为人也有不少毛病，所以门客们都不喜欢他。士尉因此去劝谏靖郭君，靖郭君不听，士尉辞别靖郭君离去了。孟尝君又私下里劝谏靖郭君，靖郭君十分生气地说：“铲除你们这类人；如果可以满足齐貌辨的话，即使是我的家族毁掉，我都没有什么话可说。”于是安排他在上等馆舍居住，让自己的长子侍奉他，早晚给他进献美食。

几年以后，齐威王去世，齐宣王继位。靖郭君和齐宣王的关系特别不好，只好告辞齐宣王回到薛地去，和齐貌辨一起住在封地里。没过多久，齐貌辨辞别靖郭君准备到齐国都城去，请求拜见齐宣王。靖郭君说：“齐王很不喜欢我，您去必定得死在那里。”齐貌辨说：“我本来就没打算活着回来，请您一定让我去。”靖郭君阻止不住他。

原文

齐貌辨行至齐，宣王闻之，藏怒以待之①。齐貌辨见宣王，王曰：“子，靖郭君之所听爱夫②？”齐貌辨曰：“爱则有之，听则无有。王之方为太子之时，辨谓靖郭君曰：‘太子相不仁，过颐豕视③，若是者倍反。不若废太子，更立卫姬婴儿郊师。’靖郭君泣而曰：‘不可，吾不忍也。’若听辨而为之，必无今日之患也。此为一。至于薛，昭阳请以数倍之地易薛，辨又曰：‘必听之。’靖郭君曰：‘受薛于先王，虽恶于后王，吾独谓先王何乎④！且先王之庙在薛，吾岂可以先王之庙与楚乎！’又不肯听辨。此为二。”宣王太息，动于颜色⑤，曰：“靖郭君之于寡人一至此乎⑥！寡人少，殊不知此⑦。客肯为寡人来靖郭君乎？”齐貌辨对曰：“敬诺。”

①藏：怀。

②听：听信，听从。

③过颐：面颊过长，耳后见腮。　豕（shǐ）视：目视如豕（猪），下邪偷视。

④独谓：其奈。

⑤动：发，变。

⑥一：乃，竟。

⑦殊：绝。

齐貌辨到了齐国都城，齐宣王听说后，满怀怒气等待着他的到来。齐貌辨拜见宣王，宣王说：“你就是靖郭君所听信并宠爱的人？”齐貌辨说：“如果说宠爱那是有的，听信却谈不上。当大王正做太子的时候，我曾对靖郭君说：‘太子的相貌不像仁义的人，耳后见腮，目光像猪一样，下邪偷视，像这样的人肯定会背叛您。不如废掉太子，改立卫姬的婴儿郊师。’靖郭君哭着说：‘不行，我不忍心这样做。’如果听了我的话而照着办，一定就不会有今天的忧患了。这是第一件事。再说靖郭君到了薛地以后，昭阳就请求用几倍的土地交换薛地，我又向靖郭君说：'一定要接受这个请求。'靖郭君说：'从先王那里接受薛地，现在即使与后王关系不好，如果把薛地交换出去，将来我对先王说什么！况且先王的宗庙就在薛地，我难道能把先王的宗庙交给楚国吗！'又不肯听从我。这是第二件事。"齐宣王听了不禁长叹，脸上的颜色变了，说："靖郭君对寡人的感情竟深到这种程度啊！我太年轻了，根本不了解这些事情。您愿意替我把靖郭君请回来吗？"齐貌辨回答说："好吧。"

靖郭君衣威王之衣冠，带其剑，宣王自迎靖郭君于郊，望之而泣。靖郭君至，因请相之①。靖郭君辞，不得已而受。七日，谢病强辞②。三日而听③。

当是时，靖郭君可谓能自知人矣！能自知人，故人非之不为沮④。此齐貌辨之所以外生、乐患、趣难者也⑤。

①相：使为相。

②谢病强辞：高诱注："以病谢相位。强犹固也。"

③听：允许，同意。

④沮（jǔ）：止。

⑤外生、乐患、趣难：高诱注："外犹贱生，谓触难而行见宣王也。乐解人之患，趣救人之难，令宣王相靖郭君也。"

靖郭君穿戴上齐威王赐给的衣帽，佩带着赐给的宝剑，齐宣王亲自到郊外迎接靖郭君，望着他哭泣。靖郭君到了朝廷，齐宣王就请他做相国。靖郭君表示辞谢，不得已才接受了。七天以后，又以有病为由坚决要求辞职，三天以后齐宣王才答应了他的请求。

当这个时候，靖郭君才可以说自己能够了解别人！自己能够了解别人，所以即使有人非议某个有才能的人，他也没有因而停止礼遇贤人。这就是齐貌辨所以把生死置之度外、乐于解人忧患、急于救人危难的原因。

邯郸之难

邯郸之难，赵求救于齐。田侯召大臣而谋曰①："救赵孰与勿救？"邹子曰："不

如勿救。”段干纶曰[②]:“弗救,则我不利。”田侯曰:“何哉?”“夫魏氏兼邯郸,其于齐何利哉!”田侯曰:“善。”乃起兵,曰:“军于邯郸之郊[③]。”段干纶曰:“臣之求利且不利者,非此也。夫救邯郸,军于其郊,是赵不拔而魏全也。故不如南攻襄陵以弊魏,邯郸拔而承魏之弊,是赵破而魏弱也。”田侯曰:“善。”乃起兵南攻襄陵。七月,邯郸拔。齐因承魏之弊,大破之桂陵。

①田侯:此指齐威王。

②段干纶:齐国大臣。

③军:驻扎。

赵都邯郸被魏围攻的时候,赵国向齐国求救。齐威王召集大臣谋画说:“援救赵国还是不援救哪个好?”邹忌说:“不如不救。”段干纶说:“不救,对齐国不利。”齐威王说:“为什么呢?”段干纶说:“魏国兼并邯郸,那对齐国有什么好处!”齐威王说:“好。”于是就出兵,齐威王说:“把军队驻扎在邯郸的郊外。”段干纶说:“我所说的救援有利或者无利,并不指这。救援邯郸,驻扎在城郊,这不仅能使邯郸不被魏攻破,而且也使魏国保全了实力。所以不如向南进攻襄陵以疲弊魏国,魏国攻下邯郸,已经疲弊,我们则乘其疲弊进攻它,这样就可以使赵国被攻破而使魏国受到削弱。”齐威王说,“好。”于是发兵向南进攻襄陵。七月,邯郸被魏国占领。齐国乘魏军疲劳之机进攻,在桂陵把魏国军队打得大败。

田忌为齐将

原文

田忌为齐将,系梁太子申,禽庞涓。孙子谓田忌曰[①]:“将军可以为大事乎?”田忌曰:“奈何?”孙子曰:“将军无解兵而入齐,使彼罢弊老弱守于主。主者,循轶之途也[②],镉击摩车而相过[③]。使彼罢弊老弱守于主,必一而当十,十而当百,百而当千。然后背太山,左济,右天唐,军重踵高宛[④],使轻车锐骑冲雍门。若是,则齐君可正而成侯可走[⑤]。不然,则将军不得入于齐矣。”田忌不听,果不入齐。

①孙子:鲍彪注:“膑也。齐人,武之孙,为田忌军师。”

②循:顺。　轶:车辙。

③镉:同“辖”,车轴头上的铜键,使车轮不致脱落。

④踵:至。
⑤正:定。

田忌担任齐国军队将领，活捉了魏国太子申，擒住了魏国大将庞涓。孙子对田忌说:“将军想干一番大事业吗?”田忌说:“怎么办?”孙子说:“将军在这次战役后不要解除武装返回齐国，让那些疲惫老弱的士兵守住主这个要地。主这个地方，道路狭窄，车辆只能依次顺行，车多时，车辖互相碰撞，车与车互相摩擦而过。让那些疲惫老弱的士兵守卫主地隘口,必定以一当十,以十当百,以百当千。然后背靠泰山,左涉济水,右越高唐,军队辎重运到高宛,派出轻便的战车、精锐的骑兵直冲齐都的西门雍门。如果这样干,齐国国君就在将军掌握之中了,而成侯邹忌必定逃跑。不然的话,将军再也不能回到齐国了。”田忌没有听从,果然没能回到齐国。

邹忌修八尺有馀

邹忌修八尺有馀[①]，身体昳丽[②]。朝服衣冠[③]，窥镜，谓其妻曰:“我孰与城北徐公美?”其妻曰:“君美甚,徐公何能及君也!”城北徐公,齐国之美丽者也。忌不自信,而复问其妾曰:“吾孰与徐公美?”妾曰:“徐公何能及君也!”旦日[④],客从外来,与坐谈,问之客曰:“吾与徐公孰美?”客曰:“徐公不若君之美也!”

明日,徐公来,孰视之[⑤],自以为不如,窥镜而自视,又弗如远甚。暮寝而思之,曰:“吾妻之美我者[⑥],私我也[⑦];妾之美我者,畏我也;客之美我者,欲有求于我也。”

①修:长。这里指身高。周尺,一尺合今八寸,八尺,即今六尺四寸。
②昳(yì)丽:光艳,美丽。
③朝:早晨。
④旦日:明日。
⑤孰视:仔细看。孰,通“熟”。
⑥美:以……为美。
⑦私:偏爱。

邹忌身高八尺有馀,长得神采焕发容貌美丽。早晨穿戴好衣帽,照着镜子,对

他的妻子说："我和城北的徐公谁美？"他的妻子说："您美极了，徐公哪能赶上您呢！"城北徐公是齐国容貌美丽身材好看的人。邹忌不相信自己比徐公美，又问他的妾说："我和徐公哪一个漂亮？"妾说："徐公怎么能赶上您呢！"第二天，有个客人从外边来，邹忌和他坐着谈话，问他的客人说："我和徐公比谁好看？"客人说："徐公不如您好看！"

又过了一天，徐公来了。邹忌仔细地看他，自己认为不如徐公漂亮，对镜自照，又觉得相差太远。晚上躺在床上思考这件事，认为："我妻子说我美的原因，是偏爱我；妾说我美的原因，是害怕我；客人说我美的原因，是因为有求于我。"

于是，入朝见威王，曰："臣诚知不如徐公美，臣之妻私臣，臣之妾畏臣，臣之客欲有求于臣，皆以美于徐公。今齐地方千里，百二十城，宫妇左右，莫不私王；朝廷之臣，莫不畏王；四境之内，莫不有求于王。由此观之，王之蔽甚矣[①]！"王曰："善。"乃下令："群臣吏民，能面刺寡人之过者[②]，受上赏；上书谏寡人者，受中赏；能谤议于市朝[③]，闻寡人之耳者[④]，受下赏。"

令初下，群臣进谏，门庭若市。数月之后，时时而间进[⑤]。期年之后[⑥]，虽欲言，无可进者。燕、赵、韩、魏闻之，皆朝于齐。此所谓战胜于朝廷[⑦]。

注释

①蔽：蒙蔽。

②面刺：当面批评，当面指出。

③谤议：指责议论。　市朝：市井。

④闻寡人之耳：即闻于寡人之耳。

⑤时时而间进：有时偶尔进谏。

⑥期年：一周年。

⑦战胜于朝廷：鲍彪注曰："坐朝廷之上，四国朝之，不待兵也。"

于是，邹忌入朝拜见齐威王说："臣下的确知道不如徐公美，可是臣下的妻子偏爱臣，臣下的妾害怕臣，臣下的客人有求于臣，都说我比徐公美。如今齐国土地方圆千里，有一百二十座城市，宫中妇女和左右的近臣，没有一个不偏爱大王；朝廷的大臣，没有一个不害怕大王；四境之内，没有一个不对大王有所求的。由此看来，大王受的蒙蔽太厉害了！"威王说："好！"于是发布命令："群臣、官吏、百姓，有当面指出寡人过失的，授给上等赏赐；上书劝谏寡人的，授给中等赏赐；在市井中议论寡人过失并传到寡人耳朵里的，授给下等赏赐。"

命令刚发下去，群臣都来进谏，宫门像市场一样拥挤。几个月以后，有时偶尔进谏。一年以后，即使有人想说，也没有什么可进谏的了。燕国、赵国、韩国、魏国听到这种情况，都到齐国来朝拜。这就是所说的在朝廷上战胜敌人。

秦假道韩魏以攻齐

原文

秦假道韩、魏以攻齐，齐威王使章子将而应之[①]。与秦交和而舍，使者数相往来，章子为变其徽章以杂秦军。候者言章子以齐入秦[②]，威王不应。顷之间，候者复言章子以齐兵降秦，威王不应。而此者三。有司请曰："言章子之败者，异人而同辞。王何不发将而击之？"王曰："此不叛寡人明矣，曷为击之！"

顷间，言齐兵大胜，秦军大败，于是秦王称西藩之臣而谢于齐。左右曰："何以知之？"曰："章子之母启得罪其父，其父杀之而埋马栈之下[③]。吾使章子将也，勉之曰：'夫子之强，全兵而还，必更葬将军之母。'对曰：'臣非不能更葬先妾也[④]。臣之母启得罪臣之父，臣之父未教而死。夫不得父之教而更葬母，是欺死父也。故不敢。'夫为人子而不欺死父，岂为人臣欺生君哉？"

注释

①章子：齐国名将匡章。

②候者：侦察人员。

③马栈：马棚。

④先妾：在君前称其亡母为先妾。

译文

秦国向韩国、魏国借道来进攻齐国，齐威王命令大将匡章率军迎战。齐国与秦国两军对峙而驻扎在那里，两国使者多次互相往来，匡章就改变了齐国军队的旗帜衣服而混入秦军。齐国侦察人员向齐王报告匡章率领齐兵进入秦军，威王没有理睬。不一会儿，侦察人员又向齐王报告匡章率领齐兵投降秦军，威王仍然没有吱声。像这样的报告有好多次。有个负责官员询问说："报告匡章打了败仗，不同的人都说同样的话。大王为什么不另派将军率兵进击匡章呢？"威王说："这不是背叛寡人已经很明白了，为什么要攻打他！"

过了一会儿，听说齐军大胜，秦军大败，在这种情况下，秦惠文王自称是西边的臣子而向齐国表示谢罪。左右的近臣问齐威王说："怎么知道章子不会叛变？"威王说："章子的母亲启在他父亲面前犯了罪，他父亲就把启杀了，埋在马棚的下面。我任命章子为将军的时候，勉励他说：'您很英勇，希望率领全军胜利归来，一定迁葬将军的母亲。’他回答说：‘我不是不能迁葬我的母亲。臣下的母亲启曾在我父亲面前犯过罪，臣下的父亲没有留下遗嘱就死了。没有得到父亲的教导而迁葬母亲，这是欺骗死去的父亲，所以不敢。’作为人子竟不敢欺骗死去的父亲，难道他作为人臣还能欺骗活着的君王吗？”

苏秦为赵合从说齐宣王

原文

苏秦为赵合从，说齐宣王曰：“齐南有太山，东有琅邪，西有清河，北有渤海，此所谓四塞之国也。齐地方二千里，带甲数十万[①]，粟如丘山。齐车之良，五家之兵，疾如锥矢，战如雷电，解如风雨，即有军役，未尝倍太山[②]、绝清河[③]、涉渤海也。临淄之中七万户，臣窃度之，不下户三男子，三七二十一万，不待发于远县，而临淄之卒，固以二十一万矣。临淄甚富而实，其民无不吹竽、鼓瑟、击筑[④]、弹琴、斗鸡、走犬、六博、蹴鞠者[⑤]；临淄之途，车毂击，人肩摩，连衽成帷[⑥]，举袂成幕[⑦]，挥汗如雨；家敦而富，志高而扬。夫以大王之贤与齐之强，天下不能当[⑧]，今乃西面事秦，窃为大王羞之。

“且夫韩、魏之所以畏秦者，以与秦接界也。兵出而相当[⑨]，不至十日，而战胜存亡之机决矣。韩、魏战而胜秦，则兵半折[⑩]，四境不守；战而不胜，以亡随其后。是故韩、魏之所以重与秦战而轻为之臣也[⑪]。

①带甲：披甲之兵。

②倍：通“背”。

③绝：渡。

④筑：古代一种击弦乐器。

⑤蹴鞠(jū)：我国古代一种足球运动。

⑥衽(rèn)：衣襟。

⑦袂：(mèi)衣袖。

⑧当：敌。

⑨当：对抗，攻伐。

⑩折：损失。

⑪重：难。　轻：轻易。

译文

苏秦为赵国合纵，去游说齐宣王说：“齐国南面有泰山，东面有琅邪山，西面有淇水，北面有渤海，这就是所说的四面都有险塞的国家。齐国土地方圆两千里，披甲的士兵几十万，粮食堆积如山。齐国战车精良，又有五国军队的支持，军队行动像锥矢一样锐利，战斗起来像雷电一样猛烈，军队后撤有如风雨一样神速，即使有敌国入侵，也不必越过泰山，穿过淇水，横渡渤海。临淄城中有七万户人家，臣下暗中估计，每户不少于三个男子，三七二十一万人，不用征发远县的兵丁，而临淄的士卒，早已有二十一万了。临淄这个地方十分富有殷实，这里的民众都会吹竽、鼓瑟、击筑、弹琴、斗鸡、赛狗、下棋、踢球；临淄城的道路上，车毂相撞，人肩互相摩擦，如果把人们的衣襟连接起来可成帷幔，举起衣袖可成帐幕，挥一把汗如同下雨；家家富足，人人志气高扬。凭借大王的贤明和齐国的强盛，天下的诸侯没有谁敢来对抗，如今您却要向西去侍奉秦国，我私下里为大王感到羞愧。

"再说韩国、魏国之所以害怕秦国，是因为它们和秦国接壤。如果出动军队互相对抗，不到十天，胜败存亡的关键就决定了。如果韩国、魏国出战并能打胜秦国，那么自己的兵力就会损失一半，四面的边境就无法守卫；如果战斗不能取胜，就会随着战争的结束而灭亡。这就是韩国、魏国难与秦国交战并轻易臣服的原因。

"今秦攻齐则不然，倍韩[①]、魏之地，至卫阳晋之道，径亢父之险[②]，车不得方轨[③]，马不得并行，百人守险，千人不得过也。秦虽欲深入，则狼顾[④]，恐韩、魏议其后也。是故恫疑虚喝[⑤]，高跃而不敢进，则秦不能害齐，亦已明矣。夫不深料秦之不奈我何也，而欲西面事秦，是群臣之计过也。今无臣事秦之名，而有强国之实，臣固愿大王之少留计。"齐王曰："寡人不敏[⑥]，今主君以赵王之教诏之[⑦]，敬奉社稷以从。"

注释

①倍：通"背"。

②径：通"经"。

③方轨：并行。

④狼顾：像狼一样回头看。吴师道曰："狼性怯，走常还顾。"

⑤恫(dòng)疑：恐惧。　虚喝：虚张声势。

⑥不敏：不明事理。此谦辞。

⑦诏：告。

"如果现在秦国进攻齐国，那情形就不是这样了，背后有韩国、魏国的土地，卫地的阳晋是必经之路，通过亢父天险时，车不能并行，双马不能同过，百人扼守险要的地方，千人不能通过。秦国军队即使想要深入，那么也得像狼一样张皇四

顾，害怕韩国、魏国在背后算计它。因此它恐惧疑虑虚张声势吓唬人，跳得挺高却不敢前进，那么秦国不能危害齐国，已经是明摆着的事了。不能深远地预料到秦国是不能把我们怎么样的，反而想西去侍奉秦国，这是大臣们计谋的错误。如今臣下的计谋没有侍奉秦国的名声，却可以得到富国强兵的实利，臣下坚决希望大王稍稍留心谋画一下。"齐宣王说："我不明事理，现在您把赵王的教诲告诉我，我的国家一定听命。"

昭阳为楚伐魏

昭阳为楚伐魏，覆军杀将得八城，移兵而攻齐。陈轸为齐王使，见昭阳，再拜贺战胜，起而问："楚之法，覆军杀将，其官爵何也？"昭阳曰："官为上柱国，爵为上执珪①。"陈轸曰："异贵于此者何也②？"曰："唯令尹耳③。"陈轸曰："令尹贵矣！王非置两令尹也，臣窃为公譬可也④。楚有祠者，赐其舍人卮酒⑤。舍人相谓曰：'数人饮之不足，一人饮之有馀。请画地为蛇，先成者饮酒。'一人蛇先成，引酒且饮之，乃左手持卮，右手画蛇，曰：'吾能为之足。'未成，一人之蛇成，夺其卮曰：'蛇固无足，子安能为之足。'遂饮其酒。为蛇足者，终亡其酒⑥。今君相楚而攻魏，破军杀将得八城，不弱兵，欲攻齐，齐畏公甚，公以是为名足矣，官之上非可重也⑦。战无不胜而不知止者，身且死，爵且后归，犹为蛇足也。"昭阳以为然，解军而去⑧。

①上柱国：楚国最高武官，职位仅次于令尹。　上执珪：楚国最高爵位。珪，一种长条形玉器。

②异：特，更。

③令尹：楚国集将相军政大权于一身的官职，相当于战国时别国的丞相。

④譬：打比方。

⑤卮（zhī）：古代盛酒的器具。

⑥亡：失。

⑦重（chóng）：重叠，重复。

⑧解：撤。

楚国大将昭阳率领楚军攻打魏国，打败魏国军队杀死魏国将领，夺取了八座城邑之后，准备调动军队攻打齐国。陈轸作为齐王的使者，去见昭阳，两拜之后向昭阳祝贺战事胜利，站起来询问昭阳说："按照楚国的法令，击溃敌军杀死敌将，他的官爵是什么？"昭阳说："官是上柱国，爵是上执珪。"陈轸说："比这个更显贵的官爵是什么？”昭阳说：“只有令尹了。”陈轸说：“令尹够显贵的了！可是楚王不能设置两个令尹，请让我为您打个比方。楚国有个祭祀的人，赏赐舍人一杯酒。舍人互相说：‘几个人都喝这酒不够，一个人喝还有剩馀。让我们在地上画蛇，先画成的人喝酒。’一个人先画成了蛇，他拿起酒杯将要喝酒，却又左手握着酒杯，右手画着蛇，说：‘我能给它画上脚。’还没画完，另一个人的蛇已画完了，夺过他的酒杯说：‘蛇本来没有脚，您怎么能给它画上脚。’于是就喝了那杯酒。给蛇画脚的人，终于失掉了那杯酒。如今您辅佐楚王攻打魏国，击溃魏军杀死魏将，夺取八座城邑，没有削弱自己军队的实力，又想要攻打齐国，齐国非常害怕您，您因此闻名也就足够了，官爵的上面不可能重叠两个令尹。战无不胜却不知适可而止的人，他自身将被杀死，爵位将归于后来的人，这就像给蛇画脚的人一样。”昭阳认为很对，于是撤兵离去。

权之难齐燕战

【原文】

权之难，齐、燕战。秦使魏冉之赵，出兵助燕击齐。薛公使魏处之赵[①]，谓李向曰[②]：“君助燕击齐，齐必急。急必以地和于燕，而身与赵战矣。然则是君自为燕东兵，为燕取地也。故为君计者，不如按兵勿出。齐必缓，缓必复与燕战。战而胜，兵罢弊，赵可取唐、曲逆；战而不胜，命县于赵[③]。然则吾中立而割穷齐与疲燕也，两国之权，归于君矣。”

①魏处：齐国大臣。

②李向：应为李兑，赵国大臣。

③县：通“悬”。

权地的战争，是齐国、燕国交兵。秦国派魏冉到赵国去，促使赵国出兵帮助燕国攻打齐国。孟尝君派魏处到赵国去，对李兑说：“您帮助燕国攻打齐国，齐国一定危急。危急一定用土地和燕国讲和，反过来会亲自和赵国交战。这样一来，那么您自己就成了燕国向东方进攻的军队，为燕国夺取土地。所以为您考虑，不如按兵不动。齐国的形势一定缓和，缓和一定再与燕国交战。如果燕国取胜，燕军就会疲劳不堪，赵国可以乘机夺取唐地、曲逆；如果燕国不能取胜，它的命运就操在赵国手里。这样一来，那么您严守中立并且可以从困境中的齐国和疲惫的燕国割取土地，两个国家的大权，就归您掌管了。”

孟尝君将入秦

孟尝君将入秦[①]，止者千数而弗听。苏秦欲止之，孟尝君曰：“人事者吾已尽知之矣；吾所未闻者[②]，独鬼事耳[③]。”苏秦曰：“臣之来也，固不敢言人事也[④]，固且以鬼事见君[⑤]。”

孟尝君见之。谓孟尝君曰：“今者臣来，过于淄上，有土偶人与桃梗相与语[⑥]。桃梗谓土偶人曰：‘子西岸之土也，埏子以为人[⑦]，至岁八月，降雨下，淄水至，则汝残矣。’土偶曰：‘不然。吾西岸之土也，吾残则复西岸耳[⑧]。今子东国之桃梗也，刻削子以为人，降雨下，淄水至，流子而去，则子漂漂者将何如耳[⑨]。’今秦四塞之国，譬若虎口，而君入之，则臣不知君所出矣。”孟尝君乃止。

注释

①孟尝君将入秦：孟尝君，田文。鲍彪注曰：“《传》言，秦昭王闻其贤，求见之，故将入。”

②未闻：未知。高诱注曰：“闻，知。”

③独：只。

④固：本来。

⑤且：将，要，姑且。

⑥土偶人：用泥土做的人像。 桃梗：用桃木刻的人像。

⑦埏（shān）：糅和，制作。姚本、鲍本皆误作“挺”，黄丕烈《战国策札记》作“埏”，从黄说。

⑧吾残：原作“土”。王念孙《读书杂志》曰：“‘土则复西岸’义不可通，此承上‘则汝残矣’而言，则作‘吾残’者是也。”王说是，当据改。

⑨如：往。

孟尝君将要到秦国去，劝阻他出行的有上千人，可是他全不听。苏秦想要劝阻他，孟尝君说：“关于人的事情，我已经全知道了；我所不知道的事情，只有鬼的事情。”苏秦说：“我这次来，本来不敢谈论人的事情，姑且以谈论鬼事拜见您。”

孟尝君接见了苏秦。苏秦对孟尝君说：“今天我来的时候，从淄水上经过，听见一个用泥土捏的人和一个用桃木削成的人互相谈话。桃木人对泥人说：‘您是西岸的泥土，人家把您揉制成人形，到今年八月，大雨降下，淄水冲来，您就完蛋了。’泥人说：‘不对，我本来就是西岸的泥土制成的，被水冲散还回到西岸。如今您却是东方的桃木枝，经过刻削您才成为人形，大雨降下，淄水暴至，冲您而去，那您漂漂荡荡将不知何往。’现在秦国是个四面险固的国家，就像虎口一样，如果您要进去，那么臣下我就不知道您从哪里出来了。”孟尝君这才取消了西行。

孟尝君奉夏侯章

原文

孟尝君奉夏侯章以四马百人之食[1]，遇之甚欢[2]。夏侯章每言未尝不毁谤孟尝君也[3]。或以告孟尝君，孟尝君曰：“文有以事夏侯公矣，勿言。”董之繁菁以问夏侯公，夏侯公曰：“孟尝君重非诸侯也，而奉我四马百人之食。我无分寸之功而得此，然吾毁之以为之也。君所以得为长者，以吾毁之者也。吾以身为孟尝君，岂得持言也。”

①夏侯章：孟尝君舍人。

②遇：待遇，对待。

③毁谤：诽谤。

孟尝君用四匹马和一百人的食禄奉养夏侯章，待他很好。可是夏侯章每次谈话的时候没有不诽谤孟尝君的。有的人把这件事告诉孟尝君，孟尝君说：“我有事请夏侯先生在做，你不要再说了！”董之繁菁也因此去问夏侯先生，夏侯章说：“孟尝君尊重的虽然不是诸侯，却用四匹马和一百人的食禄奉养我。我虽然没有分寸之功却得到这么优厚的待遇，然而我诽谤孟尝君正是为了抬高他。孟尝君之所以能够被人称为德高望重的人，是因为我诽谤他，他从不计较。我是用牺牲我来为孟尝君效力，哪里是凭几句话就能做到的呢？”

淳于髡一日而见七人于宣王

原文

淳于髡一日而见七人于宣王[1]。王曰：“子来，寡人闻之，千里而一士，是比肩而立[2]；百世而一圣，若随踵而至也。今子一朝而见七士，则士不亦众乎？”淳于髡曰：“不然。夫鸟同翼者而聚居，兽同足者而俱行[3]。今求柴葫、桔梗于沮泽[4]，则累世不得一焉[5]。及之睾黍、梁父之阴，则郄车后载耳[6]。夫物各有畴[7]，今髡贤者之畴也。王求士于髡，譬若挹水于河[8]，而取火于燧也[9]。髡将复见之，岂特七士也[10]。”

①见:介绍,引荐。

②比肩:并肩,一个挨一个。

③俱行:同行。

④沮泽:水草丛生的低湿之地。

⑤累:数。

⑥郄(xì):鲍彪注:"郄、却同。言多获,车重不前。"

⑦畴:类。

⑧挹(yì):舀,汲取。

⑨燧:古代取火的器具,如石燧。

⑩特:只。

淳于髡一天之内向齐宣王引荐了七个人。齐宣王说:"您过来,我听说千里之内有一位贤士,这贤士就是并肩而立了;百代之中如果出一个圣人,那就像接踵而至了。如今您一个早晨就引荐了七位贤士,那贤士不也太多了吗?"淳于髡说:"不对。那翅膀相同的鸟类聚居在一起生活,蹄爪相同的兽类一起行走。如今若是到低湿的地方去采集柴葫、桔梗,那世世代代采下去也不能得到一两,到睾黍山、梁父山的北坡去采集,那就可以敞开车装载。世上万物各有其类,如今我淳于髡是贤士一类的人。君王向我寻求贤士,就譬如到黄河里去取水,在木燧上取火。我将要再向君王引荐贤士,哪里只是七个。"

齐欲伐魏

齐欲伐魏。淳于髡谓齐王曰:"韩子卢者[1],天下之疾犬也。东郭逡者[2],海内之狡兔也。韩子卢逐东郭逡,环山者三,腾山者五,兔极于前[3],犬废于后[4],犬兔俱罢[5],各死其处。田父见之,无劳勘之苦[6],而擅其功[7]。今齐、魏久相持,以顿其兵[8],弊其众[9],臣恐强秦大楚承其后,有田父之功。"齐王惧,谢将休士也[10]。

①韩子卢:韩国的黑狗,名卢。

②东郭逡(jùn):齐国东郭的兔,名逡。

③极:力尽,疲。

④废:倒下。

⑤罢:通"疲"。

⑥勌(juàn):通“倦”。

⑦擅:专有。

⑧顿:疲弱。

⑨弊:劳困。

⑩谢:辞。　　休:止。

齐国想征伐魏国。淳于髡对齐王说:“韩国有条黑狗名叫卢,是天下跑得最快的狗。东郭有只兔子名叫逡,是天下最敏捷的兔子。韩国的黑狗追逐东郭的兔子,绕着山跑了三圈,又翻过了五座山,兔子在前面尽力地跑,狗在后面竭力地追,狗和兔子都疲倦了,各自死在那里。农夫看见了,没有费力,就得到了狗和兔子。现在齐、魏二国长久地相持下去,使士卒困苦不堪,民众精疲力竭,我恐怕强大的秦国、楚国正在后边等着,准备获取农夫之利。”齐王听了淳于髡的话很害怕,于是就辞去将军,休养士卒了。

齐人有冯谖者

齐人有冯谖者,贫乏不能自存,使人属孟尝君[1],愿寄食门下。孟尝君曰:“客何好?”曰:“客无好也。”曰:“客何能?”曰:“客无能也。”孟尝君笑而受之曰:“诺。”左右以君贱之也[2],食以草具[3]。

居有顷[4],倚柱弹其剑,歌曰:“长铗归来乎[5]!食无鱼。”左右以告。孟尝君曰:“食之,比门下之客。”居有顷,复弹其铗,歌曰:“长铗归来乎!出无车。”左右皆笑之,以告。孟尝君曰:“为之驾,比门下之车客。”于是乘其车,揭其剑[6],过其友曰[7]:“孟尝君客我[8]。”后有顷,复弹其剑铗,歌曰:“长铗归来乎!无以为家。”左右皆恶之,以为贪而不知足。孟尝君问:“冯公有亲乎?”对曰:“有老母。”孟尝君使人给其食用,无使乏[9]。于是冯谖不复歌。

①属:嘱托。

②贱:看不起,轻视。

③食(sì):使之食,拿东西给人吃。　　草:粗。

④居:待,处。　　有顷:不久。

⑤铗(jiá):剑。

⑥揭:举。

⑦过:拜访。

⑧客：以……为客。

⑨乏：缺。

齐国有个叫冯谖的人，贫困得自己不能养活自己，让人嘱托孟尝君，希望在孟尝君门下讨口饭吃。孟尝君说："客人有什么爱好？"冯谖说："客人没有什么爱好。"孟尝君又问："客人有什么才能？"冯谖说："客人没有什么才能。"孟尝君笑着接受了他说："好吧。"左右的人认为孟尝君轻视他，就给他吃粗劣的饭食。

过了不久，冯谖靠着柱子弹着他的宝剑，唱道："长剑啊，咱们回去吧！吃饭没有鱼。"左右把这件事告诉了孟尝君。孟尝君说："给他吃，如同门下吃鱼的客人。"过了几天，冯谖又弹着他的剑，唱道："长剑啊，回去吧！出门没有车。"左右的人都讥笑他，把这件事报告给了孟尝君。孟尝君说："给他备车，如同门下有车的客人。"于是冯谖乘着他的车，高举着他的剑，拜访他的朋友说："孟尝君把我当客人招待。"此后又过不久，冯谖又弹着他的剑，唱道："长剑啊，回去吧！没有什么用来养家。"左右的人都很厌恶他，认为他贪婪不知满足。孟尝君问："冯先生有亲人吗？"回答说："有位老母亲。"孟尝君派人供给她衣食费用，不使她缺乏。从此，冯谖不再唱歌了。

后孟尝君出记[①]，问门下诸客："谁习计会[②]，能为文收责于薛者乎[③]？"冯谖署曰[④]："能。"孟尝君怪之，曰："此谁也？"左右曰："乃歌夫长铗归来者也。"孟尝君笑曰："客果有能也，吾负之，未尝见也。"请而见之，谢曰："文倦于事，愦于忧而性愞愚[⑤]，沉于国家之事，开罪于先生。先生不羞，乃有意欲为收责于薛乎？"冯谖曰："愿之。"于是约车治装[⑥]，载券契而行，辞曰："责毕收，以何市而反[⑦]？"孟尝君曰："视吾家所寡有者。"

驱而之薛，使吏召诸民当偿者[⑧]，悉来合券。券徧合[⑨]，起，矫命以责赐诸民[⑩]，因烧其券，民称万岁。

①记：布告，告示。

②计会：会计。

③责：通"债"。

④署：签，写。

⑤愦(kuì)：昏乱。　愞(nuò)：通"懦"，怯懦，柔弱。

⑥约车治装：准备车辆，置办行装。

⑦市：买。　反：通"返"。

⑧当：应当。

⑨偏：同“遍”，全部。

⑩矫：假托。

后来孟尝君贴出一张告示，询问门下的各位客人：“谁熟悉会计，能为我到薛地去收债？”冯谖签名说：“我能。”孟尝君看了感到很奇怪，问道：“这个人是谁呀？”左右的人说：“就是唱‘长铗啊，我们还是回去吧’的那个人。”孟尝君笑着说：“客人果然有才能，我亏待了他，还没有接见过他呢。”于是把他请来，孟尝君谢罪说：“我被琐事弄得很疲倦，被忧虑弄得心烦意乱，而我生性又怯懦愚笨，沉溺在国家事务之中，得罪了先生。先生不以此为羞辱，还愿意替我到薛地去收债？”冯谖说：“我愿意。”于是就准备车辆，置办行装，载着收债契约出发了，辞别孟尝君时问道：“债务收完以后，买些什么东西回来？”孟尝君说：“看我家缺少的东西买吧。”

冯谖驱车到了薛地，派官吏召集应当还债的百姓，都来核对债券。债券全部核对完毕，冯谖站起来，假托孟尝君的命令把债款全部赏赐给百姓，同时烧毁了那些债券，百姓高呼万岁。

长驱到齐，晨而求见。孟尝君怪其疾也，衣冠而见之①，曰：“责毕收乎？来何疾也！”曰：“收毕矣。”“以何市而反？”冯谖曰：“君云‘视吾家所寡有者’。臣窃计，君宫中积珍宝，狗马实外厩，美人充下陈②。君家所寡有者乃义耳！窃以为君市义。”孟尝君曰：“市义奈何？”曰：“今君有区区之薛，不拊爱子其民③，因而贾利之④。臣窃矫君命，以责赐诸民，因烧其券，民称万岁。乃臣所以为君市义也。”孟尝君不说⑤，曰：“诺，先生休矣！”

①衣冠：皆用作动词，即穿好衣服，戴好帽子。

②陈：列。

③拊：抚。

④利：求利，谋利。

⑤说：通“悦“。

冯谖驱车一直赶回齐都临淄，清晨就去求见孟尝君。孟尝君对他往返迅速感

到奇怪，穿好衣服戴好帽子去见他，说：“债都收完了吗？怎么回来这么快！”冯谖说：“收完了。”孟尝君又问：“买什么回来了？”冯谖说：“您说‘看我家缺什么’。我私下考虑，您家中堆积了许多珍宝，狗马挤满了外面的棚子，美女充满了下列。您家里所缺的只是义罢了！私下为您买回了义。”孟尝君说：“买义怎么办？”冯谖说：“如今您有小小的薛地，不把那里的百姓当作自己的子女一样抚爱，却用商贾的手段向他们谋取财利。我私下假托您的命令，把债款赏给那些百姓，因此烧了那些券契，百姓欢呼万岁。这就是我所用来为您买义的办法。”孟尝君很不高兴，说：“好，先生算了吧！”

【原文】

后期年，齐王谓孟尝君曰：“寡人不敢以先王之臣为臣。”孟尝君就国于薛[①]，未至百里，民扶老携幼，迎君道中。孟尝君顾谓冯谖：“先生所为文市义者，乃今日见之。”冯谖曰：“狡兔有三窟，仅得免其死耳。今君有一窟，未得高枕而卧也。请为君复凿二窟。”孟尝君予车五十乘，金五百斤，西游于梁，谓惠王曰：“齐放其大臣孟尝君于诸侯[②]，诸侯先迎之者，富而兵强。”于是梁王虚上位，以故相为上将军，遣使者，黄金千斤，车百乘，往聘孟尝君。冯谖先驱诫孟尝君曰：“千金，重币也；百乘，显使也。齐其闻之矣。”梁使三反，孟尝君固辞不往也。齐王闻之，君臣恐惧，遣太傅赍黄金千斤[③]，文车二驷，服剑一，封书谢孟尝君曰[④]：“寡人不祥[⑤]，被于宗庙之祟[⑥]，沉于谄谀之臣，开罪于君，寡人不足为也。愿君顾先王之宗庙，姑反国统万人乎？”冯谖诫孟尝君曰：“愿请先王之祭器[⑦]，立宗庙于薛。”庙成，还报孟尝君曰：“三窟已就，君姑高枕为乐矣[⑧]。”

孟尝君为相数十年，无纤介之祸者[⑨]，冯谖之计也。

①就：归。

②放：放逐。

③赍（jī）：持，拿。

④封书：封好的书信。

⑤祥：善。

⑥被：遭受。　祟（suì）：灾祸。

⑦祭器：祭祀用的礼器。

⑧姑：就，且。

⑨介：纤，微。

过了一年，齐王对孟尝君说：“寡人不敢把先王的大臣作为自己的大臣。”孟

尝君只好回到自己的封地薛邑，离薛地还有一百里，百姓扶老携幼，在路上迎接孟尝君。孟尝君回头对冯谖说："先生所给我买义的效果，竟在今天看到了。"冯谖说："狡猾的兔子有三个窝，仅仅可以免掉一死罢了。现在您只有一个窝，不能高枕而卧。请让我为您再凿两个窝。"孟尝君给他五十辆车，五百斤黄金，冯谖到西边的魏国去游说，对魏惠王说："齐国放逐他的大臣孟尝君到诸侯国去，诸侯首先迎接他的，国富而兵强。"于是魏王空出最高的职位，把原来的相国调任为上将军，派遣使者，带着黄金千斤，百辆车子，前去聘请孟尝君。冯谖先驱车回薛邑告诉孟尝君说："千金黄金，是贵重的聘礼；百辆车子，是显赫的使者。齐国大概听到这件事了。"魏国使者往返多次，孟尝君坚决推辞不去。齐国听到这些情况，君臣十分恐慌，派遣太傅送去黄金千斤，彩车两辆，佩剑一把，封好的书信一封向孟尝君道歉说："寡人不好，遭到祖宗降下的灾祸，被谄媚奉迎的臣子所迷惑，得罪了您，寡人不值一提。希望您顾念先王的宗庙，暂且回国统率万民好吗？"冯谖告诫孟尝君说："希望求得祭祀先王的礼器，在薛邑建立宗庙。"宗庙建成后，冯谖回去向孟尝君报告说："三个窝已经凿成，您姑且高枕而卧，过快乐的日子吧。"

孟尝君做了几十年相国，没有丝毫的灾祸，全仗冯谖的计谋。

鲁仲连谓孟尝

鲁仲连谓孟尝："君好士也？雍门养椒亦，阳得子养，饮食、衣裘与之同之，皆得其死。今君之家富于二公，而士未有为君尽游者也①。"君曰："文不得是二人故也。使文得二人者，岂独不得尽②？"对曰："君之厩马百乘，无不被绣衣而食菽粟者，岂有骐驎、騄耳哉？后宫十妃，皆衣缟纻③，食粱肉④，岂有毛嫱、西施哉⑤？色与马取于今之世，士何必待古哉？故曰君之好士未也。"

注释

①尽游：尽力。

②独：就。

③缟纻（gǎozhù）：洁白细布。

④粱：精米。

⑤毛嫱、西施：皆为古代美女。

鲁仲连对孟尝君说："您真的喜爱人才吗？过去雍门供养椒亦，阳得子供养人才，饮食和衣物都和自己相同，门客们都愿意为他们效死力。如今您的家比雍门子、阳得子富有，然而您养的士却没有为您尽力的。”孟尝君说：“这是因为我没有遇到像椒亦那样的贤人。假如我遇到这两个人，难道不能使他们为我尽力？”鲁仲连回答说：“您的马棚里有拉一百辆车子的马，没有一匹不披着锦绣、吃着豆子和米类饲料的，难道只有骐驎、騄耳才可以有这样的待遇吗？后宫的十个妃子，都穿着洁白薄绢和麻纱衣裳，吃的是精米和肉，难道只有毛廧、西施那样的美女才能有这样的待遇吗？美女、骏马要用现在的，而人才为什么一定要用古代的呢？所以说您喜欢人才不是真的。”

先生王斗造门而欲见齐宣王

先生王斗造门而欲见齐宣王①，宣王使谒者延入②。王斗曰：“斗趋见王为好势③，王趋见斗为好士，于王何如？”使者复还报。王曰：“先生徐之，寡人请从。”宣王因趋而迎之于门，与入，曰：“寡人奉先君之宗庙，守社稷，闻先生直言正谏不讳。”王斗对曰：“王闻之过④。斗生于乱世，事乱君⑤，焉敢直言正谏⑥。”宣王忿然作色，不说。

①造：至。
②延：迎，引。
③好：爱，倾慕。
④过：错，误。
⑤事：侍奉。
⑥焉：怎么。

先生王斗到了王宫门前想要拜见齐宣王，宣王派谒者领他进来。王斗说：“我要快步向前去拜见大王是倾慕权势，大王快步向前来见我是喜爱贤士，在大王看来怎么样？”谒者又回去报告齐宣王。宣王说：“请先生等一会儿进来，我去迎接。”宣王于是快步向前到宫门去迎接王斗，和他一起进宫，说：“寡人奉祀祖庙，守卫国家，听说先生直言敢谏毫不忌讳。”王斗回答说：“大王听说的错了。我生活在动乱的时代，侍奉的是昏乱的君主，怎么敢直言正谏呢。”宣王脸色忿怒，很不高兴。

有间，王斗曰：“昔先君桓公所好者，九合诸侯，一匡天下，天子受籍①，立为大

伯。今王有四焉。”宣王说，曰：“寡人愚陋，守齐国，唯恐失抎之[②]，焉能有四焉？”王斗曰：“否。先君好马，王亦好马。先君好狗，王亦好狗。先君好酒，王亦好酒。先君好色，王亦好色。先君好士，而王不好士。”宣王曰：“当今之世无士，寡人何好？”王斗曰：“世无骐驎、騄耳，王驷已备矣。世无东郭俊、卢氏之狗，王之走狗已具矣。世无毛嫱、西施，王宫已充矣。王亦不好士也，何患无士？”王曰：“寡人忧国爱民，固愿得士以治之。”王斗曰：“王之忧国爱民，不若王爱尺縠也[③]。”王曰：“何谓也？”王斗曰：“王使人为冠，不使左右便辟而使工者何也[④]？为能之也。今王治齐，非左右便辟无使也，臣故曰不如爱尺縠也。”宣王谢曰：“寡人有罪国家。”于是举士五人任官，齐国大治。

①受：通“授”。

②抎（yǔn）：陨，丢失，失去。

③縠（hú）：有绉纹的纱。

④便辟：亲近宠爱者。

过了一会儿，王斗说：“从前先君桓公所喜欢的事情，是多次会合诸侯，一举匡正天下，天子授给他封地，立桓公为诸侯的首领。如今大王有四点和桓公相同。”齐宣王很高兴，说：“寡人愚笨浅薄，保持齐国，只怕有所损失，哪里有四点与先王相同呢？”王斗说：“不对。先君喜欢马，大王也喜欢马。先君喜欢狗，大王也喜欢狗。先君喜欢酒，大王也喜欢酒。先君喜欢女色，大王也喜欢女色。先君喜欢贤士，可是大王不喜欢贤士。”宣王说：“当今的时代没有贤士，寡人喜欢什么？”王斗说：“世间没有骐驎和騄耳那样的良马，可是大王驾车的四匹马已经具备了。世间没有东郭俊、卢氏这样的好狗，可是大王的猎狗已经具备了。世间没有毛嫱、西施那样的美女，可是大王的后宫已经住满了。大王只不过不喜欢贤士，为什么忧虑没有贤士？”宣王说：“寡人忧国爱民，本来希望得到贤士以治理国家。”王斗说：“大王的忧国爱民，赶不上大王喜欢一尺绉纱。”宣王说：“这说的是什么意思？”王斗说：“大王派人做帽子，不让身边亲近的人去做而让工匠去做，为什么呢？是因为工匠有能力做好它。如今大王治理齐国，不是左右亲近宠信的人不任用，臣下所以说大王忧国爱民不如爱惜一尺绉纱。”宣王谢罪说：“寡人对国家有罪。”于是宣王选了五位贤士担任官职，齐国大治。

齐王使使者问赵威后

齐王使使者问赵威后。书未发[①],威后问使者曰:“岁亦无恙耶?民亦无恙耶?王亦无恙耶?”使者不说[②],曰:“臣奉使使威后,今不问王,而先问岁与民,岂先贱而后尊贵者乎?”威后曰:“不然。苟无岁,何以有民?苟无民,何以有君?故有问舍本而问末者耶?”乃进而问之曰:“齐有处士曰锺离子[③],无恙耶?是其为人也,有粮者亦食[④],无粮者亦食;有衣者亦衣,无衣者亦衣。是助王养其民也,何以至今不业也?叶阳子无恙乎[⑤]?是其为人,哀鳏寡[⑥],恤孤独[⑦],振困穷[⑧],补不足。是助王息其民者也,何以至今不业也?北宫之女婴儿子无恙耶?徹其环瑱,至老不嫁,以养父母。是皆率民而出于孝情者也,胡为至今不朝也[⑨]?此二士弗业,一女不朝,何以王齐国,子万民乎?於陵子仲尚存乎?是其为人也,上不臣于王,下不治其家,中不索交诸侯[⑩]。此率民而出于无用者,何为至今不杀乎?”

注释

①发:打开,拆开。

②说:通“悦”。

③处士:古代称有才德隐居不做官的人。

④食(sì):拿东西给人吃。

⑤叶(shè)阳子:齐国隐士。

⑥鳏:无妻者。　寡:死了丈夫的妇人。

⑦孤:幼年丧父或父母双亡的孩子。　独:年老无子者。

⑧振:救济。

⑨不朝:古时妇人受封而有封号者为“命妇”,命妇即可入朝。

⑩索:求。

齐襄王派使者去问候赵威后。赵威后还没有把齐王的书信拆开,就问齐国使者说:“年成没有遭灾吧?百姓平安无事吧?大王也康健吧?”使者很不高兴,说:“臣下奉命出使赵国来问候您,现在您不问齐王,却先问年成和百姓,难道把卑贱的摆在前面却把尊贵的放在后面吗?”威后说:“不是这样。如果没有好年成,靠什么养育百姓?如果没有百姓,怎么能有国君?所以说问话哪有舍本而求末的呢?”于是又进一步问道:“齐国有个处士叫钟离子,他很好吗?这个人的为人,对有粮食的人他给食物吃,对没有粮食的人他也给食物吃;对有衣服的人他给衣服穿,对没有衣服的人也给衣服穿。这是帮助齐王养育百姓，为什么到现在不使他成就功业呢？叶阳子身体好吗？这个人的为人，怜悯鳏寡，抚恤孤儿老人，救济穷困的人，补助缺衣少食的人。这是帮助齐王使百姓生活下去的人，为什么直到现在不让他成就功业呢？北宫家的孝女婴儿子好吗？她不戴玉环耳坠，一直到老都不出嫁，尽心奉养父母。这是率领民众奉行孝道的人，为什么至今还没封为命妇呢？这两个隐士至今不能成就功业，这个孝女至今没有成为命妇，齐王还凭什么统治齐国，成为百姓的父母呢？於陵子仲还活着吗？这个人的为人，上不向国君称臣，下不治理他自己的家，中不求与诸侯结交，这是一个带领百姓无所作为的人，为什么到现在不杀掉他呢？”

齐人见田骈

原文

齐人见田骈曰[①]："闻先生高议[②]，设为不宦，而愿为役。"

田骈曰："子何闻之？"

对曰："臣闻之邻人之女。"

田骈曰："何谓也？"

对曰："臣邻人之女，设为不嫁，行年三十，而有七子。不嫁则不嫁，然嫁过毕矣[③]！今先生设为不宦，訾养千锺[④]，徒百人[⑤]，不宦则然矣，而富过毕也[⑥]！"

田子辞。

注释

①田骈(pián)：齐国处士，即齐国有道术的隐居之士，游稷下，与尹文、宋钘、彭蒙等同称稷下学士，不做官而议论，绰号天口骈，著《田子》二十五篇，今佚。

②高议：高尚的气节。吴师道云："恐是义字。"今从"义"译之。

③过毕：指已超过。

④訾(zī)养千锺：意思是拿一千锺俸禄。訾，资；锺，古量器名，六斛四斗。

⑤徒：随从侍卫的人。

⑥也：鲍本作"矣"。

齐国有一个人去谒见田骈，说道："久仰先生清高的作风，您号称不做官，我现在愿作您的仆人。"

田骈说："您从什么地方听说的？"

齐人回答说："我从我邻居的女儿那里听到的。"

田骈说:“她说些什么?”

齐人回答说:“我邻居的女儿,号称不出嫁,可是她刚刚三十岁却有了七个孩子。说不出嫁倒是没有出嫁,可是比出嫁的女子生的孩子还多呢!现在先生您号称不做官,却享有千锺资财的供养,有百名徒属可供驱使,说不做官倒是没有做官,可是您的财富却超过了做官的人!”

田骈对齐人的话很感谢。

管燕得罪齐王

管燕得罪齐王,谓其左右曰:“子孰而与我赴诸侯乎[①]?”左右嘿然莫对[②]。管燕连然流涕曰[③]:“悲夫!士何其易得而难用也!”田需对曰:“士三食不得餍[④],而君鹅、鹜有馀食[⑤];下宫糅罗纨[⑥],曳绮縠[⑦],而士不得以为缘[⑧]。且财者君之所轻,死者士之所重,君不肯以所轻与士,而责士以所重事君,非士易得而难用也。”

注释

①孰:谁。

②嘿(mò):通“默”。

③连:通“涟”,泣下貌。　涕:泪。

④餍(yàn):饱。

⑤鹜(wù):鸭子。

⑥糅:杂。

⑦曳:拖。

⑧缘:衣边。

管燕得罪了齐王,他对身边的人说:“你们谁愿意和我去投奔其他诸侯?”身边的人都默不作声没有一人回答。管燕泣涕涟涟地说:“可悲呀!士人为什么容易得到而难以任用啊!”田需回答说:“士人三顿饭都不能吃饱,可是您的鹅、鸭还有剩馀;后宫的美人穿着各种绫罗素绢,拖着绮绣细纱,可是士人不能与这些东西沾边。再说财物是您所轻视的东西,死亡却是士人所重视的事情,您不肯把所轻视的财物送给士人,却要求士人把所重视的生命献给您,由此可见,绝不是士人容易得到却难以任用的问题。”

◎楚　策

题解

《楚策》记载了楚国历史上的重要事件。《荆宣王问群臣》写江乙巧谏楚宣王，打消其怀疑令尹昭奚恤之事。成语“狐假虎威”即出于这个故事。《魏氏恶昭奚恤于楚王》写昭奚恤巧谏楚宣王不要听信对他的诋毁之言。《江乙恶昭奚恤》写江乙在楚宣王面前诋毁昭奚恤之事。《江乙说于安陵君》写安陵君用江乙之计巧使自己受到楚宣王尊宠的故事。《郢人有狱三年不决》写郢城人巧计判断自己三年未判的案子的结果。《苏秦为赵合从说楚威王》写苏秦劝谏楚威王采用合纵之策。《张仪为秦破从连横》写张仪为秦游说楚怀王，破坏六国联合抗秦的合纵之约。《威王问于莫敖子华》写莫敖子华以生动形象的楚国史实劝谏楚威王要真正喜欢贤才。《楚怀王拘张仪》写靳尚利用楚怀王宠幸的夫人郑袖巧救张仪的故事。《楚襄王为太子之时》写楚顷襄王采用慎子三策、巧全东地之事。《张仪之楚贫》写张仪巧计获财，使自己脱离尴尬境地之事。《张仪逐惠施于魏》写楚国大臣冯郝为楚怀王出的两全其美之策——既不得罪张仪，又有恩于惠施。《魏王遗楚王美人》写郑袖设计陷害楚怀王新宠魏美人之事。《楚王后死》写有人为楚国大臣昭鱼献计，判断楚王将要立谁为新王后之事。《庄辛谓楚襄王》写庄辛对襄王的两次谏诤。《天下合从》写赵国大臣魏加用“惊弓之鸟”为喻，劝谏春申君弃用临武君为抗秦主将的故事。《汗明见春申君》写汗明巧荐自己于春申君。

荆宣王问群臣

原文

荆宣王问群臣曰[①]：“吾闻北方之畏昭奚恤也[②]，果诚何如[③]？”群臣莫对。江乙对曰：“虎求百兽而食之，得狐。狐曰：‘子无敢食我也。天帝使我长百兽[④]，今子食我，是逆天帝命也。子以我为不信，吾为子先行，子随我后，观百兽之见我而敢不走乎？’虎以为然，故遂与之行。兽见之皆走。虎不知兽畏己而走也，以为畏狐也。今王之地方五千里，带甲百万，而专属之昭奚恤；故北方之畏奚恤也，其实畏王之甲兵也，犹百兽之畏虎也。”

注释

①荆宣王：楚宣王。

②昭奚恤：楚宣王时之令尹。

③果诚：果真。

④长：以……为长。

楚宣王问群臣说："我听说北方各国畏惧昭奚恤，果真是这样吗？"群臣没有回答。江乙回答说："老虎寻找各种野兽吃，捉住一只狐狸。狐狸说：'您是不敢吃我的。天帝让我做百兽的首领，现在您想吃我，这是违抗天帝的命令。你如果不相信我的话，我走在您前面，您跟在我后面，看各种野兽见到我，它们敢不逃跑吗？'老虎认为很对，于是就跟狐狸同行。各种野兽看见他们都逃走了。老虎不知道野兽是害怕自己而逃走，而认为是害怕狐狸。现在大王的土地方圆五千里，披甲的士兵百万，而专归昭奚恤掌管；所以北方各国害怕昭奚恤，其实是害怕大王的军队，就像各种野兽害怕老虎一样。"

魏氏恶昭奚恤于楚王

魏氏恶昭奚恤于楚王，楚王告昭子。昭子曰："臣朝夕以事听命，而魏入吾君臣之间，臣大惧。臣非畏魏也！夫泄吾君臣之交，而天下信之，是其为人也近苦矣[1]。夫苟不难为之外，岂忘为之内乎[2]？臣之得罪无日矣。"王曰："寡人知之，大夫何患？"

①苦：恶。

②夫苟不难为之外：即夫苟外为之不难的倒装。其意为假如一个外国人这样做感到不难。岂忘为之内：即岂内忘为之的倒装。其意为难道国内别有用心的人会忘记这样干吗？

魏国人在楚宣王面前诋毁昭奚恤，楚宣王告诉了昭奚恤。昭奚恤说："我早晚侍奉君王听从命令，而一个魏国人却在我们君臣之间挑拨离间，我很害怕。我不是害怕这个魏国人！我害怕的是他把我们君臣关系泄露出去，而使诸侯又听信那些离间之辞，这样的人为人也太可恶了。假如一个外国人这样做感到不难，难道国内别有用心的人会忘记这样干吗？我获罪的日子没有几天了。"宣王说："我明白这些事情，您还担心什么呢？"

江乙恶昭奚恤

江乙恶昭奚恤，谓楚王曰："人有以其狗为有执而爱之[①]。其狗尝溺井[②]，其邻人见狗之溺井也，欲入言之。狗恶之，当门而噬之。邻人惮之，遂不得入言。邯郸之难，楚进兵大梁，取矣。昭奚恤取魏之宝器，以居魏知之，故昭奚恤常恶臣之见王。"

①有执：善于守卫。

②溺（niào）：通"尿"。

江乙讨厌昭奚恤，对楚宣王说："有一个人认为他的狗很会看门而宠爱它。他的狗曾经往井里撒尿，他的邻人看见狗往井里撒尿，想要进去告诉它的主人。狗却讨厌他，守住大门而咬他。邻人害怕它，于是就不敢进去说话了。邯郸之战，楚国进兵大梁，攻占了它。昭奚恤取得了魏国很多的宝器，因为我那时正居住在魏国，我知道这回事，所以昭奚恤常常讨厌我来进见大王。"

江乙说于安陵君

江乙说于安陵君曰："君无咫尺之功，骨肉之亲，处尊位，受厚禄，一国之众，见君莫不敛衽而拜[①]，抚委而服[②]，何以也？"曰："王过举而已。不然，无以至此。"

江乙曰："以财交者，财尽而交绝；以色交者，华落而爱渝[③]。是以嬖女不敝席[④]，宠臣不避轩。今君擅楚国之势[⑤]，而无以深自结于王，窃为君危之。"安陵君曰："然则奈何？""愿君必请从死，以身为殉，如是必长得重于楚国。"曰："谨受令。"

①敛：整饰，约束。　衽：衣襟。

②抚委：拍打礼服，正冠，以示恭敬。

③华落：以草木之花落喻人之色衰。华，同"花"。　渝：改变。

④嬖（bì）：宠爱。

⑤擅：专。　势：权。

江乙向楚宣王宠臣安陵君游说说："您对楚国没有一点功劳，与楚王也没有骨肉之亲，却身居尊位，享受优厚的俸禄，整个国家的人，看见您没有一个不把衣襟插进带间、拍打礼服表示恭顺的，凭什么？"安陵君说："这是因为大王过分抬举罢了。否则，何以至此。"

江乙说："用财物交往的人，财物用尽交情就断绝；用女色交往的人，美色衰减爱心就会改变。因此受宠幸的美女不等坐席用坏就被疏远了，受宠幸的臣子不等车子用坏就不被信任了。如今您独揽楚国大权，却未能与楚王深交，我私下里为您感到危险。"安陵君说："既然如此，我该怎么办？"江乙说："希望您一定向楚王请求跟随他一起死，表示愿以身殉葬。如此一定能在楚国长久得到重用。"安陵君说："我接受您的教导。"

三年而弗言。江乙复见曰："臣所为君道，至今未效。君不用臣之计，臣请不敢复见矣。"安陵君曰："不敢忘先生之言，未得间也[①]。"

于是，楚王游于云梦，结驷千乘，旌旗蔽日，野火之起也若云霓，兕虎嗥之声若雷霆[②]，有狂兕䍼车依轮而至[③]，王亲引弓而射，壹发而殪。王抽旃旄而抑兕首[④]，仰天而笑曰："乐矣，今日之游也。寡人万岁千秋之后，谁与乐此矣？"安陵君泣数行而进曰："臣入则编席[⑤]，出则陪乘。大王万岁千秋之后，愿得以身试黄泉，蓐蝼蚁[⑥]，又何如得此乐而乐之。"王大说，乃封坛为安陵君[⑦]。

君子闻之曰："江乙可谓善谋，安陵君可谓知时矣。"

①间：空隙。

②兕（sì）：犀牛。

③䍼（xiáng）：快步行走。

④旃（zhān）：旗的曲柄。　旄（máo）：古时旗杆头上用旄牛尾作的装饰。　抑：按着，压住。

⑤编席：鲍彪注："编，次简也。言与王相次如之。"言席位相连。

⑥蓐（rù）：草垫，草席。

⑦坛：安陵君其名为坛，其姓不详。"坛"字《新序》写作"缠"。

安陵君三年没说江乙教的话。江乙又进见安陵君说："我所教您的计谋，时至今日没有见效。您不用我的计谋，我不敢再来见您了。"安陵君说："不敢忘记先生的话，是没有机会说。”

在这时候，楚宣王到云梦游猎，四马拉的车子上千辆，旌旗遮住了太阳，点燃的大火像云彩霓虹，犀牛老虎嗥叫的声音像雷霆。有一条发狂的犀牛依着车轮快步来到近前，宣王亲自拉弓射箭，一箭就射死了。宣王抽出有旄牛尾装饰的旗帜的曲柄压住犀牛的头，仰天大笑说：“真快乐呀，今天的游猎！寡人死去以后，跟谁一起有这样的快乐呢？”安陵君流着眼泪进见说：“我进入王宫紧挨大王坐着，外出则与大王同乘一辆车。大王万岁千秋之后，我愿意跟随您一起死，给大王当草席以防御蛞蝼蚂蚁，又哪里有比这种欢乐更欢乐的事情呢？”宣王非常高兴，于是就封他为安陵君。

君子们听到这件事说：“江乙可说是善于出谋划策，安陵君可以说是会掌握说话时机。”

郢人有狱三年不决

郢人有狱三年不决者，故令请其宅，以卜其罪[①]。客因为之谓昭奚恤曰：“郢人某氏之宅，臣愿之。”昭奚恤曰：“郢人某氏，不当服罪，故其宅不得。”

客辞而去。昭奚恤已而悔之，因谓客曰：“奚恤得事公，公何为以故与奚恤[②]？”客曰：“非用故也。”曰：“请而不得，有说色[③]，非故如何也？”

【注释】

①卜：这里指预料、判断之义。

②故：诈。

③说：通“悦”。

楚都郢城有一个人其讼事三年没有判决，因此就请一个人假装买他的住宅，用这件事来判断他是否有罪。有位客人为此对昭奚恤说：“郢城某某人的住宅，我希望买下它。”昭奚恤说：“郢城某某人，不应当判罪，所以他的住宅您是得不到的。”

这位客人听了昭奚恤的话后，辞谢要走。昭奚恤说了这几句话后就后悔了，就对这位客人说：“奚恤可以侍奉您，您为什么用欺诈对待我？”这位客人回答说：“我没有欺诈呀。”昭奚恤说：“您要求买房子而没有买到，但却表现出高兴的样子，不是欺骗是什么？”

苏秦为赵合从说楚威王

苏秦为赵合从,说楚威王曰:"楚,天下之强国也。大王,天下之贤王也。楚地西有黔中、巫郡,东有夏州、海阳,南有洞庭、苍梧,北有汾陉之塞、郇阳。地方五千里,带甲百万,车千乘[①],骑万匹,粟支十年,此霸王之资也[②]。夫以楚之强与大王之贤,天下莫能当也。今乃欲西面而事秦,则诸侯莫不西面而朝于章台之下矣。秦之所害于天下莫如楚[③],楚强则秦弱,楚弱则秦强,此其势不两立。故为王至计,莫如从亲以孤秦。大王不从亲,秦必起两军:一军出武关;一军下黔中。若此,则鄢、郢动矣。臣闻治之其未乱,为之其未有也;患至而后忧之,则无及矣[④]。故愿大王之早计之。

①乘(shèng):四匹马拉的战车为一乘。

②资:资本。

③害:患,担忧。

④无及:来不及。

苏秦为赵国推行合纵之策,到楚国游说楚威王说:"楚国,是天下的强国。大王您,是天下的贤君。楚地西面有黔中、巫郡,东面有夏州、海阳,南面有洞庭、苍梧,北面有汾丘、陉山、郇阳的要塞。土地方圆五千里,甲兵百万,战车千辆,战马万匹,粮食可以支持十年,这是称霸的资本。以楚国的强盛和大王的贤明,天下没有一个国家可以抵挡的。可是如今竟想向西去侍奉秦国,那么诸侯就没有一个不向西朝拜秦国于章台之下了。在天下各国中,秦国所担忧的没有谁能赶上楚国,楚国强大秦国就弱小,楚国弱小秦国就强大,秦、楚势不两立。所以,为大王谋画,不如合纵来孤立秦国。如果大王不合纵,秦国一定派出两支军队来攻打楚国:一支从武关出发;一支从黔中而下。如果这样,那么鄢、郢就要动摇了。我听说治国当在国家未乱以前,谋事当在事情没发生以前;祸患到来以后方才忧虑,那就来不及了。所以希望大王您趁早考虑这件事。

"大王诚能听臣,臣请令山东之国,奉四时之献[①],以承大王之明制[②],委社稷宗庙,练士厉兵,在大王之所用之[③]。大王诚能听臣之愚计,则韩、魏、齐、燕、赵、卫

之妙音美人，必充后宫矣。赵、代良马橐驼[④]，必实于外厩。故从合则楚王，横成则秦帝。今释霸王之业[⑤]，而有事人之名，臣窃为大王不取也。

“夫秦，虎狼之国也，有吞天下之心。秦，天下之仇雠也，横人皆欲割诸侯之地以事秦[⑥]，此所谓养仇而奉仇者也。夫为人臣而割其主之地，以外交强虎狼之秦，以侵天下，卒有秦患[⑦]，不顾其祸。夫外挟强秦之威，以内劫其主[⑧]，以求割地，大逆不忠，无过此者。故从亲，则诸侯割地以事楚；横合，则楚割地以事秦。此两策者，相去远矣[⑨]，有亿兆之数。两者大王何居焉？故弊邑赵王，使臣效愚计[⑩]，奉明约，在大王命之。”

①奉：献。

②承：奉行，遵行。

③在：于，由，任。

④橐驼：骆驼。

⑤释：舍。

⑥横人：主张连横之策的人。

⑦卒：通“猝”，突然。

⑧劫：逼迫，胁迫。

⑨去：距。

⑩效：献。

“大王如果能听从我的建议，我可以使山东各诸侯国，贡献四时的物品，奉行大王的指示，委托国家给楚国，训练士卒磨砺兵器，任凭大王指挥。大王如果能听从我的计谋，那么韩、魏、齐、赵、卫的美好动听的音乐及漂亮的女子，一定充满您的后宫。赵国、代地的良马骆驼，一定会充满您外面的棚圈。所以，合纵之策成功楚国就会称王，连横之策成功秦国就会称帝。如今您抛弃了霸王的大业，却得到了侍奉他人的名声，我私自认为大王是不应该这样做的。

“秦国是个虎狼之国，有并吞天下的野心。秦国，是天下人的仇敌，主张连横的人都想割取诸侯的土地来侍奉秦国，这就是所说的豢养仇敌并侍奉仇敌的人。作为国君的臣子却要割取国君的土地，到外面去结交强大得像虎狼一样的秦国，帮助它去侵犯其他国家，突然有了秦国造成的祸患，他们会不顾本国的祸患而离去。他们在外倚仗强秦的威胁，在内逼迫他们的君主，以求割取土地，这种大逆不忠的行为，没有什么能再超过它的了。所以，合纵成功，诸侯就会割取土地来侍奉楚国；连横成功，楚国便会割取土地侍奉秦国。这两种计策，相距很远，几乎有亿兆的数目。两者之中大王选哪一种呢？所以，敝国赵王派我献出愚计，奉献明约，请大王选择。”

原文

楚王曰：“寡人之国，西与秦接境，秦有举巴蜀[1]、并汉中之心。秦，虎狼之国，不可亲也。而韩、魏迫于秦患，不可与深谋，恐反人以入于秦，故谋未发而国已危矣。寡人自料，以楚当秦，未见胜焉。内与群臣谋，不足恃也[2]。寡人卧不安席，食不甘味，心摇摇如悬旌，而无所终薄[3]。今君欲一天下，安诸侯，存危国，寡人谨奉社稷以从。”

①举：夺取，占领。

②恃：依靠。

③薄：泊。无所终薄，终究无所依托。

楚威王说：“寡人的国家，西部和秦国接界，秦国有攻取巴蜀、吞并汉中的野心。秦国是个虎狼之国，不可以跟它亲近。韩国、魏国被秦国所逼迫，不可以跟它们深谋远虑，恐怕反叛之人会把楚国的计谋告诉给秦国，以致计谋还没有施行而国家已经危险了。寡人自己料想，用楚国抵挡秦国，不见得能够打胜。与国人及各位臣子谋画，又不可靠。寡人卧不安席，食不甘味，心神不安得像悬挂在空中的旗帜，始终无所依托。如今您想统一天下，安定诸侯，存立危亡的国家，寡人愿以楚国相从。”

张仪为秦破从连横

原文

张仪为秦破从连横，说楚王曰：“秦地半天下，兵敌四国，被山带河，四塞以为固。虎贲之士百馀万，车千乘，骑万匹，粟如丘山。法令既明，士卒安难乐死[1]。主严以明，将知以武[2]。虽无出兵甲，席卷常山之险，折天下之脊，天下后服者先亡。且夫为从者，无以异于驱群羊而攻猛虎也。夫虎之与羊，不格明矣[3]。今大王不与猛虎而与群羊，窃以为大王之计过矣。

①安难乐死：在困难面前安然自得，在死亡面前毫不畏惧。即安于危难，乐于效死。

②以：而。　知：智。　武：勇。

③格：斗，敌。

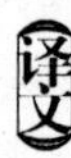

张仪为了秦国利益，破坏合纵而推行连横之策，游说楚怀王说："秦国据有天下一半土地，兵力可以抵挡四方的诸侯国，山绕河围，四面皆有险阻，十分牢固。勇士百馀万人，战车千辆，战马万匹，粮食堆积如山。法令早已严明，士兵安于危难，乐于效死。君主威严而明察，将领聪敏而勇武。只是不出动军队征战，一旦出动，就可以很容易攻克常山之险，控制诸侯要害之地，天下诸侯后臣服者先灭亡。再说推行合纵之策的人，与驱赶群羊进攻猛虎没有什么区别。猛虎对于群羊，不用格斗胜负自明。如今大王不加入猛虎的行列而加入群羊的队伍，我私下认为大王的谋画错了。

"凡天下强国，非秦而楚，非楚而秦。两国敌侔交争[①]，其势不两立。而大王不与秦[②]，秦下甲兵，据宜阳，韩之上地不通；下河东，取成皋，韩必入臣于秦。韩入臣，魏则从风而动。秦攻楚之西，韩、魏攻其北，社稷岂得无危哉？

"且夫约从者，聚群弱而攻至强也[③]。夫以弱攻强，不料敌而轻战，国贫而骤举兵[④]，此危亡之术也。臣闻之，兵不如者，勿与挑战；粟不如者，勿与持久。夫从人者，饰辩虚辞[⑤]，高主之节行[⑥]，言其利而不言其害，卒有楚祸，无及为已，是故愿大王之熟计之也。

①侔（móu）：齐等，势均力敌。　交争：互相进攻。

②而：如。　与：结交。

③至：极。

④骤：屡次，频繁。

⑤饰辩虚辞：夸夸其谈，巧言辩说。

⑥高：赞美，赞扬。

"天下的强国，不是秦国就是楚国，不是楚国就是秦国。秦、楚两国势均力敌，互相进攻，势不两立。如果大王不结交秦国，秦国军队东下，占据宜阳，韩国上党之地的道路就会不通；如果秦国军队再攻下河东，夺取成皋，韩国一定入秦称臣。韩国入秦称臣，魏国就会顺风而动。秦国从楚国的西面进攻，韩、魏从楚国的北面进攻，楚国难道能没有危险吗？

“再说订立合纵盟约的国家，是聚集众多弱小的国家进攻最强大的国家。以弱小之国攻打强大之国，不能预料敌方兵力而轻易交战，国家本来贫穷又屡次兴兵，这是造成国家危亡的办法。我听说，军队不如敌方强大的，不要跟人家挑战；粮食不如敌方多的，不要跟人家打持久战。那些主张合纵的人，夸夸其谈，巧言辩说，赞美大王您的节操品行，只谈合纵有利的一面，而不说合纵有害的一面，最终只能给楚国带来祸患，祸患到来就来不及补救了，因此希望大王仔细考虑一下。

“秦西有巴蜀，方船积粟[①]，起于汶山，循江而下，至郢三千馀里。舫船载卒[②]，一舫载五十人，与三月之粮，下水而浮，一日行三百馀里，里数虽多，不费马汗之劳，不至十日而距扞关[③]；扞关惊，则从竟陵已东，尽城守矣，黔中、巫郡非王之有已。秦举甲出之武关，南面而攻，则北地绝。秦兵之攻楚也，危难在三月之内。而楚恃诸侯之救，在半岁之外，此其势不相及也。夫恃弱国之救，而忘强秦之祸，此臣之所以为大王之患也。且大王尝与吴人五战三胜而亡之，陈卒尽矣[④]；有偏守新城而居民苦矣[⑤]。臣闻之，攻大者易危，而民弊者怨于上[⑥]。夫守易危之功，而逆强秦之心，臣窃为大王危之。

①方船：并两船。

②舫船：“方船”。

③距：至。

④陈卒：阵卒。

⑤有：又。　偏：远。

⑥弊：疲。

译文

“秦国向西占领了巴蜀，两船并连装满粮食，从岷山出发，沿长江顺流东下，到达郢都只不过三千多里。两船并连装载士兵，一只这样的船，可以装载五十个士兵和三个月的粮食，顺流而下，一天可前进三百多里；前进的里数虽然很多，但却不费汗马之劳，不到十天就可以到达扞关；扞关惊惧了，那么从竟陵以东，所有的城邑都要设兵防守，黔中、巫郡就不归大王所有了。秦国发动军队从武关出发，从南面进攻楚国，那么北部边境地带的道路就会被切断。秦兵攻打楚国，秦国的危险和困难，只在头三个月。可楚国依靠的诸侯援救，半年以后才能来到，从这里看到楚国所处的形势是不如秦国的。依靠弱小国家的援救，却忘记强大秦国的战祸，这是我之所以为大王忧虑的原因。再说大王曾经与吴国人交战，五战三胜终于灭亡了它，可是上阵的士兵死光了；又远守新夺取的城邑，居民感到很痛苦。我听说，进攻强大的国家容易遇到危险，并且民众疲惫怨恨当权者。守着容易发生危险的功业，而违背强大秦国的心愿，我私自为大王您感到危险。

“且夫秦之所以不出甲于函谷关十五年以攻诸侯者[①]，阴谋有吞天下之心也。楚尝与秦构难[②]，战于汉中。楚人不胜，通侯、执珪死者七十馀人[③]，遂亡汉中。楚王大怒，兴师袭秦，战于蓝田，又却[④]。此所谓两虎相搏者也[⑤]。夫秦、楚相弊[⑥]，而韩、魏以全制其后，计无过于此者矣[⑦]，是故愿大王熟计之也。

“秦下兵攻卫、阳晋，必扃天下之匈[⑧]，大王悉起兵以攻宋，不至数月而宋可举。举宋而东指，则泗上十二诸侯，尽王之有已。

“凡天下所信约从亲坚者苏秦，封为武安君而相燕，即阴与燕王谋破齐共分其地[⑨]。乃佯有罪[⑩]，出走入齐，齐王因受而相之。居二年而觉，齐王大怒，车裂苏秦于市。夫以一诈伪反覆之苏秦，而欲经营天下，混一诸侯，其不可成也亦明矣。

①甲：兵。

②构难：结怨。

③通侯：秦爵共二十级，第二十级为彻侯，汉避武帝讳称为通侯。　执珪：楚国上等爵位名。

④却：败。

⑤搏：斗。

⑥弊：毁。

⑦过：错。

⑧扃(jiōng)：关闭。　匈：通“胸”。

⑨阴：暗中。

⑩佯：假装。

“再说秦国之所以十五年没有从函谷关出兵攻打诸侯，是因为它暗中有吞并天下的野心。楚国曾经与秦国结怨，在汉中交战。楚国人没有取胜，通侯、执珪这样爵位的人死了七十多人，最终丢失了汉中。楚王大怒，发动军队袭击秦国，在蓝田交战，又被打得大败。这就是所说的两虎相斗。秦国和楚国两败俱伤，而韩国和魏国的力量却得到保全，并在后面等着控制我们，计谋没有比这个更错误的了，所以希望大王仔细考虑一下。

“秦国向东进兵攻打卫国、阳晋，等于锁住天下诸侯的胸膛，大王发动全部兵力攻打宋国，用不了几个月就可占领宋国。占领宋国并继续向东前进，那么泗水岸边的十二个诸侯国,就全部归大王所有了。

“天下最相信合纵可以使各国亲近且并得坚固的是苏秦，他被赵肃侯封为武安君,并做了燕国的相国,于是就暗中与燕王谋画攻破齐国,共分齐国土地。于是苏秦就假装犯罪,逃亡到齐国,齐王因此收留了他并委任他做相国。过了两年,阴谋被觉察，齐王大怒,把苏秦在市场上车裂了。凭着一个欺诈虚假反复无常的苏秦,却想要筹画经营天下,统一诸侯,这不可能成功,也已经很明白了。

“今秦之与楚也,接境壤界,固形亲之国也。大王诚能听臣,臣请秦太子入质于楚,楚太子入质于秦,请以秦女为大王箕帚之妾[①],效万家之都[②],以为汤沐之邑[③],长为昆弟之国,终身无相攻击。臣以为计无便于此者[④]。故敝邑秦王,使使臣献书大王之从车下风[⑤],须以决事[⑥]。”

楚王曰:“楚国僻陋,托东海之上。寡人年幼,不习国家之长计。今上客幸教以明制[⑦],寡人闻之,敬以国从。”乃遣使车百乘,献骇鸡之犀[⑧]、夜光之璧于秦王。

①箕帚:簸箕、笤帚。箕帚之妾:犹言从事洒扫之事的贱妾,古人谦言嫁女。

②效:奉,献。

③汤沐之邑:即汤沐邑。周制,诸侯朝见天子,天子赐以王畿以内封邑,供诸侯住宿和斋戒沐浴,此即“汤沐邑”。后来,皇帝、皇后、公主等收取赋税的私邑也称汤沐邑。此指后者。

④便:利。

⑤从车下风:谦辞,犹言不敢直接献书楚王。

⑥须:等待。

⑦上客:贵客。　明制:鲍彪注曰:“秦王之制诏。”

⑧骇鸡之犀:犀角名。《抱朴子》曰:“通天犀有白理如蔆者,以盛米置群鸡中,鸡欲往啄米,至辄惊却。故南人名为骇鸡。”

“如今秦国和楚国,国界相连,土地相接,本来地理形势上就是亲近的邻邦。大王果真能听信我的建议,我将请秦国太子到楚国做人质,楚国太子到秦国做人质,让秦王的女儿做大王的贱妾,进献拥有万户人家的都邑,作为供沐浴费用的地方,永远结成兄弟之国,终生不相攻伐。我以为计谋没有比这个再好的了。所以敝国秦王派使者向大王的随从献上书信,等待大王对事情做出决定。”

楚王说:“楚国是个偏僻的国家,靠近东海。寡人年轻,不熟悉治国的大计。今天贵客有幸以秦王的旨意教导寡人,寡人听到这些,愿以国听从。”于是就派遣使者带领一百辆车子,进献骇鸡之犀、夜光之璧给秦王。

威王问于莫敖子华

威王问于莫敖子华曰[①]："自从先君文王以至不谷之身，亦有不为爵劝，不为禄勉，以忧社稷者乎？"莫敖子华对曰："如华不足知之矣[②]。"王曰："不于大夫，无所闻之？"莫敖子华对曰："君王将何问者也？彼有廉其爵，贫其身，以忧社稷者；有崇其爵[③]，丰其禄[④]，以忧社稷者；有断脰决腹[⑤]，一瞑而万世不视[⑥]，不知所益，以忧社稷者；有劳其身，愁其志[⑦]，以忧社稷者；亦有不为爵劝，不为禄勉，以忧社稷者。"王曰："大夫此言，将何谓也？"

注释

①莫敖：楚国官名，掌管传达君王命令和接受君王咨询之事务，地位仅次于令尹、司马。

②如：像。

③崇：抬高，提升。

④丰：增加，丰厚。

⑤脰(dòu)：项。　决腹：剖腹，破腹。

⑥瞑：合眼，指死。

⑦劳其身，愁其志：犹《孟子·告子下》"苦其心志，劳其筋骨"之义。

楚威王向莫敖子华询问说："从先君文王一直到我自身，有不因爵位的勉励，不因俸禄的鼓励，而为国家忧虑的大臣吗？"莫敖子华回答说："像我这样的人还不能了解这些。"威王说："不向大夫询问，就没有地方听到这些事了。"莫敖子华回答说："大王准备询问哪类大臣呢？有为官清廉、自身贫困而忧虑国家的；有使自己爵位升高，使自己俸禄丰厚，而忧虑国家的；有甘愿砍头剖腹，眼睛一闭，不考虑身后之事，不顾个人利益，而忧虑国家的；有情愿使自己身体劳累，使自己的内心愁苦，而忧虑国家的；也有不为爵位的勉励，不为俸禄的鼓励，而忧虑国家的。"威王说："大夫的这些话，说的是什么意思呢？"

莫敖子华对曰："昔令尹子文，缁帛之衣以朝[①]，鹿裘以处[②]；未明而立于朝，日晦而归食[③]；朝不谋夕[④]，无一月之积。故彼廉其爵，贫其身，以忧社稷者，令尹子文是也。

"昔者叶公子高，身获于表薄[⑤]，而财于柱国[⑥]；定白公之祸，宁楚国之事；恢先君以掩方城之外[⑦]，四封不侵[⑧]，名不挫于诸侯。当此之时也，天下莫敢以兵南乡[⑨]，叶公子高食田六百畛[⑩]。故彼崇其爵，丰其禄，以忧社稷者，叶公子高是也。

"昔者吴与楚战于柏举，两御之间夫卒交[⑪]。莫敖大心抚其御之手，顾而大息曰[⑫]：'嗟乎子乎，楚国亡之日至矣！吾将深入吴军，若扑一人[⑬]，若捽一人[⑭]，以与大心者也[⑮]，社稷其为庶几乎！'故断脰决腹，一瞑而万世不视，不知所益，以忧社稷者，莫敖大心是也。

①缁：黑色。　帛：丝织物的总称。　朝：上朝。

②鹿裘：鹿皮衣。　处：居家。

③晦：昏，暗。

④谋：顾及，打算。

⑤表薄：鲍彪注曰："表，野外；薄，林也。言其初贱。"

⑥财：通"才"。

⑦恢：扩大。　掩(yǎn)：通"掩"，覆取。

⑧封：境。

⑨乡：通"向"，即往、进。

⑩食田：赐田，封田。　畛(zhěn)：古代计算田地的单位，千亩为一畛。

⑪御：兵车，战车。　夫卒：士兵。　交：交战。

⑫大息：即太息，叹息。

⑬扑：倒，犹言打倒。

⑭捽(zuó)：捉住。

⑮与：敌，相当。

莫敖子华回答说："从前令尹子文，穿着黑色绸衣上朝，回家就穿鹿皮缝制的粗衣；天不亮就站在朝廷上等候朝见，天黑才回家吃饭；家里穷得朝不保夕，没有一个月的存粮。所以，为官清廉，自身贫困，而忧虑国家的，令尹子文正是这样的人。

"从前，叶公子高，出身微贱，后来其才干被柱国发现；他平定了白公胜挑起的内乱，稳定了楚国的形势；扩大了先君的领土，收复了方城以北的土地，四境不受侵犯，使楚王没有受到诸侯的屈辱。在这个时候，天下诸侯没有谁敢率兵南下进攻楚国，楚王封给叶公子高作为食禄的田地六十万亩。所以，使自己爵位升高，俸禄丰厚，而忧虑国家的，叶公子高正是这样的人。

"从前，吴国与楚国在柏举交战，双方战车间士兵交手打仗。莫敖大心抚摸着给他驾车的人的手，回头长叹一声说：'唉，楚国灭亡的日子到了！我准备深入吴国军队，假如打倒一个，或者捉住一个，就和大心我的命相当了，如果楚国人都能这样，国家差不多不会灭亡！”所以说那些甘愿砍头剖腹，眼睛一闭，不考虑身后之事，不顾个人利益，而忧虑国家的，莫敖大心正是这样的人。

“昔吴与楚战于柏举，三战入郢。君王身出，大夫悉属[1]，百姓离散。棼冒勃苏曰：‘吾被坚执锐，赴强敌而死，此犹一卒也，不若奔诸侯。’于是赢粮潜行[2]，上峥山，逾深溪，蹠穿膝暴[3]，七日而薄秦王之朝。雀立不转[4]，昼吟宵哭。七日不得告，水浆无入口，瘨而殚闷，旄不知人[5]。秦王闻而走之，冠带不相及，左奉其首，右濡其口[6]，勃苏乃苏。秦王身问之：‘子孰谁也？’棼冒勃苏对曰：‘臣非异，楚使新造盭棼冒勃苏[7]。吴与楚人战于柏举，三战入郢，寡君身出，大夫悉属，百姓离散。使下臣来告亡，且求救。’秦王顾令之起：‘寡人闻之，万乘之君，得罪一士，社稷其危，今此之谓也。’遂出革车千乘，卒万人，属之子蒲与子虎[8]，下塞以东，与吴人战于浊水而大败之，亦闻于遂浦。故劳其身，愁其思，以忧社稷者，棼冒勃苏是也。

①属：附，随。

②赢：背，负。　潜：秘密，悄悄。

③蹠(zhí)：脚掌。　暴：露。

④雀(hè)：通“鹤”。雀立，即鹤立。

⑤瘨(diān)：通“颠”，倒。　殚(dān)：尽，此指气绝。　闷：郁结而不通。　旄：通“眊”，目昏花。

⑥奉：捧。　濡(rú)：沾湿，此指灌水。

⑦盭(lì)：罪。

⑧属：通“嘱”，托。

“从前，吴国与楚国在柏举交战，经过三次战斗，吴军攻入郢都。楚昭王逃往国外，大夫们也跟随出逃，百姓妻离子散。棼冒勃苏说：‘如果我身披坚固的铠甲，手握锐利的兵器，与强敌拼死，这就如同一个士兵的作用，不如到别的诸侯国去求救。’于是他背着干粮，偷偷溜出去，攀登高山峻岭，越过深水溪谷，脚掌磨破了，膝盖骨都露出了，经过七天才来到秦国。站在那里，竦身而立，昼夜不停地哭诉请求。过了七天也没有得到秦国救援的回音，他滴水不进，气绝晕倒，失去知觉。秦王听后跑出宫门外，连冠带也来不及系，他急忙向他嘴里灌水，棼冒勃苏才醒过来。秦王亲自问他：‘您是谁呀？’棼冒勃苏回答说：‘我不是别人，是楚国使臣，刚刚获罪的棼冒勃苏。吴军跟楚军在柏举交战，经过三次战斗攻入郢都，我们的国君逃往国外，大夫们都跟着他，百姓妻离子散。派我来禀告实情，并且请求援救。'秦王转过脸，让他站起来，说：'我听说，拥有万辆兵车的国君，得罪一个士人，国家就危险了，说的就是今天这样的情形吧。'于是秦王派出一千辆战车，一万名士兵，让子蒲和子虎指挥，出关向东进发，与吴军在浊水交战并把他们打得大败，也听说这次战斗发生在遂浦。所以说使自己身体劳累，心情愁苦，而忧虑国家的，棼冒勃苏正是这样的人。

原文

"吴与楚战于柏举，三战入郢。君王身出，大夫悉属，百姓离散。蒙谷结斗于宫唐之上①，舍斗奔郢曰：'若有孤，楚国社稷其庶几乎！'遂入大宫，负离次之典以浮于江②，逃于云梦之中。昭王反郢，五官失法③，百姓昏乱；蒙谷献典，五官得法，而百姓大治。比蒙谷之功④，多与存国相若，封之执圭，田六百畛。蒙谷怒曰：'谷非人臣，社稷之臣，苟社稷血食⑤，余岂患无君乎？'遂自弃于磨山之中，至今无胄⑥。故不为爵劝，不为禄勉，以忧社稷者，蒙谷是也。"

①结：交。结斗，犹言交战。

②离次：失掉次序。

③五官：意为百官。

④比：比较。

⑤血食：古代祭祀常用语。言杀牲取血以祭祀。

⑥无胄：犹言子孙没有显要地位的人。

"吴国与楚国在柏举交战，经过三次战斗进入郢都。楚昭王逃亡，大夫们全都跟随，百姓妻离子散。楚将蒙谷在宫唐这个地方与吴军交战，后来他停止了战斗，奔回郢都说：'如果还有嗣君，楚国大概就不会灭亡了吧。'于是就进入宫中，没有见到嗣子，却背起楚国的一部失掉次序的法典顺江而下，逃往云梦泽中。楚昭王返回郢都，百官无法可依，百姓困惑混乱；蒙谷献出法典，百官有法可循，百姓得到大治。比较一下蒙谷的功劳，可以和保存楚国相当，楚王封他为执珪，赏赐土地六十万亩。蒙谷很生气地说：'我蒙谷不是普通之臣，我是忧虑国家安危之臣，只要国家不断绝其祭祀，我难道是忧虑自己没有官做吗？'于是就隐居到磨山之中，至今他的子孙也没有一个身居显位。所以说，不为爵位的勉励，不为俸禄的鼓励，而忧虑国家的，蒙谷正是这样的人。"

王乃大息曰："此古之人也。今之人，焉能有之耶？"

莫敖子华对曰："昔者先君灵王好小要[①]，楚士约食[②]，冯而能立[③]，式而能起[④]。食之可欲，忍而不入；死之可恶，然而不避。华闻之，其君好发者[⑤]，其臣抉拾[⑥]。君王直不好[⑦]，若君王诚好贤，此五臣者，皆可得而致之[⑧]。"

①小要：细腰。要，即"腰"。

②约食：节食，减食。

③冯：通"凭"，靠。

④式：通"轼"，车前横木。

⑤发：鲍彪注曰："发，发矢。"射箭。

⑥抉（jué）拾：古代射箭用具。抉，用骨做成，戴在右手大拇指上，用以钩弦，即以后作为装饰品的"扳指儿"。拾，用皮做的护臂，拉弓时戴在左膀。

⑦直：只。

⑧致：使来。

楚王长叹一口气说："这些都是古代的人，现在的人，哪有这样的呢？"

莫敖子华回答说："从前，先君灵王喜欢细腰的人，楚国的士人就节减食物，弄得他们靠着东西才能站住，扶着东西才能起来。吃饭是人的正常欲望，却忍着不吃；死亡是人们所憎恶的事情，然而为了追求细腰却不躲避死亡。我听说，国君喜欢射箭，他们的臣子也准备射箭的工具，学习射箭。大王只是不喜欢贤才罢了，如果大王真的喜欢贤明的人，以上说的这五种人，大王都可以把他们罗致来。"

楚怀王拘张仪

楚怀王拘张仪，将欲杀之。靳尚为仪谓楚王曰："拘张仪，秦王必怒。天下见楚之无秦也[①]，楚必轻矣。"又谓王之幸夫人郑袖曰："子亦自知且贱于王乎[②]？"郑袖曰："何也？"尚曰："张仪者，秦王之忠信有功臣也。今楚拘之，秦王欲出之。秦王有爱女而美，又简择宫中佳丽好玩习音者[③]，以欢从之；资之金玉宝器，奉以上庸六县为汤沐邑，欲因张仪内之楚王[④]。楚王必爱，秦女依强秦以为重，挟宝地以为资，势为王妻以临于楚。王惑于虞乐[⑤]，必厚尊敬亲爱之而忘子，子益贱而日疏矣。”郑袖曰：“愿委之于公，为之奈何？”曰：“子何不急言王，出张子。张子得出，德子无已时[6]，秦女必不来，而秦必重子。子内擅楚之贵，外结秦之交，畜张子以为用[7]，子之子孙必为楚太子矣，此非布衣之利也。”郑袖遽说楚王出张子[8]。

①无秦：失秦，无秦邦交。

②贱：轻视，失宠。

③简：选。 佳丽：貌美的女子。 好：喜爱。

④因：通过。

⑤虞：通“娱”。

⑥德：感激。

⑦畜：畜养，留住。

⑧遽：立刻，马上。 说：说服。

楚怀王扣押了张仪，准备杀掉他。大臣靳尚替张仪对楚怀王说：“扣押张仪，秦王必定大怒。天下诸侯看到楚国失掉与秦国的邦交，楚国一定会被轻视。”又去对楚王宠幸的夫人郑袖说：“您自己也知道将要被大王轻视了吧？”郑袖说：“怎么回事？”靳尚说：“张仪是秦国忠诚可靠而且有功的大臣。如今楚国扣押了他，秦王一定想让楚国把他放回去。秦王有个爱女长得很漂亮，又选择宫中貌美善于游戏娴于音乐的女子们跟随她作陪嫁；秦王送给她黄金美玉珠宝名器，再把上庸六县送给她作为斋戒沐浴的费用，想要通过张仪把他的女儿嫁给楚王。楚王一定很宠爱她，秦王的女儿就会依仗秦国的强大自以为高贵，握有宝器土地自以为资本，势必以大王妻子的身份来到楚国。如果大王被娱乐迷惑，一定会更加尊敬亲近秦女而忘记了您，您就会越来越被轻视，一天天地被疏远。”郑袖说：“愿意把这件事委托给您，您看这件事该怎么办？”靳尚说：“您为什么不赶快去说服大王，放出张仪。如果张仪能够释放，一定会永远感激您，秦王的女儿也就一定不会嫁到楚国来，而秦国一定会尊重您。这样，您在国内就会独占高贵的地位，在国外与秦国结下深交，畜养张仪为您所用，您的子孙一定会成为楚国太子，这可不是普通百姓平平常常的利益啊。”郑袖立刻去说服楚王放出张仪。

楚襄王为太子之时

楚襄王为太子之时，质于齐。怀王薨，太子辞于齐王而归。齐王隘之[1]：“予我

东地五百里，乃归子。子不予我，不得归。"太子曰："臣有傅，请追而问傅。"傅慎子曰[②]："献之地，所以为身也。爱地不送死父，不义。臣故曰，献之便[③]。"太子入，致命齐王曰[④]："敬献地五百里。"齐王归楚太子。

①隘：阻止，不放。

②傅慎子：太子的老师慎子。

③便：对，妥当。

④致命：致辞，告诉。

楚顷襄王还是太子的时候，曾在齐国做人质。当得知怀王去世的消息，太子就去向齐闵王辞行请求回国。齐王阻挡他，说："把楚国淮北靠近齐国的五百里土地送给我，就让您回国。如果不给，不能回国。"太子说："我有位老师，请让我去问问他。"太子的老师慎子说："献给他土地，这是为了保护自身的缘故。爱惜土地不为死去的父亲送葬，那是不仁义的。所以我认为，献给他土地是对的。"太子进入宫中，向齐王复命说："敬献土地五百里。"齐王这才放楚国太子回国。

太子归，即位为王。齐使车五十乘，来取东地于楚。楚王告慎子曰："齐使来求东地，为之奈何？"慎子曰："王明日朝群臣[①]，皆令献其计。"

上柱国子良入见。王曰："寡人之得求反，主坟墓[②]、复群臣、归社稷也，以东地五百里许齐。齐令使来求地，为之奈何？"子良曰："王不可不与也。王身出玉声[③]，许强万乘之齐而不与，则不信，后不可以约结诸侯。请与而复攻之。与之信，攻之武。臣故曰与之。"

①朝：召见。

②主坟墓：犹言主持丧礼。

③王身出玉声：大王说话一字千金。身，亲。玉，敬辞，如玉体、玉照、玉音、玉容等。

太子回国以后，即位为王。齐国派带五十辆车的使臣，到楚国接受淮北靠近齐国的土地。楚王告诉慎子说："齐国派人来索取淮北的土地，对此该怎么办？"慎子说："大王在明天群臣朝见的时候，都让他们献出自己的计策。"

上柱国子良进宫拜见楚王。楚王说："寡人之所以能够返回，主持安葬先王、再见到各位大臣、掌握国政，是因为答应把淮北的五百里土地送给齐国。齐国派使者来索取土地，对这件事怎么办?”子良说:“大王不可以不给他。大王说话一字千金，答应了强大的拥有万辆兵车的齐国而不给它，是大王言而无信，今后也无法与诸侯订立盟约。请您给它，然后再攻取它。给它是守信用，攻取它是不示弱。所以我说给它。”

子良出，昭常入见。王曰:“齐使来求东地五百里，为之奈何?”昭常曰:“不可与也。万乘者，以地大为万乘。今去东地五百里，是去战国之半也[1]，有万乘之号而无千乘之用也，不可。臣故曰勿与。常请守之。”

昭常出，景鲤入见[2]。王曰:“齐使来求东地五百里，为之奈何?”景鲤曰:“不可与也。虽然，楚不能独守。王身出玉声，许万乘之强齐也而不与，负不义于天下。楚亦不能独守。臣请西索救于秦[3]。”

①战国:“战”字疑衍。
②景鲤:楚王宠臣。
③索:求。

子良退出后，昭常入宫进见楚王。楚王说:“齐国派人来索取淮北的五百里土地，对这件事怎么办?”昭常说:“不能给它。所谓万辆兵车，是因为国土大而号称万辆兵车。如今割去淮北五百里土地，那是割去了国家的一半，我国只有万辆兵车的空名而没有千辆兵车的实力，不行。所以我说不给它。我请求去守卫那里。”

昭常退出后，景鲤入宫进见楚王。楚王说:“齐国派人来索取淮北五百里土地，对这件事怎么办?”景鲤说:“不能给它。虽然不能给它，但楚国也不能独自守住。大王金口玉言，如果答应了拥有万辆兵车的强大齐国而不给它，就要在天下诸侯面前背上不讲信义的名声。然而楚国也不能独自守住。我请求到西边的秦国去求救。”

【原文】

景鲤出，慎子入，王以三大夫计告慎子曰:“子良见寡人曰:‘不可不与也，与而复攻之。’常见寡人曰:‘不可与也，常请守之。’鲤见寡人曰:‘不可与也，虽然楚不能独守也，臣请索救于秦。’寡人谁用于三子之计?”慎子对曰:“王皆用之。”王怫然作色曰[1]:“何谓也?”慎子曰:“臣请效其说[2]，而王且见其诚然也。王发上柱国子良车五十乘[3]，而北献地五百里于齐。发子良之明日，遣昭常为大司马，令往守东地。遣昭常之明日，遣景鲤车五十乘，西索救于秦。"王曰："善。"乃遣子良北献地于齐。遣子良之明日，立昭常为大司马，使守东地。又遣景鲤西索救于秦。

①怫(fú)然：愤怒的样子。

②效其说：犹言详细地解释这种说法。

③发：派遣。

景鲤退出去，慎子入宫进见楚王，楚王把三个大夫的计谋告诉慎子说："子良进见寡人说：'不能不给，给它然后再攻取它。'昭常进见寡人说：'不能给它，请让我去守卫它。'景鲤进见寡人说：'不能给它，虽是这样，但楚国不能独自守住，我请求向秦国求救。'寡人对这三个人的计谋该用谁的？"慎子回答说："大王全用。"楚王愤怒得变了脸色说："你说的是什么意思？"慎子说："臣下请求详细地解释这种说法，这样大王就会看到这件事的确是这样。大王派上柱国子良率领五十辆兵车，向北到齐国进献五百里土地。派出子良的第二天，派昭常为大司马，命令他前去守卫淮北的土地。派出昭常的第二天，派景鲤带领五十辆兵车，向西到秦国求救。"楚王说："好。"于是派子良向北到齐国去献地。派子良的第二天，封昭常为大司马，让他守卫淮北的土地。又派景鲤向西求救于秦国。

【原文】

子良到齐，齐使人以甲受东地。昭常应齐使曰[①]："我典主东地[②]，且与死生。悉五尺至六十，三十馀万，弊甲钝兵，愿承下尘[③]。"齐王谓子良曰："大夫来献地，今常守之何如？"子良曰："臣身受命弊邑之王，是常矫也[④]。王攻之。"齐王大兴兵，攻东地，伐昭常。未涉疆[⑤]，秦以五十万临齐右壤[⑥]。曰："夫隘楚太子弗出，不仁；又欲夺之东地五百里，不义。其缩甲则可[⑦]，不然，则愿待战[⑧]。"齐王恐焉。乃请子良南道楚，西使秦，解齐患。士卒不用，东地复全。

①应：答，对。

②典：职，主管。　主：守。

③愿承下尘：谦词，犹言愿意对阵一战。鲍彪注："凡人相趋则有尘，战亦有尘。不敢与齐抗，故言下。"

④矫：假托。

⑤涉：入。

⑥齐右壤：齐国的西部边境。

⑦缩甲：收兵，退兵。

⑧待战：等待开战。

楚国子良到了齐国献地，齐国派人率兵去接收淮北的土地。昭常却对齐国使者说："我主管守卫淮北的土地，准备与它共存亡。从五尺的童子到六十岁的老人，我们这里有三十多万，虽然甲兵不精，武器不良，也愿意对阵一战。"齐王对子良说："大夫前来进献土地，现在昭常为什么守在那里？"子良说："我亲自从敝大王那里接受的命令，这一定是昭常假托楚王之命。请大王攻打他。"齐王发动很多军队，大举进攻淮北土地，讨伐昭常。军队还没有进入淮北的地界，秦国就以五十万军队逼近齐国的西部边界。秦国的将领说："阻止楚国太子回国奔丧，是不仁；又想夺取楚国淮北的五百里土地，是不义。如果你们退兵就算了，否则，我们愿意等待开战。"齐王害怕了。于是就请子良向南返回楚国讲和，向西派出使者说服秦国，以便解除齐国的祸患。楚国没有动用军队，却保全了淮北的土地。

张仪之楚贫

张仪之楚，贫。舍人怒而欲归。张仪曰："子必以衣冠之敝[①]，故欲归。子待我为子见楚王。"当是之时，南后、郑袖贵于楚[②]。

张子见楚王，楚王不说。张子曰："王无所用臣，臣请北见晋君。"楚王曰："诺。"张子曰："王无求于晋国乎？"王曰："黄金珠玑犀象出于楚，寡人无求于晋国。"张子曰："王徒不好色耳[③]？"王曰："何也？"张子曰："彼郑、周之女，粉白墨黑[④]，立于衢闾[⑤]，非知而见之者，以为神。"楚王曰："楚，僻陋之国也，未尝见中国之女如此其美也。寡人之独何为不好色也？"乃资之以珠玉[⑥]。

①敝：破。

②南后：楚怀王后。　郑袖：楚怀王宠夫人。

③徒：就。

④粉白墨黑：形容女子面如白粉，发如黑墨。

⑤衢(qú)：大道。

⑥资：给。

张仪到楚国以后，财物都用光了。舍人们都很生气并想回去。张仪说："你们

一定因为衣帽破了，所以想回去。你们等着，我为你们去见楚王。”这个时候，南后和郑袖很受楚王的宠幸。

张仪去拜见楚王，楚王很不高兴。张仪说：“大王如果没有用得着我的地方，我请求到北面去拜见晋国国君。”楚王说：“好吧。”张仪说：“大王对晋国无所求吗？”楚王说：“黄金、珠玑、犀角、象牙都出产在楚国，寡人对晋国无所求。”张仪说：“大王就不喜欢美色吗？”楚王说：“你说什么？”张仪说：“郑国、周国的女子，面如白粉，发如黑墨，站在街市，若是不知道的人见了她们，就会认为是神女下凡了。”楚王说：“楚国是偏僻鄙陋的国家，没有见过中原女子像你说的那么美丽。寡人为什么偏偏不喜欢美色呢？”于是楚王送给张仪不少珍珠美玉。

【原文】

南后、郑袖闻之大恐。令人谓张子曰：“妾闻将军之晋国，偶有金千斤[①]，进之左右[②]，以供刍秣[③]。”郑袖亦以金五百斤。

张子辞楚王曰：“天下关闭不通，未知见日也，愿王赐之觞[④]。”王曰：“诺。”乃觞之。张子中饮，再拜而请曰：“非有他人于此也，愿王召所便习而觞之[⑤]。”王曰：“诺。”乃召南后、郑袖而觞之。张子再拜而请曰：“仪有死罪于大王。”王曰：“何也？”曰：“仪行天下遍矣，未尝见人如此其美也。而仪言得美人，是欺王也。”王曰：“子释之[⑥]。吾固以为天下莫若是两人也。”

①偶：偶然，此言恰巧，正好。

②进：献。

③供刍秣（chúmò）：谦词，言只够供给马料的费用。

④觞（shāng）：酒器，此言饮酒。

⑤便（pián）习：即便嬖（bì），犹言左右亲近宠幸之人。

⑥释：放下。

南后、郑袖听到张仪要为楚王选美人的消息后，非常担忧。派人对张仪说：“我听说将军要到晋国去，恰巧我手里有黄金千斤，献给您左右的侍从，作为购买马料的费用。”郑袖也以黄金五百斤相赠。

张仪辞别楚王说：“天下各国关闭了边塞，无法通行，不知什么时候才能互相再见面。希望大王赏给我一杯酒喝。”楚王说：“好。”于是就给他酒喝。张仪喝得半醉半醒的时候，再次拜谢楚王而请求说：“在这里没有外人，希望大王召来您左右亲近宠幸的人一起饮酒。”楚王说：“好。”于是就召来南后、郑袖共同饮酒。张仪再次拜谢而请罪说:“我在大王面前犯下了死罪。”楚王说:“怎么回事?”张仪说:“我走遍天下,未曾见过有像她俩长得这么漂亮的女人。可是我还说要为大王找美人,这岂不是欺骗了大王。”楚王说:“您放心。我本来就认为天下的女人没有谁比她俩更美的了。”

张仪逐惠施于魏

张仪逐惠施于魏[①]。惠子之楚,楚王受之。

冯郝谓楚王曰[②]:“逐惠子者,张仪也。而王亲与约,是欺仪也,臣为王弗取也。惠子为仪者来,而恶王之交于张仪,惠子必弗行也。且宋王之贤惠子也,天下莫不闻也。今之不善张仪也,天下莫不知也。今为事之故,弃所贵于雠人,臣以为大王轻矣。且为事耶?王不如举惠子而纳之于宋,而谓张仪曰:‘请为子勿纳也。’仪必德王。而惠子穷人,而王奉之,又必德王。此不失为仪之实,而可以德惠子。”楚王曰:“善。”乃奉惠子而纳之宋[③]。

①惠施:即惠子,宋国人,魏惠王相,名家的代表人物。

②冯郝:楚国大臣。

③奉:送。

张仪从魏国驱逐了惠施。惠施到了楚国,楚怀王收留了他。

冯郝对楚怀王说:“驱逐惠子的人是张仪。可是大王亲自与惠施结交,这是欺骗张仪,我认为大王不该采取这种办法。惠子因为张仪的缘故来到楚国,然而恶化了大王与张仪的交情,惠子一定不会这样做。况且宋王认为惠子是贤能的人,天下没有谁不知道。惠施和张仪关系不好,天下也没有谁不知道。现在您为了接纳惠施,却抛弃了您所尊敬的张仪,我认为大王太轻率了。难道真是为了国事吗?大王不如送惠子而让宋国接纳他,并且对张仪说:‘请让我为您赶走惠施。’张仪一定感激大王。然而惠施是陷入困境的人,可是大王送他回宋国,他也一定会感激大王,这样做既不失掉帮助张仪的实际行动,又可以使惠子感激我们。”楚王说:“好。”于是送惠子并让宋国接纳他。

魏王遗楚王美人

【原文】

魏王遗楚王美人①，楚王说之②。夫人郑袖知王之说新人也，甚爱新人。衣服玩好，择其所喜而为之；宫室卧具，择其所善而为之。爱之甚于王。王曰："妇人所以事夫者，色也③；而妒者，其情也。今郑袖知寡人之说新人也，其爱之甚于寡人，此孝子之所以事亲，忠臣之所以事君也。"

郑袖知王以己为不妒也，因谓新人曰："王爱子美矣。虽然，恶子之鼻④。子为见王⑤，则必掩子鼻。"新人见王，因掩其鼻。王谓郑袖曰："夫新人见寡人，则掩其鼻，何也？"郑袖曰："妾知也。"王曰："虽恶，必言之。"郑袖曰："其似恶闻君王之臭也。"王曰："悍哉⑥！"令劓之⑦，无使逆命⑧。

①遗(wèi)：赠予。

②说：通"悦"。

③事：侍奉。　色：美色。

④恶：讨厌。

⑤为：若。

⑥悍：凶暴蛮横，此犹言刁蛮。

⑦劓(yì)：古代割去鼻子的酷刑。

⑧无使逆命：坚决执行劓刑，不许违令。

魏王赠给楚怀王一个美人，楚王非常喜欢她。夫人郑袖知道楚王喜欢这个新娶的美人，所以也很喜爱她。凡是穿的衣服、玩的东西，都选择这位美人喜欢的给她使用；房屋、家具，都挑选这个美人喜欢的给她使用。喜爱美人超过了楚王。楚王说："妻子所用来侍奉丈夫的是自己的美色；而忌妒是女人的常情。如今郑袖知道我喜欢这个新人，而她喜爱这个新人却超过了我，这好似孝子侍奉双亲，忠臣侍奉国君。"

郑袖知道楚王以为自己没有忌妒心，就对新人说："大王喜爱您的美貌。虽然这样，但他讨厌您的鼻子。您如果见到大王，就一定要捂住您的鼻子。"美人见到楚王，就捂住自己的鼻子。楚王对郑袖说："那位新人见到我，就捂住她的鼻子，这是为什么？"郑袖说："我知道是怎么回事。"楚王说："即使是不好听，你一定要说出来。"郑袖说："她好像是讨厌闻到大王您身上的臭味吧。"楚王说："太刁蛮了！"

于是下令割去这位美人的鼻子，不准违抗命令。

楚王后死

楚王后死，未立后也。谓昭鱼曰[①]："公何以不请立后也？"昭鱼曰："王不听，是知困而交绝于后也。""然则不买五双珥[②]，令其一善而献之王[③]，明日视善珥所在，因请立之。"

①昭鱼：楚国大臣。

②珥：用珠、玉做的耳环。

③善：好，美。

楚国王后死了，新的王后还未确立。有人对昭鱼说："您为什么不请示大王立王后呢？"昭鱼说："如果大王不听从我的意见，这将使我的主意不能实现，反而会与新王后断绝了交情。"那人说："既然如此，那您为什么不买五双耳环，让其中一双最漂亮，并把它们都献给大王，明天看那双漂亮的耳环谁戴着，就请大王立谁为新王后。"

庄辛谓楚襄王

庄辛谓楚襄王曰："君王左州侯，右夏侯，辇从鄢陵君与寿陵君[①]，专淫逸侈靡，不顾国政，郢都必危矣。"襄王曰："先生老悖乎？将以为楚国袄祥乎[②]？"庄辛曰："臣诚见其必然者也，非敢以为国袄祥也。君王卒幸四子者不衰[③]，楚国必亡矣。臣请辟于赵[④]，淹留以观之[⑤]。"庄辛去之赵，留五月，秦果举鄢、郢、巫、上蔡、陈之地，襄王流掩于城阳[⑥]。于是使人发驺[⑦]，征庄辛于赵。庄辛曰："诺。"

庄辛至。襄王曰："寡人不能用先生之言，今事至于此，为之奈何？"庄辛对曰："臣闻鄙语曰[⑧]：'见兔而顾犬，未为晚也；亡羊而补牢，未为迟也。'臣闻昔汤、武以百里昌，桀、纣以天下亡。今楚国虽小，绝长续短[⑨]，犹以数千里[⑩]，岂特百里哉[⑪]？

①州侯、夏侯、鄢陵君、寿陵君：都是楚襄王宠臣。

②祆祥：本吉凶祸福的先兆，文中的偏义复词，侧重于养不祥的预兆。

③卒：始终。

④辟：通“避”。

⑤淹留：停留。

⑥流掩：流亡。

⑦驺(zōu)：古时掌马的官，也掌驾车，一般指侍从车骑。鲍彪注曰：“驺，车御也。”

⑧鄙语：俗语。

⑨绝长续短：截长补短。绝，断，截。

⑩犹以：尚且有。

⑪特：只。

庄辛对楚襄王说：“您的左边有州侯辅佐，右边有夏侯辅佐，车后有鄢陵君和寿陵君跟随，一味地过着淫乱、放荡、奢侈、糜烂的生活，不过问国家大事，郢都一定危险了。”楚襄王说：“先生老糊涂了吗？还是把我看成楚国的不祥之兆？”庄辛说：“我确实看到你这种行为的必然结果，不敢把你看成是楚国的不祥之兆。如果大王始终宠幸这四个人，楚国一定要灭亡了。我请求到赵国躲避，居留在那里观看事情的变化。”庄辛离开楚国到了赵国，在赵国住了五个月，秦国果然攻取了楚国的鄢、郢、巫、上蔡、陈等地，楚襄王也逃了出来，躲藏在城阳。这时候他才派人驾着车到赵国召回庄辛。庄辛说：“好。”

庄辛回到楚国，楚襄王说：“我不能听先生的话，如今事情到了这种地步，该怎么办呢？”庄辛回答说：“我听俗话说：‘看到兔子再回头唤狗，还不算晚；丢了羊再修补羊圈，还不算迟。’我听说，从前，商汤王、周武王凭借方圆百里的地方昌盛起来，夏桀、商纣王曾拥有天下却灭亡了。如今楚国虽然小了，截长补短，尚且有几千里，难道只是百里吗？

“王独不见夫蜻蛉乎①？六足四翼，飞翔乎天地之间，俯啄蚊虻而食之，仰承甘露而饮之，自以为无患②，与人无争也。不知夫五尺童子，方将调饴胶丝③，加己乎四仞之上④，而下为蝼蚁食也。蜻蛉其小者也，黄雀因是以。俯噣白粒⑤，仰栖茂树，鼓翅奋翼，自以为无患，与人无争也。不知夫公子王孙，左挟弹⑥，右摄丸⑦，将加己乎十仞之上，以其颈为招⑧，昼游于茂树，夕调乎酸咸，倏忽之间，坠于公子之手。

①夫：彼，那。　蜻蛉：蜻蜓。

②无患：没有祸患。

③饴：糖浆。　胶：黏合。

④仞：古代长度单位，一仞合八尺。

⑤噣(zhúo)：通“啄”。　白粒：米粒。

⑥挟：持，拿。

⑦摄：持。

⑧招：的，靶子，目标。

“大王难道没有看见蜻蜓吗？它有六只脚四只翅膀，飞翔在天地之间，向下捕捉蚊虻吃，向上承接甜美的露水喝，自己认为没有祸患，与人没有什么争端。哪里想到那五尺高的孩子，正要调和黏汁，涂在丝上，将要在三十二尺的高空中加在自己身上，落在地下成为蝼蛄、蚂蚁的食物。蜻蜓恐怕是小东西，黄雀的下场也是这样。它向下啄食米粒，向上栖息在茂盛的树上，鼓动翅膀奋力飞翔，自己认为没有祸患，与人没有什么争端。但不知道那些公子王孙，左手握着弹弓，右手捏取弹丸，正要在八十尺的高空中加在自己身上，把它的脖颈作为射击的目标，刹那之间，就落在公子王孙的手中。它们白天还在茂密的树林中飞翔，晚上却被加上了酸咸等佐料成为席上的菜肴了。

“夫黄雀其小者也，黄鹄因是以。游于江海，淹乎大沼①，俯噣鰋鲤，仰啮蔆衡②，奋起六翮③，而凌清风④，飘摇乎高翔，自以为无患，与人无争也。不知夫射者，方将修其碆卢⑤，治其矰缴⑥，将加己乎百仞之上，被礛磻⑦，引微缴⑧，折清风而抎矣⑨。故昼游乎江河，夕调乎鼎鼐⑩。

①淹：停留，休息。

②蔆：通“菱”。　衡：杜衡，香草。

③奋：鼓起。　翮(hé)：大羽毛之茎，此指鸟的翅膀。

④凌：驾，乘。

⑤碆(bō)：石制的箭头。　卢：黑色的弓。

⑥矰(zēng)：一种用丝绳系住以便于射飞鸟的短箭。　缴(zhuó)：系在箭上的丝绳，射鸟用。矰缴，箭杆上系有丝绳的射鸟的工具。

⑦礛(jiān)：锐利（字原作“磻”，据鲍本改）。　磻(bō)：缴石所系的石块。

⑧引：拖。　微：细。

⑨抎：陨，坠落。

⑩鼐(nài)：大鼎，古代烧煮食物的炊具。

译文

“那黄雀的事情恐怕是小事情，天鹅也是这样。它在江海上飞翔，在大湖里栖息，低头啄食鲇鱼鲤鱼，仰头啄咬菱角香草，鼓起翅膀，驾着清风，飘飘摇摇地在高空中自由飞翔，自认为不会有什么祸患，与人没有什么争端。却不知道那射箭的人，正在修整石箭头和黑弓，制造带有丝绳的箭，将要在八百尺的天空中射在自己身上，它将带着锐利的箭，拖着细微的丝绳，从清风中坠落下来。因此天鹅白天在江河中浮游，晚上就在大鼎里烹调成菜肴。

原文

“夫黄鹄其小者也，蔡圣侯之事因是以。南游乎高陂，北陵乎巫山①，饮茹溪之流，食湘波之鱼，左抱幼妾，右拥嬖女，与之驰骋乎高蔡之中，而不以国家为事。不知夫子发方受命乎宣王②，系己以朱丝而见之也③。

①陵：升。

②子发：楚将。　方：正。

③以：用。

“那天鹅的事情是小事，蔡圣侯的事情也是这样。他南游高陂，北登巫山，喝茹溪的水，吃湘水的鱼，左手抱着年轻的美妾，右手搂着宠爱的美女，同她们驱车在国内尽情游乐，却不把国家放在心上。哪里想到那子发正接受楚宣王的命令，将用红色的绳索捆着他去见楚宣王。

原文

“蔡圣侯之事其小者也，君王之事因是以。左州侯，右夏侯，辇从鄢陵君与寿陵君，饭封禄之粟①，而载方府之金②，与之驰骋乎云梦之中，而不以天下国家为事。不知夫穰侯方受命乎秦王，填黾塞之内③，而投己乎黾塞之外④。”

襄王闻之，颜色变作⑤，身体战栗。于是乃以执珪而授之为阳陵君，与淮北之地也⑥。

①饭：吃。　封禄之粟：从封地取得的粮食。

②方府：楚国金库名。

③填：通“镇”，镇守，阻塞。

④投：弃。

⑤作：怍，变。

⑥与：赐予，赐给。

"蔡圣侯的事恐怕还是小事，君王的事也是这样。您左边是州侯，右边是夏侯，车后跟随着鄢陵君和寿陵君，吃着封地里的粮食，并装载着国库里的钱财，跟他们驾车在云梦之中尽情游乐，却不把国家的事放在心上。哪里知道穰侯正接受秦昭王的命令，率领军队阻塞在了黾塞之南，而把您驱赶到黾塞之北。"

楚襄王听到这些，吓得脸色大变，身上哆嗦。于是把执珪的爵位授予庄辛，封他为阳陵君，并赐给他淮北之地。

天下合从

天下合从，赵使魏加见楚春申君曰："君有将乎？"曰："有矣，仆欲将临武君①。"魏加曰："臣少之时好射，臣愿以射譬之②，可乎？"春申君曰："可。"加曰："异日者③，更羸与魏王处京台之下，仰见飞鸟。更羸谓魏王曰：'臣为王引弓虚发而下鸟。'魏王曰：'然则射可至此乎？'更羸曰：'可。'有间，雁从东方来，更羸以虚发而下之。魏王曰：'然则射可至此乎？'更羸曰：'此孽也④。'王曰：'先生何以知之？'对曰：'其飞徐而鸣悲。飞徐者，故疮痛也；鸣悲者，久失群也，故疮未息⑤，而惊心未去也。闻弦音，引而高飞，故疮陨也。'今临武君尝为秦孽，不可为拒秦之将也。"

①将：以……为将。

②譬：打比方。

③异日者：从前，昔日。

④孽：病，此犹言有隐伤。

⑤息：安，这里是痊愈之义。

天下诸侯联合抗击秦国，赵国派魏加去见楚国的春申君说："您定下大将的人选了吗？"春申君说："定下来了，我准备委任临武君为主将。"魏加说："我年轻的时候喜欢射箭，我愿意用射箭的事打个比方，可以吗？"春申君说："可以。"魏加说："从前，更羸与魏王站在一个高台的下边，抬头看见飞鸟飞过。更羸对魏王说：

'臣下为大王表演一个只拉弓虚射箭就能使鸟掉下来的技术。'魏王问:'那射技能达到这种程度吗?'更羸说:'可以。'过了一会儿,有只大雁从东方飞来,更羸一拉弓弦,虚放一箭,那大雁就应声而落。魏王说:'射技真可以达到这种程度吗?'更羸回答说:'它飞得很慢,并且叫声悲哀。飞得缓慢的原因,是原先的伤口疼;叫声悲哀的原因,是长久失群,旧的伤口没有痊愈,并且惊慌的心理没有消除。听到弓弦的声音,鼓动翅膀向高处飞翔,结果原先的伤口破裂,使它掉下来了。'如今临武君是个曾经被秦国打败的将领,犹如惊弓之鸟,不可以委任他为抵抗秦军的主将。"

汗明见春申君

【原文】

汗明见春申君,候问三月,而后得见。谈卒,春申君大说之。汗明欲复谈,春申君曰:"仆已知先生,先生大息矣①。"汗明憱焉曰②:"明愿有问君而恐固③。不审君之圣孰与尧也?"春申君曰:"先生过矣,臣何足以当尧?"汗明曰:"然则君料臣孰与舜?"春申君曰:"先生即舜也。"汗明曰:"不然,臣请为君终言之④。君之贤实不如尧,臣之能不及舜。夫以贤舜事圣尧,三年而后乃相知也。今君一时而知臣,是君圣于尧而臣贤于舜也。"春申君曰:"善。"召门吏为汗先生著客籍⑤,五日一见。

①大息:休息。
②憱(cù):蹴,不安的样子。
③固:固陋。
④终言:尽言。
⑤著:登记。　客籍:宾客名册。吴师道云:"著其名字于宾客之籍。"

汗明去拜见春申君,等候了三个月,然后才得到接见。谈完话后,春申君对汗明很满意。汗明还想再谈,春申君说:"我已经了解先生了,先生先去休息吧。"汗明不安地说:"我想向您请教,可是又害怕问得浅陋。不知您和尧比谁更圣明?"春申君说:"先生错了,我怎么能同尧相比?"汗明说:"那么您看我和舜相比谁更有才能?"春申君说:"先生就是舜一样的人。"汗明说:"不是这样,请您让我把话都说出来。您的贤能的确不如尧,我的才能更赶不上舜。凭着贤能的舜侍奉圣明的尧,三年之后彼此才相互了解。现在您在很短时间内就了解了我,这就说明您比尧圣明而我比舜贤能。"春申君说:"讲得好。"于是叫来守卫的官吏把汗明的名字登记在宾客簿上,每五天接见一次。

汗明曰："君亦闻骥乎[1]？夫骥之齿至矣[2]，服盐车而上太行[3]。蹄申膝折，尾湛胕溃[4]，漉汁洒地[5]，白汗交流，中阪迁延[6]，负辕不能上。伯乐遭之[7]，下车攀而哭之，解纻衣以幂之[8]。骥于是俯而喷，仰而鸣，声达于天，若出金石声者，何也？彼见伯乐之知己也。今仆之不肖，厄于州部[9]，堀穴穷巷[10]，沈洿鄙俗之日久矣[11]，君独无意湔拔仆也[12]，使得为君高鸣屈于梁乎[13]？"

注释

①骥：千里马。

②齿至矣：牙齿长满，言马已成年。

③服：驾。

④尾湛(chén)：尾巴下垂。湛，同"沉"。　胕(fū)溃：脚掌溃烂。胕，同"跗"，此指脚掌。

⑤漉(lù)汁：渗流出的口水。

⑥中阪：半坡。　迁延：不进。

⑦伯乐：吴师道云："伯乐，姓孙名阳，秦穆公时人。"善相马者。

⑧纻(zhù)衣：麻布衣。　幂(mì)：覆盖。

⑨厄：困。　州部：当指古代基层行政单位。

⑩堀(kū)穴穷巷：犹言把穷巷里的土屋作为居住的地方。堀，同"窟"，土屋。

⑪沈洿(wū)：同"沈污"，埋没。

⑫湔(jiān)拔：提拔。

⑬高鸣屈于梁：鲍彪注曰："声己之屈。"吴师道云："高鸣屈于梁，疑明尝困于梁者。"本译文从吴说。

汗明说："您也听说过千里马的故事吗？千里马长到驾车的年龄，驾着盐车上太行山。四蹄伸展膝盖弯曲，尾巴下垂脚掌溃烂，流出的口水洒了一地，全身汗水交流，走到太行山的坡道上不能前进，驾着车辕怎么也拉不上去。伯乐遇到了它，就从自己的车上下来，拉着马缰绳哭泣，并脱下自己的麻布衣服给千里马盖上。千里马于是低头喷气，仰头长鸣，叫声直冲云霄，如同从金石乐器上发出的声音。为什么会这样呢？因为千里马看到伯乐是了解自己的。现在我是一个没有出息的人，困在州里，住在穷巷，埋没在鄙风陋习之中已经很久了，难道您无意提拔我，让我能够为您而高鸣，使我在大梁受到的屈辱得到伸展吗？"

◎赵　策

《赵策》记载了赵国历史上的重要事件。《知伯帅赵韩魏而伐范中行氏》写智伯灭了范、中行氏之后，又向韩、魏、赵索取土地。韩、魏畏于智伯的淫威给了智伯土地。但赵襄子却不给，于是智伯便勾结韩、魏，决晋水灌晋阳，围困三年，晋阳危在旦夕。在此危难之际，张孟谈游说韩、魏二国，使其与赵国一起灭亡智伯。《晋毕阳之孙豫让》写豫让为替智伯报仇，反复寻机刺杀赵襄子的故事。《齐攻宋奉阳君不欲》写有人劝赵国奉阳君与齐共同攻宋之事。《苏秦从燕之赵始合从》写苏秦游说赵肃侯推行其合纵之策的故事。《张仪为秦连横说赵王》写张仪为秦游说赵惠文王推行其连横之策的故事。《武灵王平昼闲居》写赵武灵王推行"胡服骑射"政策，反映了他"观时而制法，因事而制礼"的进步思想。《平原君谓冯忌》写冯忌向平原君分析赵国不可以进攻燕国的理由。《秦围赵之邯郸》写鲁仲连在秦国包围赵都邯郸的危急时候，坚决反对尊秦为帝的故事。《说张相国》写有人劝谏做赵相的魏国人张相国不要轻视万乘强国赵国的故事。《齐人李伯见孝成王》写赵孝成王用人不疑。《赵太后新用事》写赵国左师触龙巧妙地说服赵太后让长安君为质于齐的故事。

知伯帅赵韩魏而伐范中行氏

知伯帅赵、韩、魏而伐范中行氏，灭之。休数年，使人请地于韩。韩康子欲勿与，段规谏曰："不可。夫知伯之为人也，好利而鸷复[①]，来请地不与，必加兵于韩矣。君其与之。与之，彼狃[②]，又将请地于他国，他国不听，必乡之以兵[③]；然则韩可以免于患难，而待事之变。"康子曰："善。"使使者致万家之邑一于知伯。知伯说，又使人请地于魏，魏宣子欲勿与。赵葭谏曰："彼请地于韩，韩与之。请地于魏，魏弗与，则是魏内自强[④]，而外怒知伯也[⑤]。然则其错兵于魏必矣[⑥]！不如与之。"宣子曰："诺。"因使人致万家之邑一于知伯。知伯说。又使人之赵，请蔺、皋狼之地，赵襄子弗与。知伯因阴结韩、魏，将以伐赵。

①鸷(zhì)复：凶狠暴戾。鲍彪注曰："鸷，杀鸟也。喻其残忍。"复，即"愎"，狠。

②狃(niǔ)：习以为常。鲍彪注曰："狃，性骄也。"吴师道云："狃，习也。"

③乡:通"向",犹言进攻。

④自强:自恃强大。

⑤怒知伯:使知伯怒。

⑥错:通"措",安置。

智伯率领赵、韩、魏三国的军队进攻范氏、中行氏,灭亡了他们。休息了几年,派人向韩国索取土地。韩康子不想给他,段规劝谏说:"不可以。智伯为人,贪利而又凶暴,他派人来索取土地,不给,一定会派兵伐韩。大王您还是给他。给了他,他就会习以为常,又将会向其他国家索取,其他国家不从,智伯一定用兵;这样一来,韩国可以免除患难,坐待事情的发展变化。"韩康子说:"好。"派使者送了一个万家城邑给智伯。智伯很高兴,又派人向魏国索取,魏宣子想不给他。赵葭劝谏说:"他向韩国索取土地,韩国给了他。他向魏国索取土地,魏国不给,那么这是魏国自恃强大,并且激怒了智伯。这样一来,智伯一定要对魏国用兵了!不如给他。"魏宣子说:"好。"于是派人送了一个万家城邑给智伯。智伯非常高兴,又派人到赵国去,索取蔺城、皋狼两个地方,赵襄子不给他。智伯于是暗中勾结韩国、魏国,准备进攻赵国。

赵襄子召张孟谈而告之曰:"夫知伯之为人,阳亲而阴疏,三使韩、魏,而寡人弗与焉,其移兵寡人必矣。今吾安居而可?"张孟谈曰:"夫董安于,简主之才臣也,世治晋阳,而尹铎循之,其馀政教犹存,君其定居晋阳。"君曰:"诺。"乃使延陵生将车骑先之晋阳,君因从之。至,行城郭[①],案府库[②],视仓廪,召张孟谈曰:"吾城郭已完,府库足用,仓廪实矣,无矢奈何?"张孟谈曰:"臣闻董子之治晋阳也,公宫之垣[③],皆以荻蒿楛楚墙之,其高至丈,君发而用之。"于是发而试之,其坚则箘簬之劲不能过也[④]。君曰:"足矣,吾铜少若何[⑤]?"张孟谈曰:"臣闻董子之治晋阳也,公宫之室,皆以炼铜为柱质,请发而用之,则有馀铜矣。"君曰:"善。"号令以定,备守以具。

①行:巡行视察。

②案:视。

③垣:矮墙。

④箘簬(jùnlù):硬竹,可作箭。

⑤若何:奈何,怎么办。

译文

赵襄子召来张孟谈告诉他说："智伯的为人，表面上跟你亲近内心里却很疏远，他三次派人到韩、魏去，可是我都没有参加，他要移兵攻打我是一定的了。现在我住在哪里才好？"张孟谈说："董安于是先主简子的能干之臣，一辈子治理晋阳，而且尹铎也遵循他治理的方法，他们政治教化的业绩还存在，您还是定居在晋阳吧。"赵襄子说："好。"于是就派延陵生率领车骑先到晋阳，赵襄子随后也跟了去。到晋阳以后，巡视城郭，察看府库，检查粮仓，召见张孟谈说："我看城郭已经很完善，府库的物资足够使用，粮仓已经装满，可是没有箭怎么办？"张孟谈说："我听说董子治理晋阳的时候，凡是公宫的墙壁，都是用荻蒿楛楚筑的，墙壁的高度达一丈多，您可以砍下来作箭用。"于是把它们砍下来作成箭，它们的坚硬程度连美竹也赶不上。赵襄子说："箭已经足够了，但是我们缺少铜怎么办？"张孟谈说："我听说董子治理晋阳的时候，官府的房屋，都是用冶炼的铜做柱基的，请您打开使用它，还会有多馀呢。"赵襄子说："好。"号令已经定好，防城的用具均已齐备。

原文

三国之兵乘晋阳城①，遂战。三月不能拔，因舒军而围之，决晋水而灌之。围晋阳三年，城中巢居而处，悬釜而炊，财食将尽，士卒病羸②。襄子谓张孟谈曰："粮食匮，财力尽，士大夫病，吾不能守矣。欲以城下③，何如？"张孟谈曰："臣闻之，亡不能存，危不能安，则无为贵知士也。君释此计④，勿复言也。臣请见韩、魏之君。"襄子曰："诺。"

张孟谈于是阴见韩⑤、魏之君曰："臣闻唇亡则齿寒，今知伯帅二国之君伐赵，赵将亡矣，亡则二君为之次矣。"二君曰："我知其然。夫知伯为人也，粗中而少亲⑥，我谋未遂而知，则其祸必至，为之奈何？"张孟谈曰："谋出二君之口，入臣之耳，人莫之知也。"二君即与张孟谈阴约三军，与之期日⑦，夜，遣入晋阳。张孟谈以报襄子，襄子再拜之。

①乘：陵，迫近，逼近。

②羸（léi）：瘦弱。

③下：降。

④释：放弃。

⑤阴：秘密。

⑥粗中而少亲：犹言内心严厉很少亲近别人。

⑦期日：约定日期。

三国的军队逼近晋阳城，就开始交战。三个月没能攻克，于是展开军队包围了晋阳城，决开晋水灌晋阳。包围晋阳三年，城中的居民只能架巢而居，悬锅做饭，钱财粮食将要用光，士卒患病身体瘦弱。赵襄子对张孟谈说："粮食缺乏，财力将尽，士大夫在患病，我不能坚守了。想要投降，您看怎么样？"张孟谈说："我听说这样的话，国家灭亡不能使它复存，国家危险不能使它安定，那么就不用看重智士了。请您放弃这个计划，不要再说了。我请求进见韩、魏国君。"赵襄子说："好。"

张孟谈于是秘密进见韩、魏国君说："我听说唇亡则齿寒，现在智伯率领您们二国的军队进攻赵国，赵国将要灭亡了，赵国灭亡那么就轮到您们二国了。"两位国君说："我们知道是这样。智伯为人，内心严厉而很少亲近别人，我们的计谋没有成功而被他知道，大祸一定来到，对此该怎么办？"张孟谈说："计谋出自二位之口，进入我的耳中，别人没人知道。"二位国君就和张孟谈暗中订好三军的行动，以及举事日期，当晚，就把张孟谈送回晋阳。张孟谈把情况报告给赵襄子，赵襄子再次拜谢了他。

张孟谈因朝知伯而出，遇知过辕门之外。知过入见知伯曰："二主殆将有变。"君曰："何如？"对曰："臣遇张孟谈于辕门之外，其志矜[①]，其行高。"知伯曰："不然。吾与二主约谨矣，破赵三分其地，寡人所亲之，必不欺也。子释之，勿出于口。"知过出见二主，入说知伯曰："二主色动而意变，必背君，不如今杀之。"知伯曰："兵著晋阳三年矣[②]，旦暮当拔之而飨其利[③]，乃有他心[④]？不可，子慎勿复言。"知过曰："不杀则遂亲之。"知伯曰："亲之奈何？"知过曰："魏宣子之谋臣曰赵葭，康子之谋臣曰段规，是皆能移其君之计。君其与二君约，破赵则封二子者各万家之县一，如是则二主之心可不变，而君得其所欲矣。"知伯曰："破赵而三分其地，又封二子者各万家之县一，则吾所得者少，不可。"知过见君之不用也，言之不听，出，更其姓为辅氏，遂去不见。

注释

①矜：傲慢，自大。

②著(zhù)：附，犹言包围。

③飨：通"享"。

④乃：却。

张孟谈接着又去拜见智伯，出来以后，在辕门外遇见了智过。智过进去见智伯说："韩魏之君恐怕要发动兵变。"智伯说："为什么？"智过回答说："我在辕门之外遇到张孟谈，看他神情傲慢，趾高气扬。"智伯说："不会这样的。我和韩魏之君已经订立盟约了，破赵之后三家平分它的土地，这是我亲口说的，他们不会欺骗我。请您放心，这种话不要从您嘴里说出来。"智过出来拜见了韩魏之君，又进去游说智伯说："二君神色不对，一定会背叛您，不如现在杀了他们。"智伯说："军队包围晋阳三年了，早晚便可占领而享受它的利益，却在这时有了别的心思？这是不可能的，您千万不要再说什么了。"智过说："不杀就要亲近他们。"智伯说："怎么亲近他们？"智过说："魏宣子的谋臣叫赵葭，韩康子的谋臣叫段规，这都是能改变他们君主计策的人。您还是跟这两位约定，破赵后各封给他们一个万户之县，如果这样，韩魏之君的心意就不会改变，而您也可以得到自己想要的土地了。"智伯说："破赵后三家平分它的土地，现在又封给他们俩各一个万户之县，那我们所得到的就少了，不能这样做。"智过见智伯不用他的计谋，不听他的话，出来以后，改姓为辅氏，离开智伯，到别处去了。

张孟谈闻之，入见襄子曰："臣遇知过于辕门外，其视有疑臣之心，入见知伯，出更其姓。今暮不击，必后之矣。"襄子曰："诺。"使张孟谈见韩、魏之君，以夜期，杀守堤之吏，而决水灌知伯军。知伯军救水而乱，韩、魏翼而击之[①]，襄子将卒犯其前[②]，大败知伯军而禽知伯[③]。

知伯身死，国亡地分，为天下笑，此贪欲无厌也[④]。夫不听知过，亦所以亡也。知氏尽灭，唯辅氏存焉。

①翼而击之：左右夹击。

②犯：侵，犹言进攻。

③禽：通"擒"。

④厌：满足。

译文

张孟谈听到这件事，进去拜见赵襄子说："我在辕门之外遇见智过，他看我的样子，对我有怀疑之心，进去拜见智伯，出来后便更改了自己的姓氏。今天晚上不出击，就失去机会了。"赵襄子说："好。"于是派张孟谈去见韩、魏之君，约定当晚杀死守堤的吏卒，掘开晋水淹智伯的军队。智伯的军队忙于救水而大乱，韩、魏的军队左右夹击，赵襄子率领军队正面进攻，大败智伯军并活捉了智伯。

智伯身死，国亡地分，被天下人耻笑，这是他贪得无厌的缘故。不听智过的计谋，也是他灭亡的一个原因。智氏被全都灭掉，只有辅氏还存在着。

晋毕阳之孙豫让

原文

晋毕阳之孙豫让，始事范、中行氏而不说，去而就知伯，知伯宠之。及三晋分知氏，赵襄子最怨知伯，而将其头以为饮器。豫让遁逃山中，曰："嗟乎！士为知己者死，女为悦己者容。吾其报知氏之仇矣。"乃变姓名，为刑人①，入宫涂厕，欲以刺襄子。襄子如厕，心动，执问涂者，则豫让也。刃其杇②，曰："欲为知伯报仇！"左右欲杀之。赵襄子曰："彼义士也，吾谨避之耳。且知伯已死，无后，而其臣至为报仇，此天下之贤人也。"卒释之。豫让又漆身为厉③，灭须去眉，自刑以变其容，为乞人而往乞，其妻不识，曰："状貌不似吾夫，其音何类吾夫之甚也。"又吞炭为哑，变其音。其友谓之曰："子之道甚难而无功，谓子有志则然矣，谓子智则否。以子之才，而善事襄子，襄子必近幸子；子之得近而行所欲，此甚易而功必成。"豫让乃笑而应之曰："是为先知报后知，为故君贼新君④，大乱君臣之义者无此矣。凡吾所谓为此者，以明君臣之义，非从易也。且夫委质而事人，而求弑之，是怀二心以事君也。吾所为难，亦将以愧天下后世人臣怀二心者⑤。"

①刑人：刑馀之人，判刑罚做苦役的人。此指伪装成刑馀之人。

②刃其杇(wū)：就是把瓦刀磨出锋利的刃。杇，涂饰墙壁的工具，俗称瓦刀、泥板子。

③厉：通"癞"。

④贼：害，杀害。

⑤愧：使……羞愧，惭愧。

晋国义士毕阳的孙子豫让，起初侍奉范氏、中行氏，心情不高兴，就离开他们去事奉智伯，智伯很宠信他。等到韩、魏、赵分了智氏的土地以后，赵襄子最怨恨智伯，竟把他的头颅作为饮酒的器皿。豫让逃跑到山中，说："啊！士为知己者死，女为悦己者容。我一定要为智氏报仇。"于是就改名换姓，伪装成判刑服役的人，进入襄子宫中给他粉刷厕所的墙壁，想趁机刺杀襄子。襄子到厕所解手，忽然心中一动，捉住粉刷厕所的人审问，是豫让。豫让指着磨得锋利的瓦刀，说："我想要为智伯报仇!"襄子左右的人想要杀死他。赵襄子说:"他是一个侠义之士,我小心躲避他就是了。况且智伯已死,没有后代,他的臣子竟来为他报仇,这是天下的贤士。"最后放了豫让。豫让又用漆涂在身上好像生癞一样,刮掉胡须和眉毛,自己毁坏容貌,装扮成一个乞丐而回家去乞讨,他的妻子都不认识他,说:"他的形貌不像我丈夫,他的声音为什么很像我丈夫。"豫让又吞炭使声音沙哑,改变了原来说话的声音。他的朋友对他说:"您采用的方法很艰难并且不容易成功,说您有志气那是对的,说您有智谋那是不对的。凭借您的才干,并且很好地侍奉赵襄子,襄子一定会宠爱您;您能够接近赵襄子,再干您想干的事,这就很容易了,也一定会成功。"豫让竟笑着回答他说:"这是替先前的知己报复后来的知己,替原来的主人杀害新的主人。大乱君臣之义的人也没有超过这种做法的了。我所以要这样做,是为了表明君臣之义,不是去做那些容易办到的事。再说向主人献上礼物并表示誓死侍奉他,然而又设法杀死他,这就是怀有二心侍奉主人。我所以要做这种难以办到的事,也是为了使天下后世为人臣而对主人怀有二心的人惭愧。"

【原文】

居顷之,襄子当出[1],豫让伏所当过桥下。襄子至桥而马惊。襄子曰:"此必豫让也。"使人问之,果豫让。于是赵襄子面数豫让曰[2]:"子不尝事范、中行氏乎?知伯灭范、中行氏,而子不为报仇,反委质事知伯。知伯已死,子独何为报仇之深也?"豫让曰:"臣事范、中行氏,范、中行氏以众人遇臣[3],臣故众人报之;知伯以国士遇臣,臣故国士报之。"襄子乃喟然叹泣曰:"嗟乎,豫子!子之为知伯,名既成矣,寡人舍子,亦已足矣。子自为计,寡人不舍子。"使兵环之。豫让曰:"臣闻明主不掩人之义,忠臣不爱死以成名[4]。君前已宽舍臣,天下莫不称君之贤。今日之事,臣固伏诛,然愿请君之衣而击之,虽死不恨。非所望也,敢布腹心[5]。"于是襄子义之,乃使使者持衣与豫让。豫让拔剑三跃,呼天击之曰:"而可以报知伯矣。"遂伏剑而死[6]。死之日,赵国之士闻之,皆为涕泣。

①当:将。

②数:数落,责备。

③众人:普通人。

④掩:掩盖。　爱:爱惜,吝惜。

⑤布:披露,陈述。　腹心:内心意愿。

⑥伏剑:拔剑自刎。

过了不久，赵襄子将要外出，豫让便埋伏在襄子必经的桥下。襄子来到桥边，马忽然惊了。襄子说："一定是豫让在这里。"派人去询问，果然是豫让。于是赵襄子当面责备豫让说："您不是曾经侍奉过范氏、中行氏吗？智伯灭亡了范氏、中行氏，可是您不去为他们报仇，反而委身来侍奉智伯。智伯已经死了，您为什么只给智伯报仇？"豫让说："我侍奉范氏、中行氏，范氏、中行氏像对待一般人那样对待我，所以我像一般人那样报答他们；智伯像对待国家名士那样对待我，所以我像国家名士那样报答他。"襄子便长叹一声哭着说："唉呀，豫子！您为智伯报仇，已经成就名声了，我释放了您一次，也已经足够了。您自己考虑怎么办，我不能再放您。"襄子就让士兵把豫让四面围住。豫让说："我听说贤明的君主不掩盖别人的大义，忠臣不爱惜一死而成就名声。您以前已经宽恕释放过我，天下没有一个人不称赞您贤明。今天的事情，我本来应该立即受死，但我希望拿来您的衣服，让我用利剑刺它，这样我虽然死了，也没有遗憾。我的愿望不见得能够实现，我只是把内心的话说出来罢了。"襄子认为他很有义气，就派人拿着衣服交给豫让。豫让拔剑在手跳了三跳，仰天大呼，挥剑刺衣说："我可以报答智伯了。"于是就自刎而死。豫让死的那天，赵国的士人听到此事，都落下了眼泪。

齐攻宋奉阳君不欲

齐攻宋，奉阳君不欲。客请奉阳君曰："君之春秋高矣①，而封地不定，不可不熟图也。秦之贪，韩、魏危，楚、燕僻，中山之地薄②，宋罪重，齐怒深，残伐乱宋，定身封，德强齐，此百代之一时也。"

①春秋高：言年高。

②薄：土质贫瘠。

齐国进攻宋国，赵国奉阳君不想帮助齐国一起攻打。有人劝奉阳君说："您的年龄已经很大了，可是封地还没有确定，不可不仔细考虑。秦国贪婪，封地如定在韩、魏，必然危险；如定在燕、楚，又太偏僻；如定在中山，土质又贫瘠。而宋国罪孽深重，齐国非常愤怒，如果与齐国共同攻打残暴混乱的宋国，确定自己的封地，使强大的齐国对您感恩戴德，这是百代才有一次的好时机。”

苏秦从燕之赵始合从

苏秦从燕之赵，始合从，说赵王曰：“天下之卿相人臣，乃至布衣之士，莫不高贤大王之行义①，皆愿奉教陈忠于前之日久矣②。虽然，奉阳君妒，大王不得任事③，是以外宾客④，游谈之士无敢尽忠于前者。今奉阳君捐馆舍⑤，大王乃今然后得与士民相亲，臣故敢献其愚，效愚忠。为大王计，莫若安民无事，请无庸有为也⑥。安民之本，在于择交。择交而得则民安，择交不得则民终身不得安。请言外患：齐、秦为两敌，而民不得安；倚秦攻齐，而民不得安；倚齐攻秦，而民不得安。故夫谋人之主，伐人之国，常苦出辞断绝人之交，愿大王慎无出于口也⑦。

①高贤：推崇，称许。

②陈：献出。

③得：能。　任：当，使。

④外：疏远。

⑤捐馆舍：死之婉称。

⑥庸：用。

⑦无：勿。

苏秦从燕国到赵国，开始推行合纵之策，游说赵肃侯说：“从天下的卿、相、大臣，一直到普通百姓出身的士，没有谁不称许大王推行仁义的，从很久以来就都希望在大王的面前接受教诲，向大王献出忠心。虽然如此，奉阳君嫉贤妒能，大王不能亲自管理政事，以致宾客受到疏远，游说之士没有谁敢在大王面前尽忠了。如今奉阳君已死，大王从今以后能够和士民相亲了，所以我才敢奉献自己的忠心。我为大王考虑，没有什么能赶得上使百姓安定、国家无事的了，请您不用有所作为。安定百姓的根本，在于选择邦交。选择邦交得当百姓就安定，选择邦交不得当百姓就终身不得安定。请让我谈一下外面的祸患：如果齐国、秦国做了赵国的两个敌人，那么百姓就不得安定；倚仗秦国攻打齐国，百姓就不得安定；倚仗齐国攻打秦国，百姓也不得安定。所以谋算别国的国君，进攻别人国家的人，常为劝说与别国断交感到苦恼，希望大王谨慎，这些话不要从您嘴里说出来。

“请屏左右[1]，白言所以异[2]，阴阳而已矣。大王诚能听臣，燕必致毡裘狗马之地，齐必致海隅鱼盐之地，楚必致桔柚云梦之地，韩、魏皆可使致封地汤沐之邑，贵戚父兄皆可以受封侯。夫割地效实[3]，五伯之所以覆军禽将而求也；封侯贵戚，汤、武之所以放杀而争也。今大王垂拱而两有之，是臣之所以为大王愿也。大王与秦[4]，则秦必弱韩、魏；与齐，则齐必弱楚、魏。魏弱则割河外，韩弱则效宜阳。宜阳效则上郡绝，河外割则道不通，楚弱则无援。此三策者，不可不熟计也。夫秦下轵道则南阳动，劫韩、包周则赵自销铄[5]，据卫、取淇则齐必入朝。秦欲已得行于山东[6]，则必举甲而向赵。秦甲涉河逾漳，据番吾，则兵必战于邯郸之下矣。此臣之所以为大王患也。

①屏：除去，排除。

②白言：说明。

③效：致。　实：财物。

④与：联合，亲附。

⑤销铄：熔化金属。此言削弱。

⑥行：指“行权”，即称霸。

“请大王让左右的人退避，我说说合纵、连横的差别。大王果真能听从我的话，燕国一定进献盛产毡、裘、狗、马的土地，齐国一定进献盛产鱼盐的海隅之地，楚国一定进献盛产桔柚的云梦之地，韩国、魏国都可以让他们进献封地，租税收入作为沐浴的费用，您的贵戚父兄都可以封侯。割取土地、进献财货，是五霸不惜军队覆灭、将领被擒所追求的东西；封赏王侯使贵戚尊贵，这是商汤、周武王流放夏桀、诛杀纣王所争取的东西。如今大王可以毫不费力得到两个好处，这是我希望大王得到的利益。大王如果亲附秦国，秦国一定削弱韩国、魏国；大王如果亲附齐国，齐国一定削弱楚国、魏国。魏国削弱，就会割让河外的土地；韩国削弱，就会进献宜阳的土地。宜阳进献出来，那么与上郡的交通就会隔绝；河外割让，那么道路就会不通。楚国削弱，赵国就会没有救援。以上这三条计策，不可不认真仔细地谋画一下。再说秦国沿轵道下攻，南阳就会动摇；劫持韩国、包围周朝，赵国就会自行削弱；秦国占据卫地、夺取淇水，齐国必定会去朝见秦国。秦国的称霸愿望既已在山东实现，就必然出兵进攻赵国。秦兵渡过黄河跨过漳水，占据番吾，那么两国的军队一定会在邯郸城下交战了。这就是我替大王忧虑的事情。

“当今之时，山东之建国，莫如赵强。赵地方二千里，带甲数十万，车千乘，骑万匹，粟支十年；西有常山，南有河、漳，东有清河，北有燕国。燕固弱国，不足畏也。且秦之所畏害于天下者莫如赵[①]。然而秦不敢举兵甲而伐赵者，何也？畏韩、魏之议其后也[②]。然则韩、魏，赵之南蔽也。秦之攻韩、魏也，则不然。无有名山大川之限，稍稍蚕食之[③]，傅之国都而止矣[④]。韩、魏不能支秦，必入臣于秦，秦无韩、魏之隔，祸必中于赵矣[⑤]。此臣之所以为大王患也。

①害：患。

②议：谋。

③稍稍：逐渐，一点点地。

④傅：靠近。

⑤中：及。

“现在，山东六国里，没有再比赵国强大的了。赵国土地方圆两千里，军队几十万，战车千辆，战马万匹，粮食可以支持十年；西面有常山，南面有黄河、漳水，东面有清河，北面有燕国。燕国本来是弱小的国家，不值得害怕。但是秦国在天下最畏惧害怕的莫过于赵国。然而秦国不敢发兵进攻赵国，为什么？主要是害怕韩、魏两国在后面算计它。这样看来，韩、魏就是赵国南面的屏障。如果秦国攻打韩、魏，那情况就不是这样了。韩、魏没有名山大川的阻隔，逐渐蚕食它的领土，靠近国都就可以了。韩、魏抵御不住秦国的进攻，一定向秦国归顺称臣，秦国没有韩、魏的阻隔，祸患就会落在赵国身上了。这是我为大王忧虑的事情。

“臣闻尧无三夫之分[①]，舜无咫尺之地，以有天下。禹无百人之聚[②]，以王诸侯。汤、武之卒不过三千人，车不过三百乘，立为天子。诚得其道也。是故明主外料其敌国之强弱，内度其士卒之众寡[③]、贤与不肖，不待两军相当，而胜败存亡之机节，固已见于胸中矣，岂掩于众人之言[④]，而以冥冥决事哉[⑤]！

①夫：鲍彪注：“一夫有田百亩。”

②聚：村落。

③度(duó)：揣度，估量。

④掩:蔽。

⑤冥冥:昏暗,糊涂。

“我听说尧连三百亩这么大的土地也没有,舜连不足一尺的土地也没有,却拥有了天下。大禹没有百人居住的村落,竟统治了天下诸侯。商汤、周武王的士兵都不超过三千人,战车不超过三百辆,却立为天子。这都是因为他们得到了治国之道。所以,贤明的国君,对外能预料敌国的强弱,对内能估量士兵的多少、贤与不贤,不等两军相对,胜负存亡的关键,早已在心中明白了,哪里会受众人的言语蒙蔽,糊里糊涂决断事情呢!

“臣窃以天下地图案之[①]。诸侯之地五倍于秦,料诸侯之卒,十倍于秦。六国并力为一,西面而攻秦,秦破必矣。今见破于秦[②],西面而事之,见臣于秦。夫破人之与破于人也,臣人之与臣于人也,岂可同日而言之哉?夫横人者,皆欲割诸侯之地以与秦成[③]。与秦成,则高台榭,美宫室,听竽瑟之音,察五味之和[④],前有轩辕[⑤],后有长姣[⑥],美人巧笑,卒有秦患,而不与其忧。是故横人日夜务以秦权恐喝诸侯[⑦],以求割地。愿大王之熟计之也。

①案:通“按”,考查。

②见:被。

③成:讲和。

④和:调和,适度,此言味美。

⑤轩辕:车。

⑥长姣:美女。

⑦务:专。　恐喝:恐吓。

“我查看天下的地图。诸侯的土地是秦国的五倍,估计诸侯的兵力,是秦国的十倍。六国如果团结一致,向西进攻秦国,秦国被攻破是肯定的。现在六国却被秦国攻破,而向西侍奉它,被秦国所臣服。那攻破敌人和被敌人攻破,使别人臣服和被别人臣服,难道可以相提并论吗?那些游说连横的人,都想要割取诸侯的土地送给秦国与它讲和。与秦国讲和,他们就可以高筑台榭,美化宫室,倾听竽瑟之音,品尝各种美味,前有车舆,后有美女,还有美人的微笑。当秦祸突然来临时,他们却不与诸侯共同担忧。所以,主张连横的人,日夜专用秦国的威势恐吓诸侯,以求得割取诸侯的土地给秦国。希望大王仔细地考虑这些事。

【原文】

“臣闻明王绝疑去谗，屏流言之迹[①]，塞朋党之门，故尊主广地强兵之计[②]，臣得陈忠于前矣。故窃为大王计，莫如一韩、魏、齐、楚、燕、赵，六国从亲，以傧畔秦[③]。令天下之将相，相与会于洹水之上，通质刑白马以盟之[④]。约曰：‘秦攻楚，齐、魏各出锐师以佐之[⑤]，韩绝食道，赵涉河、漳，燕守常山之北。秦攻韩、魏，则楚绝其后，齐出锐师以佐之，赵涉河、漳，燕守云中。秦攻齐，则楚绝其后，韩守成皋，魏塞午道，赵涉河、漳、博关，燕出锐师以佐之。秦攻燕，则赵守常山，楚军武关，齐涉渤海，韩、魏出锐师以佐之。秦攻赵，则韩军宜阳，楚军武关，魏军河外，齐涉清河，燕出锐师以佐之。诸侯有先背约者，五国共伐之。’六国从亲以摈秦，秦必不敢出兵于函谷关以害山东矣！如是则伯业成矣！”

赵王曰：“寡人年少，莅国之日浅，未尝得闻社稷之长计。今上客有意存天下，安诸侯，寡人敬以国从。”乃封苏秦为武安君，饰车百乘，黄金千镒，白璧百双，锦绣千纯[⑥]，以约诸侯。

①屏：摈弃，除去，抵制。

②故：则。

③傧：通“摈”。　畔：通“叛”。

④通：交换。

⑤佐：助。

⑥纯：布帛的计量单位，一匹为一纯。

“我听说贤明的君主排除疑惑消除谗言，摈弃流言蜚语，堵塞结党营私之路，这就使得君主尊贵、土地广阔和兵力强盛了，我也才能在您面前陈述忠心。所以我私下为大王谋画，没有什么能赶得上联合韩、魏、齐、楚、燕、赵六国的，六国合纵互相亲近，来抗拒秦国。使天下各国的将相，都在洹水之上相会，交换人质，杀白马而结盟。立下誓言说：‘如果秦国攻打楚国，齐、魏各派精锐的军队帮助楚国，韩国断绝秦兵的粮道，赵国渡过黄河、漳水逼近秦军，燕国固守常山之北。如果秦国进攻韩、魏，那么楚国断绝秦兵的后路，齐国派出精锐的部队帮助韩、魏，赵国渡过黄河、漳水进逼秦军，燕国固守云中。如果秦国进攻齐国，那么楚国断绝秦兵的后路，韩国固守成皋，魏国堵塞午道，赵国渡过黄河、漳水，兵出博关，燕国派出精锐部队帮助齐国。如果秦国进攻燕国，那么赵国固守常山，楚军进驻武关，齐军由渤海渡过黄河进逼秦军，韩、魏派出精锐部队帮助燕国。如果秦国进攻赵国，那么韩军进驻宜阳，楚军进驻武关，魏军进驻河外，齐军渡过清河，燕国派出精锐部队帮助赵国。如果诸侯有谁先违背盟约，五国共同讨伐它。'六国合纵互相亲近而抵抗秦国，秦国一定不敢从函谷关出兵来危害山东六国了！如果能做到这样，那么霸业就成功了！”

赵肃侯说：“我年纪小，在位的时间很短，没有听说过治国的大计，现在尊贵的客人有意保卫天下各国，安定诸侯，我国愿听从您的指挥。”于是封苏秦为武安君，赐给他华丽的车子一百辆，金子二千两，玉璧一百双，锦绣一千匹，用这些财物去与诸侯缔结合纵之约。

张仪为秦连横说赵王

【原文】

张仪为秦连横，说赵王曰：“弊邑秦王使臣敢献书于大王御史。大王收率天下以傧秦[①]，秦兵不敢出函谷关十五年矣。大王之威，行于天下山东。弊邑恐惧慑伏，缮甲厉兵[②]，饰车骑[③]，习驰射，力田积粟，守四封之内[④]，愁居慑处，不敢动摇，唯大王有意督过之也。今秦以大王之力，西举巴蜀，并汉中，东收两周而西迁九鼎，守白马之津。秦虽辟远，然而心忿悁含怒之日久矣[⑤]。今寡君有敝甲钝兵，军于渑池，愿渡河逾漳，据番吾，迎战邯郸之下。愿以甲子之日合战，以正殷纣之事[⑥]。敬使臣先以闻于左右。

①傧：通“摈”，对抗，抵制。

②缮：修补，修缮。　厉：同“砺”，磨。　兵：兵器。

③饰：整修。

④封：疆界，边境。

⑤忿悁（yuān）：气愤。忿，同“愤”。

⑥以正殷纣之事：周武王以甲子昧爽与商纣王的军队战于牧野，杀纣灭殷。

张仪为秦国推行连横之策，游说赵惠文王说：“敝邑秦王派我冒昧地献书给大王的御史。大王率领天下诸侯对抗秦国，秦兵不敢出函谷关已经十五年了。大王的威风传布于天下及山东各国，敝邑恐惧而屈服，修缮铠甲磨砺兵器，整备战车骑兵，学习骑马射箭，努力耕种，积聚粮食，守卫国家四方边境，处在愁苦恐惧之中，不敢妄动，只怕大王有意深责敝邑的过错。如今秦国凭借大王的威力，向西攻占了巴蜀，兼并了汉中，向东收取了东周、西周，并把九鼎移到秦国，扼守白马津渡口。秦国虽然偏僻遥远，然而心怀愤怒已经好久了。现在寡君有破旧的铠甲不锋利的兵器，军队驻扎在渑池，希望渡过黄河越过漳水，据有番吾，在邯郸城下迎战赵国军队。愿意在甲子之天交战，仿效武王伐纣的故事。秦王恭敬地派我先把这事告诉大王。

“凡大王之所信以为从者，恃苏秦之计，荧惑诸侯[①]，以是为非，以非为是，欲反覆齐国而不能[②]，自令车裂于齐之市。夫天下之不可一亦明矣。今楚与秦为昆弟之国，而韩、魏称为东蕃之臣，齐献鱼盐之地，此断赵之右臂也。夫断右臂而求与人斗，失其党而孤居，求欲无危，岂可得哉？今秦发三将军，一军塞午道，告齐使兴师渡清河，军于邯郸之东；一军军于成皋，驱韩、魏而军于河外；一军军于渑池。约曰：‘四国为一以攻赵，破赵而四分其地。’是故不敢匿意隐情，先以闻于左右。臣窃为大王计，莫如与秦遇于渑池，面相见而身相结也[③]。臣请案兵无攻[④]，愿大王之定计。”

赵王曰：“先王之时，奉阳君相，专权擅势，蔽晦先王[⑤]，独制官事。寡人宫居，属于师傅，不能与国谋。先王弃群臣[⑥]，寡人年少，奉祠祭之日浅，私心固窃疑焉。以为一从不事秦[⑦]，非国之长利也。乃且愿变心易虑[⑧]，剖地谢前过以事秦。方将约车趋行[⑨]，而适闻使者之明诏。”于是乃以车三百乘入朝渑池，割河间以事秦。

①荧惑：迷惑，惑乱。
②反覆：颠覆，推翻。
③身：亲自。
④案：通“按”。
⑤蔽晦：蒙蔽。
⑥弃群臣：离开人世，去世。
⑦一从：合纵。
⑧乃且：乃，才。
⑨方将：正要。

张仪说：“凡是大王所以相信并实行合纵之策，都是依靠苏秦的计谋。苏秦迷惑诸侯，把对的说成是错的，把错的说成是对的，他想推翻齐国而没能得逞，却使自己被车裂在齐国的集市上。天下不能统一，这是显而易见的。现在楚国与秦国结为兄弟之国，而韩、魏两国已自称为秦国的属国，齐国也向秦国奉献盛产鱼盐的土地，这就斩断了赵国的右臂。斩断右臂而寻求与人战斗，失掉盟国而孤立无援，想要没有危险，这怎么可能呢？现在秦王派出三位将军，一位大将领兵堵塞午道，告诉齐国让他们发兵渡过清河，驻扎在邯郸的东面；一位将军领兵驻扎在成皋，驱使韩、魏的军队，让他们驻扎在黄河之南；一位将军领兵驻扎在渑池。约定说：'四国联合起来攻打赵国，攻破赵国四分其地。'因此我不敢隐匿事情的真相，先把这事告诉大王。我私下为大王谋画，不如您与秦王在渑池相会，互相见面亲自结盟。我请求秦王按兵不动，希望大王确定计划。"

赵惠文王说："先王执政的时候，奉阳君为相国，专权独断，蒙蔽先王，独自控制国家大事。寡人住在宫里，归师傅教导，不能参与国家大事的谋画。先王去世的时候，我年纪小，执政时间还短，本来私下里对合纵之策就有怀疑，认为合纵不侍奉秦国，不符合国家的长远利益。这才想要改变原来的想法，割让土地，承认以前的过错，侍奉秦国。正要备车出发，恰好听到了您的明告。"于是就率领三百辆车到渑池去朝拜秦王，割让河间的土地以侍奉秦国。

武灵王平昼闲居

【原文】

武灵王平昼闲居[①]，肥义侍坐[②]，曰："王虑世事之变，权甲兵之用[③]，念简、襄之迹[④]，计胡、狄之利乎[⑤]？"王曰："嗣立不忘先德，君之道也；错质务明主之长[⑥]，臣之论也。是以贤君静而有道民便事之教，动有明古先世之功。为人臣者，穷有弟长辞让之节[⑦]，通有补民益主之业。此两者，君臣之分也。今吾欲继襄主之业，启胡、翟之乡，而卒世不见也。敌弱者，用力少而功多，可以无尽百姓之劳，而享往古之勋。夫有高世之功者，必负遗俗之累[⑧]；有独知之虑者[⑨]，必被庶人之怨。今吾将胡服骑射以教百姓，而世必议寡人矣。"

①平昼：平日。

②肥义：赵武灵王父赵肃侯之臣，武灵王时为信臣，惠文王时为相国并兼为傅。　侍：侍候，陪伴。

③权：衡量。

④念：追念，追思。

⑤计：谋画。

⑥错：委。委质，委身为臣。

⑦穷：未为官。　弟：通"悌"。

⑧负：遭，受。　遗俗：流俗。　累：指责，议论。

⑨虑：见解。

赵武灵王平日宫中闲居，大臣肥义陪坐，说："大王在考虑当代事情的变化，衡量军队的效用，追思简子、襄子的功业，考虑采取胡、狄的长处吗？"赵武灵王说："继位为君不忘祖先的功德，这是为君之道；委身从政一定要显扬君主的长处，这是为臣之道。所以，贤明的君主平时要制定教导民众、方便政事的教令，战时要发扬光大先人的功业。作为臣下的人，尚未为官时要有顺从、尊长、谦恭、逊让的节操，显达时应有补充民众不足、扩大君主领土的功业。这两种行为，都是君王臣下的本分。现在我想要继承先王襄子的功业，开发胡、狄的土地，举世的人都还没能看到这一点。与弱者为敌，用的力量小而功劳大，可以不用尽百姓的辛劳，就能建立简子、襄子的勋业。具有高出当世功劳的人，必然会遭到背离世俗的指责；而有独到见解的人，一定会遭到一般人的怨恨。现在我将把身穿胡服、学习骑马射箭教给百姓，然而世人一定要议论我了。"

肥义曰："臣闻之，疑事无功，疑行无名。今王即定负遗俗之虑，殆毋顾天下之议矣。夫论至德者，不和于俗[①]；成大功者，不谋于众。昔舜舞有苗，而禹袒入裸国，非以养欲而乐志也，欲以论德而要功也[②]。愚者暗于成事，智者见于未萌[③]，王其遂行之。"王曰："寡人非疑胡服也，吾恐天下笑之。狂夫之乐，知者哀焉；愚者之笑，贤者戚焉[④]。世有顺我者[⑤]，则胡服之功未可知也。虽驱世以笑我[⑥]，胡地、中山吾必有之。"

①和：迎合，附和。

②要：求。

③暗：不明。　萌：萌芽，露头。

④戚：悲伤。

⑤顺：同意。

⑥驱世：举世。

肥义说："我听说过这样的话，办事犹疑不决就不会成功，行动犹疑不决就不会立名。现在您确定了这种背离世俗的决心，恐怕就要不顾天下人的议论了。谈论最高道德的人，是不附和旧风俗的；成就伟大功业的人，是不和众人在一起谋画的。从前舜拿着盾牌、斧子跳舞，有苗才归服，大禹脱衣露体进入裸体国，并非以此来满足欲望娱乐心志,而是想要用谈论道德来追求功名。愚蠢的人对于已成的事尚看不明白,聪明的人在事态尚未露出苗头之际就能觉察,大王还是赶快施行胡服骑射。”赵武灵王说:“我不是怀疑胡服骑射,我担心天下人讥笑这件事。狂妄无知的人的取乐,聪明的人感到悲哀;愚蠢的人的讥笑,贤明的人感到忧伤。世上如果有人同意我的意见,那么胡服骑射的功劳是不可估量的。即使是举世的人都来讥笑我,胡地、中山我一定要据有它。”

【原文】

王遂胡服。使王孙绁告公子成曰[1]:“寡人胡服且将以朝,亦欲叔之服之也。家听于亲[2],国听于君,古今之公行也;子不反亲,臣不逆主,先王之通谊也[3]。今寡人作教易服而叔不服,吾恐天下议之也。夫制国有常,而利民为本;从政有经[4],而令行为上。故明德在于论贱[5],行政在于信贵[6]。今胡服之意,非以养欲而乐志也。事有所出,功有所止。事成功立,然后德且见也。今寡人恐叔逆从政之经,以辅公族之议。且寡人闻之,事利国者行无邪,因贵戚者名不累[7]。故寡人愿慕公叔之义,以成胡服之功。使绁谒之叔,请服焉。”

①王孙绁(xiè):赵国贵族。　公子成:赵肃侯之子,赵武灵王之弟。

②亲:父母。

③谊:通“义”,道理。

④经:准则。

⑤论:考虑。　贱:用作名词,地位卑贱者。

⑥信:使……信守。　贵:地位尊贵的人。

⑦因:依靠,借助。　累:损害。

赵武灵王于是就改穿胡人服装。派王孙绁告诉公子成说:“寡人改穿胡服并且将要穿这种衣服坐朝,也想让叔父穿上这种服装。家中的事情听从父母的吩咐,国家的事情听从君王的命令,这是从古至今公认的正确行为;做儿子的不能违背父母的意愿,做臣子的不能违背国君的命令,这是先王以来普遍适用的道理。现在寡人下令改穿胡服而叔父不穿,我担心天下人会议论这件事。治理国家有一定的法则,以有利于民众为根本;施政有一定的准则,以能够执行命令为最好。所以,要修明朝廷的德政在于考虑地位卑贱的民众,施政在于使地位尊贵的人信守。现在改穿胡服的意思,并不是以此来满足欲望、娱乐心志。凡事只要有了开始,成功就有了基础。事业成就,功名树立,然后德政就会显现出来。现在寡人担心叔父违背施政的准则，而附和公族反对改穿胡服的议论。况且寡人听到这样的话，事情有利于国家就要坚决执行没有邪念，依靠贵戚办事名声不会受到损害。所以寡人希望仰仗公叔的义行，以成就改穿胡服的功业。派王孙绁去拜见叔父，请叔父改穿胡服吧。”

公子成再拜曰：“臣固闻王之胡服也，不佞寝疾[①]，不能趋走，是以不先进。王今命之，臣固敢竭其愚忠。臣闻之，中国者，聪明睿知之所居也，万物财用之所聚也，贤圣之所教也，仁义之所施也，《诗》、《书》、《礼》、《乐》之所用也，异敏技艺之所试也，远方之所观赴也，蛮夷之所义行也[②]。今王释此，而袭远方之服，变古之教，易古之道，逆人之心，畔学者[③]，离中国[④]，臣愿大王图之。”

①寝疾：卧病在床。

②义：通“仪”，法则，榜样。

③畔：通“叛”，违背。

④离：畔，违。

译文

公子成再一次拜谢说：“我本来听说君王改穿胡服了，可是不才因为卧病在床，不能快步跑去拜见君王，所以没有事先进言。君王现在下了命令，我竭尽我的一点愚忠。我听说，中原地方，是聪明有远见的人居住的地方，是万物财用聚积的地方，是圣贤教化的地方，是仁义施行的地方，《诗》、《书》、《礼》、《乐》的教化在这里推行，奇异精巧技能在这里得以施展，是远方国家观摩向往的地方，是四方少数民族效法的地方。现在君王放弃这些固有的东西，而要实行胡服，改变自古以来的教化，更换自古以来的办法，违背人们的心意，背离圣贤的教诲，背离中原的风俗，我希望大王考虑这件事。”

使者报王。王曰：“吾固闻叔之病也。”即之公叔成家，自请之曰：“夫服者，所以便用也；礼者，所以便事也。是以圣人观其乡而顺宜，因其事而制礼，所以利其民而厚其国也。被发文身，错臂左衽，瓯越之民也[①]。黑齿雕题[②]，鳀冠秫缝[③]，大吴之国也。礼服不同，其便一也。是以乡异而用变，事异而礼易。是故圣人苟可以利其民，不一其用；果可以便其事，不同其礼。儒者一师而礼异，中国同俗而教离，又况山谷之便乎！故去就之变[④]，知者不能一；远近之服，圣贤不能同。穷乡多异，曲学多辩，不知而不疑，异于己而不非者，公于求善也。今卿之所言者，俗也。吾之所言者，所以制俗也。今吾国东有河、薄洛之水，与齐、中山同之，而无舟楫之用⑤。自常山以至代、上党，东有燕、东胡之境，西有楼烦、秦、韩之边，而无骑射之备。故寡人且聚舟楫之用，求水居民，以守河、薄洛之水；变服骑射，以备燕、三胡、秦、韩之边。且昔者简主不塞晋阳，以及上党，而襄主兼戎取代，以攘诸胡⑥，此愚知之所明也。先时中山负齐之强兵，侵掠吾地，系累吾民⑦，引水围鄗，非社稷之神灵，即鄗几不守。先王忿之，其怨未能报也。今骑射之服，近可以备上党之形，远可以报中山之怨。而叔也顺中国之俗⑧，以逆简、襄之意⑨，恶变服之名⑩，而忘国事之耻，非寡人所望于子！”公子成再拜稽首曰：“臣愚不达于王之议，敢道世俗之闻。今欲继简、襄之意，以顺先王之志，臣敢不听令。”再拜，乃赐胡服。

①瓯(ōu)越：我国古代少数民族名。

②黑齿：用草汁染黑牙齿。　雕题：在额上刺画花卉，涂以丹青。题，额。

③鳀(tí)冠：用鲇(niǎn)鱼皮做的帽子。　秫(shú)缝：指缝纫粗拙。秫，长针。

④去：离开，引申为舍弃。　就：靠近，引申为采用。

⑤舟楫(jí)：船只。楫，通“楫”，船桨。

⑥攘(rǎng)：却，抗击。

⑦系累：捆绑，掳掠。

⑧顺：因袭。　俗：旧习。

⑨逆：违背。　意：遗愿，遗志。

⑩恶：讨厌，反对。　名：命令。

使者把公子成的情况报告给赵武灵王。武灵王说：“我本来听说叔父生病了。”立刻前往公叔成家，亲自告诉公叔成说：“服装，是为了穿着方便；礼节，是为了办事方便。因此，圣人考察当地的风俗而因地制宜地制作服装，根据行事的便利而制定礼仪，这是利国利民的措施。披散着头发，身刺花纹，站立时两臂交叉并向左掩衣襟，这是瓯越民族的风俗礼仪。用草汁染黑牙齿，在额上刺画花卉涂以青丹，用鲇鱼皮做帽子，缝纫粗拙，这是吴国的风俗和礼仪。他们的礼节服饰虽然不一样，但是在方便民众上却一致。所以地区不同，用的衣服器物就改变；事情不同，礼节就有所差异。因此，圣人治国，只要可以便利民众，就不强行统一他们的衣服和器物；如果可以便于行事，就不统一他们的礼节。儒家学者都以孔子为先师而礼节不同，中原各国风俗相同而政教法令有分歧，又何况地处偏僻山区，更应该考虑便于行事了！所以对礼俗的舍弃或采用，就是聪明的人也不能使它整齐划一；边远和中原地区的服饰，就是圣贤也不能使它相同。穷乡僻壤多异俗，邪僻学说多争辩。不知道的就不要随便怀疑，和自己意愿不符合的不应随便非议它，这才是出于公心追求美好的办法。现在您所讲的是风俗，而我所讲的是驾驭风俗。现在我国东部有黄河、薄洛之水，是与齐国、中山国共有的水域，可是我们并没有水军巡逻。从常山到代郡、上党，东有燕国、东胡的边境，西有楼烦、秦国、韩国的边境，而没有骑射的防备。所以寡人聚集船只所用的物品，寻找会水的居民，以便守卫黄河、薄洛之水；改变服装学习骑马射箭，来防守燕国、三胡、秦国、韩国的边境。况且从前简子不堵塞晋阳，使它直通上党，襄子兼并西戎夺取代地，以抗击各个胡人部族，这是我知道得明明白白的事情。前些时候中山依仗齐国强大的军队，侵掠我国领土，俘获我国民众，引水围困鄗邑，不是社稷神灵的保佑，那么鄗邑几乎不能坚守。先王对此很愤怒，他的怨恨一直没有报。现在改穿胡服，学习骑射，近可以防守上党这样形势险要的地方，远可以报复中山之仇。可是叔父却要因袭中原的旧习而违背简子、襄子的遗愿，讨厌改穿胡服的命令，而忘记了国事的羞耻，这不是寡人期望您做的事情！"公子成再拜叩头行礼说："我很愚笨，不了解您的谋略，我竟敢谈论世俗的见闻。现在您想要继承简、襄二主的遗志，顺应先王的志向，我怎敢不听从命令。"公子成向赵武灵王再一次拜谢，赵王赐给他胡服。

【原文】

赵文进谏曰[①]："农夫劳而君子养焉[②]，政之经也。愚者陈意而知者论焉[③]，教之道也。臣无隐忠，君无蔽言[④]，国之禄也[⑤]。臣虽愚，愿竭其忠。"王曰："虑无恶扰，忠无过罪，子其言乎。"赵文曰："当世辅俗[⑥]，古之道也。衣服有常，礼之制也。循法无愆[⑦]，民之职也。三者，先圣之所以教。今君释此，而袭远方之服，变古之教，易古之道，故臣愿王之图之。"

王曰："子言世俗之闻。常民溺于习俗，学者沉于所闻。此两者，所以成官而顺政也，非所以观远而论始也[⑧]。且夫三代不同服而王，五伯不同教而政。知者作教[⑨]，而愚者制焉[⑩]。贤者议俗，不肖者拘焉。夫制于服之民，不足与论心；拘于俗之众，不足与致意。故势与俗化，而礼与变俱，圣人之道也。承教而动，循法无私，民之职也。知学之人，能与闻迁；达于礼之变，能与时化。故为己者不待人，制今者不法古[⑪]，子其释之。"

①赵文：赵国贵族。

②养：供养。

③论：论定，评定。

④蔽：堵塞。

⑤禄：福。

⑥当：顺应。

⑦愆（qiān）：过失。

⑧观远：高瞻远瞩。　论始：创造革新。

⑨教：法令，政令。

⑩制：束缚，受制约。

⑪法：效法。

贵族赵文进谏说："农夫从事劳作、供养君子，这是天经地义的。愚笨的人陈述自己的意愿而由聪明的人来评定，这是教化的常规。臣下不隐匿忠心，君王不阻塞言路，这是国家的幸福。我虽然愚笨，愿意竭尽忠心。"赵武灵王说："考虑问题不要讨厌不同意见的干扰，臣下尽忠不应责备他失当之罪，您还是说吧。"赵文说："顺应时代附和风俗，这是从古以来的道理。衣服有一定的规格，这是礼仪上制定的。遵循古法，不犯错误，这是民众的职守。这三种道理，是先代圣明君主用来教导后王的。现在大王您放弃这些，而袭用远方的服饰，改变古代的教化，变革古代的道理，所以我希望大王好好考虑这件事。"

武灵王说："您说的话都是世俗的见闻。一般百姓沉迷于旧的风俗习惯，有学问的人沉迷于所见所闻。这两种人，坚持职守、依照政令办事是可以的，让他们高瞻远瞩、创造革新就不成了。再说夏、商、周三代服饰虽然不同，却都统一了天下；五霸虽然教化不同，却都能在天下推行政令。聪明的人创立教化，而愚笨的人却把它看成定制。贤明的人移风易俗，愚蠢的人只知因循守旧。那些受事物限制而不知变通的人，不能和他们深切交谈；那些被旧的礼俗束缚而抱残守缺的人，不能和他们彻底论事。所以时势与风俗一起变化，礼法也随着一起改变，这是圣人治国的办法。秉承教令而行动，遵守法令而没有私心，这是民众的职分。聪明有才学的人，能够随着见闻改变；通达礼仪变化的人，能够随着时势的发展一起变化。所以，那些为了实现自己理想而奋斗的人，他们不能等待别人，那些治理当世的人不能效法古人，您还是放宽心吧。"

赵造谏曰[①]："隐忠不竭，奸之属也[②]。以私诬国，贼之类也。犯奸者身死，贼国者族宗[③]。有此两者，先圣之明刑，臣下之大罪也。臣虽愚，愿尽其忠，无遁其死[④]。"王曰："竭意不讳，忠也。上无蔽言，明也。忠不辟危[⑤]，明不距人[⑥]。子其言乎！"

赵造曰："臣闻之，圣人不易民而教[⑦]，知者不变俗而动[⑧]。因民而教者，不劳而成功[⑨]；据俗而动者，虑径而易见也[⑩]。今王易初不循俗，胡服不顾世，非所以教民而成礼也。且服奇者志淫，俗辟者乱民[11]。是以莅国者不袭奇辟之服[12]，中国不近蛮夷之行，非所以教民而成礼者也。且循法无过，修礼无邪，臣愿王之图之。”

①赵造：赵国贵族。

②属：类。

③族宗：古代一种酷刑，杀死犯罪者的家族。族，灭；宗，宗族。

④遁：逃避。

⑤辟：通“避”。

⑥距：通“拒”。

⑦易民：改变民众的要求。　教：教化。

⑧动：治理。

⑨劳：费。

⑩径：易，方便。

⑪辟：通“僻”。

⑫莅：临。　袭：袭用，采用。

赵造进谏说：“臣下隐匿忠心不竭尽全力，是奸佞一类的行为。以私利而损害国家，是蠡贼一类的行为。奸臣应该处死，害国者应当灭族。有以上两种情况的人，先王明确规定要对他们用刑，因为这是臣下的大罪。我虽然愚笨，愿意竭尽忠心，不逃避死亡。”武灵王说：“竭尽忠心无所隐讳，这是忠臣。君王不阻塞言路，这是贤明。臣下尽忠就不躲避危险，国君英明就不拒绝别人进言。您还是说吧！”

赵造说：“我听说，圣人不改变民众的要求而进行教化，聪明人不改变旧的风俗而进行治理。依据民众的实际情况进行教化，不费很大力量就会成功；依据风俗而治理的人，谋画起来简捷便当并容易见功效。现在大王改变了原来的风俗、礼法，不遵守中原的风俗，改穿胡服不顾世人的反对，这不是教化民众而成就礼仪的办法。况且穿奇异服装的人心志不正，风俗怪僻使民众迷惑。因此，君临一国的人不采用奇异怪僻的服装，中原人不效法蛮夷的做法，因为这不是教化民众成就礼仪的办法。况且遵守礼法没有过错，学习礼法没有邪恶。我希望大王考虑这些事。”

王曰：“古今不同俗，何古之法？帝王不相袭，何礼之循？宓戏、神农教而不诛，黄帝、尧、舜诛而不怒①。及至三王，观时而制法，因事而制礼，法度制令，各顺其宜；衣服器械，各便其用。故治世不必一其道，便国不必法古②。圣人之兴也，不相袭而王。夏、殷之衰也，不易礼而灭。然则反古未可非，而循礼未足多也③。且服奇而志淫，是邹、鲁无奇行也；俗辟而民易④，是吴、越无俊民也。是以圣人利身之谓服，便事之谓教，进退之谓节，衣服之制，所以齐常民⑤，非所以论贤者也⑥。故圣与俗流，贤与变俱⑦。谚曰：'以书为御者，不尽于马之情。以古制今者，不达于事之变。'故循法之功，不足以高世；法古之学，不足以制今。子其勿反也！"

①怒：通"弩"。

②便：利。

③多：赞扬。

④易：轻浮，不庄重。

⑤齐：一致。　常民：老百姓。

⑥论：衡量。

⑦俱：协调，一致。

赵武灵王说："古代和今天风俗不相同，效法什么古代？由五帝至三王礼法制度不相承袭，遵循什么礼法？宓戏、神农教导民众而不施以死刑，黄帝、唐尧、虞舜施用死刑而不株连妻子和子女。等到夏禹、商汤、周文王，观察时势而制定法令，根据事实而制定礼仪，制定的法度政令，各个都顺应时宜；服饰器械，各个都便于使用。所以，治理当世不一定使法度礼仪一致，便利国家不一定要效法古人。圣人的兴起，不是互相袭用旧俗而统治天下。夏朝、商朝的衰败，不是因为改变了礼仪而灭亡。既然这样，那么反对古代的礼法不可非难，而遵循古代的礼法不值得称赞。况且，如果服饰新奇就会心志不正，那么邹、鲁这样遵守古礼的国家就不会有奇异不正的违礼行为；如果风俗僻异而民众就会轻浮散漫，那么吴、越两国就不会有杰出之士。所以，圣人为了有利于身体才制作了衣服，为了便于行事，才进行了教化。送往迎来的礼节，衣服方面的型制，是为了让普通百姓取得一致的，而不是用来衡量贤者的。所以，圣人治国与客观情况一致；贤人治国与变化了的情况相协调。俗话说：'按照书本上的方法去驾马车，就不可能完全了解马的性情，充分发挥马的能力。而根据古代礼法来治理现代的国家，就不可能符合变化了的情况，也就不可能把国家治理好。'因此，遵循古法的结果，不可能创新，超过现世；效法古人的礼法，不能够治理好现代的国家。您还是不要反对胡服骑射吧！"

平原君谓冯忌

原文

平原君谓冯忌曰："吾欲北伐上党，出兵攻燕，何如？"冯忌对曰："不可。夫以秦将武安君公孙起乘七胜之威[①]，而与马服之子战于长平之下，大败赵师，因以其馀兵，围邯郸之城。赵以七败之馀，收破军之敝守，而秦罢于邯郸之下[②]，赵守而不可拔者，以攻难而守者易也。今赵非有七克之威也[③]，而燕非有长平之祸也。今七败之祸未复，而欲以罢赵攻强燕，是使弱赵为强秦之所以攻，而使强燕为弱赵之所以守。而强秦以休兵承赵之敝[④]，此乃强吴之所以亡，而弱越之所以霸。故臣未见燕之可以攻也。"平原君曰："善哉！"

①威：势。

②罢：通"疲"，困。

③克：胜。

④敝：疲。

平原君对冯忌说："我想北攻上党，出兵攻燕，您看怎么样？"冯忌回答说："不可以。当初秦将武安君白起趁七次战胜赵兵的威势，与马服君之子赵括在长平城下大战，把赵国的军队打得大败，又以其馀兵力包围了赵都邯郸。赵国用七战七败的馀兵，收集残兵败将守卫邯郸城，然而秦国的攻城部队却在邯郸城下被弄得疲倦不堪。赵国坚守不可攻破的缘故，是因为攻城困难防守容易。现在赵国没有七胜的威势，燕国也没有长平之战的祸患。现在赵国七败的士兵尚未恢复元气，却想要用疲倦的赵国去攻打强大的燕国，这是使弱小的赵国做强秦那种攻打邯郸一样的事情，而使强大的燕国做弱赵那种守卫邯郸一样的事情。而强大的秦国用休整的士兵趁着赵国破败疲倦突然打过来，这就是强大的吴国当初之所以灭亡，而弱小的越国之所以称霸的原因。所以我看不出燕国是可以进攻的。"平原君说："说得好！"

秦围赵之邯郸

原文

秦围赵之邯郸。魏安釐王使将军晋鄙救赵。畏秦，止于荡阴，不进。魏王使客将军辛垣衍间入邯郸①，因平原君谓赵王曰②："秦所以急围赵者，前与齐湣王争强为帝，已而复归帝③，以齐故。今齐已益弱。方今唯秦雄天下④，此非必贪邯郸，其意欲求为帝。赵诚发使尊秦昭王为帝，秦必喜，罢兵去。"平原君犹豫未有所决。

①客将军：非本国人而做将军，故名。　间：秘密。

②因：通过。

③已而：不久。

④方今：当今，现在。　雄：称雄。

秦军包围了赵国的都城邯郸。魏国安釐王派将军晋鄙领兵救援赵国。晋鄙惧怕秦军，驻扎在荡阴，不敢再前进。魏王派客籍将军辛垣衍乘围困不紧时秘密潜入邯郸，通过平原君对赵孝成王说："秦国所以急于围困赵国的原因，是从前秦昭王和齐湣王互相争胜称帝，不久秦昭王取消了帝号，就是由于齐湣王废去帝号的缘故。如今齐国已经日益衰弱。现在只有秦王能称雄天下了，这次秦国的行动不一定是贪图攻占邯郸，它的用意是想要称帝。赵国果真派出使者尊奉秦昭王为帝，秦王一定高兴，就会撤兵离邯郸而去。"平原君犹豫不决。

此时鲁仲连适游赵①，会秦围赵②。闻魏将欲令赵尊秦为帝，乃见平原君曰："事将奈何矣？"平原君曰："胜也何敢言事？百万之众折于外，今又内围邯郸而不能去③。魏王使将军辛垣衍令赵帝秦。今其人在是，胜也何敢言事？"鲁连曰："始吾以君为天下之贤公子也，吾乃今然后知君非天下之贤公子也。梁客辛垣衍安在？吾请为君责而归之。"平原君曰："胜请召而见之于先生。"平原君遂见辛垣衍曰："东国有鲁连先生，其人在此，胜请为绍介而见之于将军。"辛垣衍曰："吾闻鲁连先生，齐国之高士也④。衍，人臣也，使事有职。吾不愿见鲁连先生也。"平原君曰："胜已泄之矣⑤。"辛垣衍许诺。

①适：正好，恰巧。

②会：遇到。

③去：使……去，撤离。

④高士：品德行为高尚之士。

⑤泄：泄露，透露。

这时候鲁仲连恰巧在赵国游历，正遇到秦军围困邯郸。听说魏国准备让赵国尊奉秦王为帝，就去拜见平原君说："战事怎么样了？"平原君说："赵胜我怎么敢谈论这件事情？百万军队在外面遭到损失，如今秦兵又深入国内围困邯郸而不能使他们撤离。魏王派将军辛垣衍让赵国拥戴秦王称帝。现在这个人还在这里，赵胜我还怎么敢谈论这件事？"鲁仲连说："最初我把您当作天下的贤明公子，我从今以后才知道您不是天下的贤明公子。梁客辛垣衍在哪里？我要替您责备他并让他回去。"平原君说："让我叫他来见先生。"平原君于是会见辛垣衍说："齐国有位鲁仲连先生，这个人正在这里，让我介绍他会见将军。"辛垣衍说："我听说鲁仲连先生，是齐国品德高尚之士。我呢，只是人主的一个臣子，我出使到邯郸，有专职在身。我不想会见鲁仲连先生。"平原君说："我已经把您的情况告诉给他了。"辛垣衍这才答应会见。

鲁连见辛垣衍而无言。辛垣衍曰："吾视居此围城之中者，皆有求于平原君者也。今吾视先生之玉貌[①]，非有求于平原君者，曷为久居此围城之中而不去也？"鲁连曰："世以鲍焦无从容而死者[②]，皆非也。今众人不知，则为一身[③]。彼秦者，弃礼义而上首功之国也[④]。权使其士[⑤]，虏使其民。彼将肆然而为帝，过而遂正于天下[⑥]，则连有赴东海而死矣[⑦]。吾不忍为之民也！所为见将军者[⑧]，欲以助赵也。"辛垣衍曰："先生助之奈何？"鲁连曰："吾将使梁及燕助之。齐、楚则固助之矣[⑨]。"辛垣衍曰："燕则吾请以从矣。若乃梁[⑩]，则吾乃梁人也，先生恶能使梁助之耶？"鲁连曰："梁未睹秦称帝之害故也，使梁睹秦称帝之害，则必助赵矣。"

①玉貌：古代称人容貌的敬辞。如玉体、玉趾、玉颜等。

②无从容：不从容，心地狭隘。

③为一身：为个人打算。

④上：通"尚"，崇尚。

⑤权：权诈，名词作状语。

⑥过：甚，进一步。

⑦有：只有。

⑧所为：所以。

⑨固：本来。

⑩若乃：至于。

鲁仲连见到辛垣衍后却不说话。辛垣衍说："我看住在这围城里的人，都是有求于平原君的。现在我观察先生的容貌，不像是有求于平原君的人，为什么长期住在这个围城之中而不离开呢？"鲁仲连说："世人都以为鲍焦是因为心地狭隘才死的，其实都是不对的。现在一般人都不了解他，还认为他仅是为个人利益打算。秦国，是一个废弃礼义而崇尚斩首之功的国家。用权诈的手段役使他的士兵，用对待俘虏的办法役使他的民众。如果秦王将要肆无忌惮地自称为帝，进一步以政令统治天下各国，那么我鲁仲连只有跳进东海自杀了。我不忍心做他的百姓！我所以会见将军，是想借此机会帮助赵国。"辛垣衍说："先生怎么帮助呢？"鲁仲连说："我打算让魏国和燕国帮助他。齐、楚本来就是帮助赵国的国家。"辛垣衍说："燕国已听从魏国约请尊秦为帝了。至于说到魏国，那么我就是魏国人，先生怎么能使魏国帮助赵国呢？"鲁仲连说："这是因为魏国没有看到秦国称帝的危害，如果使魏国看到秦国称帝的危害，那么它一定会帮助赵国的。"

原文

辛垣衍曰："秦称帝之害将奈何？"鲁仲连曰："昔齐威王尝为仁义矣①，率天下诸侯而朝周。周贫且微，诸侯莫朝，而齐独朝之。居岁馀②，周烈王崩，诸侯皆吊，齐后往。周怒，赴于齐曰③：'天崩地坼④，天子下席。东藩之臣田婴齐后至，则斮之⑤。'威王勃然怒曰：'叱嗟，而母婢也⑥。'卒为天下笑。故生则朝周，死则叱之，诚不忍其求也。彼天子固然，其无足怪。"辛垣衍曰："先生独未见夫仆乎？十人而从一人者，宁力不胜，智不若耶？畏之也。"鲁仲连曰："然梁之比于秦若仆耶？"辛垣衍曰："然。"鲁仲连曰："然吾将使秦王烹醢梁王⑦。"辛垣衍怏然不悦曰⑧："嘻，亦太甚矣，先生之言也！先生又恶能使秦王烹醢梁王？"

①为仁义：行仁义之政。

②居：待。

③赴：通"讣"，报丧。

④崩：塌。　坼(chè)：裂。

⑤斮(zhuó)：通"斫"，斩杀。

⑥而：你的。

⑦烹醢(hǎi)：古代的酷刑。烹，烹煮。醢，剁成肉酱。　梁王：魏王。

⑧怏然：不高兴的样子。

译文

辛垣衍说："秦王称帝的危害将会怎样呢？"鲁仲连说："从前齐威王推行仁义之道，率领天下诸侯去朝见周天子。当时周天子贫困而且弱小，没有诸侯去朝见，只有齐威王去朝见他。过了一年多，周烈王驾崩，诸侯们都去吊唁，齐威王后到。周显王大怒，向齐国报丧说：'天子去世如同天塌地裂一样，新即位的天子也睡在草席上守丧。可是东方的藩臣田婴竟然最后才到，该杀了你。'齐威王勃然大怒说：'呸，你妈不过是个奴婢。'他终于被天下人所讥笑。为什么周烈王活着的时候就去朝见他，死后则骂他，实在是由于不堪忍受周国的苛求。天子本来是这样的，那是不足为怪的。"辛垣衍说："先生难道没有看见那奴仆吗？他们十个人跟从一个主人，难道是他们力量敌不过他，智慧赶不上他吗？是因为惧怕主人。"鲁仲连说："如此说来，魏国和秦国相比就像奴仆吗？"辛垣衍说："是的。"鲁仲连说："既然如此，那么，我将让秦王烹煮魏王把他剁成肉酱。"辛垣衍气愤不服，很不高兴地说："嘀，也太过分了，先生说的话！先生又怎么能让秦王烹煮魏王把他剁成肉酱呢？"

原文

鲁仲连曰："固也，待吾言之。昔者，鬼侯、鄂侯、文王，纣之三公也。鬼侯有子而好[①]，故入之于纣，纣以为恶，醢鬼侯。鄂侯争之急，辨之疾，故脯鄂侯[②]。文王闻之，喟然而叹，故拘之于牖里之库百日[③]，而欲舍之死。曷为与人俱称帝王，卒就脯醢之地也？齐闵王将之鲁，夷维子执策而从[④]，谓鲁人曰：'子将何以待吾君？'鲁人曰：'吾将以十太牢待子之君[⑤]。'维子曰：'子安取礼而来待吾君？彼吾君者，天子也。天子巡狩，诸侯辟舍[⑥]，纳筦键[⑦]，摄衽抱几，视膳于堂下，天子已食，退而听朝也。'鲁人投其籥[⑧]，不果纳。不得入于鲁，将之薛，假涂于邹。当是时，邹君死，闵王欲入吊。夷维子谓邹之孤曰：'天子吊，主人必将倍殡柩[⑨]，设北面于南方，然后天子南面吊也。'邹之群臣曰：'必若此，吾将伏剑而死。'故不敢入于邹。邹、鲁之臣，生则不得事养，死则不得饭含[⑩]。然且欲行天子之礼于邹、鲁之臣，不果纳。今秦万乘之国，梁亦万乘之国。俱据万乘之国，交有称王之名[⑪]，睹其一战而胜，欲从而帝之，是使三晋之大臣不如邹、鲁之仆妾也。且秦无已而帝[⑫]，则且变易诸侯之大臣[⑬]。彼将夺其所谓不肖，而予其所谓贤；夺其所憎，而与其所爱。彼又将使其子女谗妾为诸侯妃姬，处梁之宫，梁王安得晏然而已乎？而将军又何以得故宠乎？"

①子：女儿。上古时代男女通称为子。　好：貌美。《史记·殷本纪》曰："九侯有好女，入之纣，九侯女

不喜淫，纣怒杀之，而醢九侯。”

②争：诤。 辨：通“辩”。 脯(fǔ)：肉干，这里用作动词，即做成肉干。

③牖(yǒu)里：或作“羑里”，古地名，在今河南汤阴县北。 库：牢狱。字原作“车”，据鲍本、《史记》改。

④策：马鞭。

⑤太牢：牛、羊、猪各一，称太牢。

⑥诸侯辟舍：是说天子到诸侯国中，诸侯应当离开自己的宫室，让给天子，自己避居在外。辟，通“避”。

⑦纳：交出。 筦键：钥匙。筦，通“管”。

⑧籥：通“钥”。

⑨倍殡柩：把灵柩换到相反的方位。古代以坐北朝南为正位，故国君的灵柩放在北面。天子来吊丧，天子要面向南，这样就得把灵柩移到坐南朝北的方位。倍，通“背”。

⑩饭含：古代殡礼，在死者口中安放一些粮食，称为饭；在死者口中安放玉石，称为含。

⑪交：都。

⑫无已而帝：无休止地追求称帝。已，止。帝，称帝。

⑬变易：撤换。

鲁仲连说：“本来能这样，待我说明这个道理。从前，鬼侯、鄂侯、文王，是商纣王的三公。鬼侯有个女儿长得很美，就进献给纣王，纣王认为她长得丑，把鬼侯剁成肉酱。鄂侯一再规劝纣王，极力为鬼侯辩护，纣王把他杀死后做成肉干。周文王听到这件事后，长叹一声，纣王又把文王囚禁在牖里的牢狱里一百天，并且想要把他置于死地。为什么和别人同样号称帝王，却最终落到被人晒成肉干、剁成肉酱的地步？齐闵王将要到鲁国去，夷维子执鞭驾车随行，对鲁国人说：‘您打算用什么礼节接待我们的国君？’鲁国人说：‘我准备用牛羊猪各十头的礼节款待您的国君。’夷维子说：‘您是从哪里择取了这样的礼节来款待我们的君王？我们的国君是天子。天子到诸侯国视察，诸侯要从正殿搬出去，交出钥匙，提起衣襟摆设几案，在堂下伺候天子用饭，等天子吃过饭，诸侯才能退出去处理政务。’鲁国人闭门下锁，终于不让他入境。闵王没有进入鲁国都城，将要到薛国去，向邹国借道。正当这个时候，邹国国君去世，闵王想要入境吊唁。夷维子对邹国国君的遗孤说：‘天子前来吊唁，主人一定要把灵柩移到相反的方位，从朝南的方位移到朝北的方位，然后天子才能面向南方吊唁。’邹国的大臣们说：‘一定要这样做的话，我们就伏剑自杀。’所以闵王不敢进入邹国。邹国、鲁国的臣子们，在国君活着的时候不能侍奉供养，在他们死后也不能举行把米和玉放入口中的殡礼，然而当闵王想要把对待天子的礼节强加给邹、鲁两国大臣时，他们最终不肯接受。现在秦国是个万乘大国，魏国也是个万乘大国，两国都有称王的名分。魏国看见秦国打了一次胜仗，就想要服从并尊他为帝，这是使三晋的大臣不如邹、鲁两国的奴仆和姬妾。而且秦国无休止地要求称帝，一旦达到目的，就会撤换诸侯国的大臣。他将要剥夺他认为不贤的人的权力，而给予他所谓的贤明的人；剥夺他所憎恶的人，而把职位给他所喜欢的人。他还将要让他的女儿和好进谗言的姬妾充当诸侯的嫔妃姬妾，住在魏国的后宫里，魏王哪里能够平安快乐呢？而将军您又怎么能得到以前那样的恩宠呢？"

【原文】

于是，辛垣衍起，再拜谢曰："始以先生为庸人，吾乃今日而知先生为天下之士也。吾请去，不敢复言帝秦。"秦将闻之，为却军五十里[①]。

适会魏公子无忌夺晋鄙军以救赵击秦，秦军引而去[②]。于是平原君欲封鲁仲连。鲁仲连辞让者三，终不肯受。平原君乃置酒，酒酣，起前以千金为鲁连寿。鲁连笑曰："所贵于天下之士者，为人排患、释难、解纷乱而无所取也。即有所取者[③]，是商贾之人也，仲连不忍为也[④]。"遂辞平原君而去，终身不复见。

①却：退。

②引：向后退曰引。

③即：若。

④忍：能。

【译文】

辛垣衍听了这番话，赶快起身，向鲁仲连拜了两拜谢罪说："最初我以为先生是个平庸的人，今天我才认识到先生是天下的贤士。我请求离开这里，不敢再谈奉秦为帝的事了。"秦国将领听到这个消息，退兵五十里。

此时恰巧魏公子无忌夺得了晋鄙的军权来援救赵国，袭击秦军，秦军撤离了邯郸。于是平原君想封赏鲁仲连。鲁仲连辞谢多次，始终不肯接受。平原君就为他摆设酒宴，酒兴正酣时，平原君站起来，走到鲁仲连面前，拿出千金厚礼为鲁仲连祝寿。鲁仲连笑着说："人们所以看重天下之士，是因为他能够为别人排除忧患、解除苦难、消除纷乱而不要报酬。如果要什么酬劳，这就是做买卖的商人了，仲连我不能做这种人。"于是辞别平原君，离开邯郸，终生没有再来见他。

说张相国

【原文】

说张相国曰[①]："君安能少赵人[②]，而令赵人多君？君安能憎赵人，而令赵人爱君乎？夫胶漆，至黏也，而不能合远；鸿毛，至轻也，而不能自举。夫飘于清风，则横行四海。故事有简而功成者，因也。今赵万乘之强国也，前漳、滏，右常山，左河间，北有代，带甲百万，尝抑强齐，四十馀年而秦不能得所欲。由是观之，赵之于天下也不轻。今君易万乘之强赵[3]，而慕思不可得之小梁，臣窃为君不取也。”君曰：“善。”自是之后，众人广坐之中，未尝不言赵人之长者也，未尝不言赵俗之善者也。

①张相国：魏国人，相赵，常怀念魏国，轻视赵国。鲍彪注曰：“盖梁人相赵，尝怀梁而鄙赵者。”

②少：轻视。

③易：轻视。

有人游说张相国说：“您怎么能轻视赵国人，而又能使赵国人尊重您？您怎么能憎恶赵国人，而又能使赵国人爱戴您呢？胶漆是最黏的东西，可是却不能把两个相距很远的东西黏合在一起；鸿毛是最轻的东西，可是不能自己举起自己。如果它飘浮在清风中，即能在四海中横行。所以，简单的事情要想做成，也要借助客观条件。现在赵国是个万乘强国，它前面有天堑漳河、滏水，右面有险峻的常山，左面有河间那样的粮仓，北面有代地的丰富物产，有甲兵百万，曾经抑制过强大的齐国，四十多年来秦国不能实现它的欲望。由此看来，赵国在天下是不容轻视的。现在您却轻视万乘强国赵国，而爱慕思念那个不可能得到的小小魏国，我私下认为您的想法是不可取的。”张相国说：“好。”从此以后，在大庭广众之中，张相国没有不谈论赵国人长处的，没有不谈论赵国美好风俗的。

齐人李伯见孝成王

齐人李伯见孝成王，成王说之[1]，以为代郡守。而居无几何[2]，人告之反。孝成王方馈，不堕食[3]。无几何，告者复至，孝成王不应。已，乃使使者言：“齐举兵击燕，恐其以击燕为名，而以兵袭赵，故发兵自备。今燕、齐已合[4]，臣请要其敝[5]，而地可多割。”自是之后，为孝成王从事于外者，无自疑于中者[6]。

①说：通“悦”。

②居：处，就任。　无几何：没多久。

③馈：进食。　堕：废，止。

④合：交战。

⑤要：通"邀"。鲍彪注曰："两国战，必有一疲，因以兵邀击之。" 敝：疲。

⑥中：内心。

齐国人李伯去见赵孝成王，孝成王很喜欢他，把他封为代郡太守。担任太守没多久，有人告李伯谋反。当时孝成王正在吃饭，听到消息后，没有中止吃饭。没过多久，告发的人又来到孝成王面前，孝成王不理他。后来，李伯派使者向孝成王报告说："齐国发兵攻打燕国，我担心他们以攻燕为名，率兵偷袭赵国，所以发兵自己做好交战的准备。现在燕、齐已经交战，我请求率兵中途拦截疲敝的一方，这样就可以多割取其土地。"从此之后，为孝成王在外面办事的人，没有在心中怀疑孝成王不信任自己的。

赵太后新用事

赵太后新用事[①]，秦急攻之。赵氏求救于齐。齐曰："必以长安君为质[②]，兵乃出。"太后不肯，大臣强谏[③]。太后明谓左右："有复言令长安君为质者，老妇必唾其面。"

左师触龙言愿见太后，太后盛气而胥之[④]。入而徐趋，至而自谢，曰："老臣病足[⑤]，曾不能疾走[⑥]，不得见久矣。窃自恕，而恐太后玉体之有所郄也[⑦]，故愿望见太后。"太后曰："老妇恃辇而行。"曰："日食饮无衰乎？"曰："恃粥耳。"曰："老臣今者殊不欲食，乃自强步，日三四里，少益耆食[⑧]，和于身也[⑨]。"太后曰："老妇不能。"太后之色少解。

①用事：执政。

②质：人质。

③强谏：极力劝谏。强，指极力，一再。

④胥：待。

⑤病足：脚有毛病。

⑥曾：竟。

⑦郄(xì)：通"隙"，欠，不舒服。

⑧耆：通"嗜"。

⑨和：适。

译文

赵太后刚执政，秦国急速前来攻打。赵国向齐国求救。齐国说："必须用长安君作人质，才出兵。"赵太后不同意，大臣们一再劝谏。太后明确地对身边的侍臣们说："有再说让长安君去作人质的，我一定要唾他的脸。"

左师触龙说他希望谒见太后，太后怒气冲冲地等着他。触龙进宫以后做出快步急行的样子，到了太后面前自己谢罪说："老臣脚有毛病，竟不能快跑，很久不能谒见太后了。我自己原谅自己，但是又担心太后的身体有什么不舒服，所以希望谒见太后。"太后说："我靠车子行动。"触龙问："每天的饮食没有减少吧？"太后说："靠喝点粥罢了。"触龙说："老臣近来很不想吃东西，就自己勉强走走，每天走个三四里，才稍微有一点食欲，身体也感到舒适了。"太后说："老妇不行啊。"太后脸上的怒色稍稍缓和了一些。

原文

左师公曰："老臣贱息舒祺[①]，最少，不肖。而臣衰，窃爱怜之。愿令得补黑衣之数[②]，以卫王宫，没死以闻[③]。"太后曰："敬诺。年几何矣？"对曰："十五岁矣。虽少，愿及未填沟壑而托之[④]。"太后曰："丈夫亦爱怜其少子乎？"对曰："甚于妇人。"太后笑曰："妇人异甚[⑤]。"对曰："老臣窃以为媪之爱燕后贤于长安君。"曰："君过矣[⑥]，不若长安君之甚。"

左师公曰："父母之爱子，则为之计深远。媪之送燕后也，持其踵为之泣，念悲其远也，亦哀之矣。已行，非弗思也，祭祀必祝之，祝曰：'必勿使反[⑦]。'岂非计久长，有子孙相继为王也哉？"太后曰："然。"

①贱息："儿子"的谦辞。

②黑衣：当时赵国宫廷卫士的制服。

③没死：冒死。

④填沟壑："死"的谦辞。

⑤异：特别。

⑥过：错。

⑦反：通"返"。

左师公说："我的儿子舒祺，年龄最小，不成器。可是我衰老了，很疼爱他。希望能让他做一名宫中卫士，来保卫王宫，因此我冒着死罪来禀告太后。"太后说：

"好吧。他年龄多大了？"左师公回答说："十五岁了。虽然年纪小，但是希望在我没死之前把他托付给您。"太后说："男人也疼爱自己的小儿子吗？"回答说："比女人家疼爱得还厉害。"太后笑着说："女人们才特别厉害呢。"左师公说："老臣私下里认为您疼爱燕后胜过疼爱长安君。"太后说："您错了，我疼爱燕后不像疼爱长安君那么厉害。"

左师公说："父母疼爱儿女，就得替他们作长远打算。您老人家送燕后出嫁的时候，握住她的脚后跟对她哭泣，这是因为想到她离家远嫁心中悲伤、惦念，也真是可怜她了。燕后走了以后，不是不想念她，但是每当祭祀的时候总要为她祝福，祈祷说：'一定别让她回来。'这难道不是为她作长远打算，希望她有子孙后代世世为王吗？"太后说："是的。"

原文

左师公曰："今三世以前，至于赵之为赵，赵主之子孙侯者，其继有在者乎？"曰："无有。"曰："微独赵[①]，诸侯有在者乎？"曰："老妇不闻也。""此其近者祸及身，远者及其子孙。岂人主之子孙则必不善哉？位尊而无功，奉厚而无劳，而挟重器多也。今媪尊长安君之位，而封之以膏腴之地[②]，多予之重器，而不及今令有功于国。一旦山陵崩，长安君何以自托于赵？老臣以媪为长安君计短也，故以为其爱不若燕后。"太后曰："诺，恣君之所使之[③]。"

于是，为长安君约车百乘质于齐[④]，齐兵乃出。

子义闻之曰："人主之子也，骨肉之亲也，犹不得恃无功之尊，无劳之奉，而守金玉之重也，而况人臣乎？"

①微独：不但。

②膏腴：肥沃。

③恣：任凭。

④约车：准备车辆。

左师公说："从现在起上推至三代以前，一直到赵氏建立赵国的时候，赵国国君的子孙封侯的，他们的继承人还有在侯位的吗？"太后说："没有。"左师公说："不仅是赵国，其他诸侯的子孙封侯的，他们的继承人还有在侯位的吗？"太后说："我没有听说过。"左师公说："从近处看，这叫做灾祸降临于自己身上；从远处看，这叫做灾祸降临于他的子孙。难道国君的子孙就一定都不好吗？只是因为他们的地位尊贵而没有功勋，俸禄丰厚而没有劳绩，可是却拥有大量的贵重财宝。现在您使长安君的地位很显贵，并且分给他肥沃的土地，又多给他贵重的财宝，假如现在不赶快让他为国建功，有朝一日您百年之后，长安君凭什么在赵国立足？老臣认为您老人家为长安君考虑得太短浅了，所以我认为您对他的疼爱不如对燕后。”太后说：“好吧，任凭您派他到什么地方去。”

于是，为长安君准备了一百辆车到齐国去做人质，齐国的军队才出动了。

赵人子义听到这件事后说：“国君的儿子，虽然是骨肉之亲，尚且不能依靠没有功勋的高贵地位，没有劳绩的丰厚俸禄，来保住黄金美玉之类贵重的财宝，更何况是做臣子的呢？”

◎魏　策

《魏策》记载了魏国历史上的重大事件。《文侯与虞人期猎》通过描写魏文侯不失与虞人打猎的约定，刻画出魏文侯诚信的人物形象。《魏文侯与田子方饮酒而称乐》写田子方巧谏魏文侯要关心国家大事。《魏武侯与诸大夫浮于西河》写吴起劝谏魏武侯不要以河山之险来成就霸业。《魏公叔痤病》写魏惠王不听公叔痤的劝告，而使公孙鞅入秦，最终导致秦日益强大，而魏日渐削弱。《苏子为赵合从说魏王》写苏秦为赵国游说魏王参加合纵，摒弃连横。《张仪为秦连横说魏王》写张仪为秦游说魏王推行连横之策。《史举非犀首于王》写因史举在魏王面前诽谤公孙衍，公孙衍巧计使魏王不信史举。《五国伐秦》写在五国伐秦、无功而退之情形下，苏秦劝谏魏王不要与秦国讲和。《魏王令惠施之楚》写惠施巧计使楚王郊迎自己。《田需贵于魏王》写惠施劝谏魏王宠臣田需要善待左右。《梁王魏婴觞诸侯于范台》写鲁共公宴谈四种亡国之道，并以此劝谏魏惠王。《秦败魏于华魏王且入朝于秦》写魏国在华阳被秦国打败后，魏臣周䜣巧谏魏王不要去朝见秦王的故事。《华军之战》写孙臣以“抱薪救火”为喻，劝谏魏王取消段干崇出使秦国的计划。《秦使赵攻魏》写魏国以春秋时期虢虞之亡的故事劝谏赵国不要出兵攻打魏国。《白珪谓新城君》写白珪巧谏新城君要相信自己。《芮宋欲绝秦赵之交》写魏臣芮宋巧计断绝秦、赵二国的邦交。《魏王欲攻邯郸》写季梁巧谏魏王攻打邯郸之事，成语“南辕北辙”即出于此。《魏王与龙阳君共船而钓》写魏王宠姬龙阳君巧谏魏王，以取得终身恩宠。

文侯与虞人期猎

文侯与虞人期猎[①]。是日，饮酒乐，天雨。文侯将出，左右曰：“今日饮酒乐，天又雨，公将焉之？”文侯曰：“吾与虞人期猎，虽乐，岂可不一会期哉！”乃往，身自罢之[②]。魏于是乎始强。

①虞人：掌管山泽的官。　期猎：约定时间打猎。

②罢：通“疲”。

译文

魏文侯和管山泽的人约好一同去打猎。到了约定的那天，魏文侯喝酒喝得很高兴，天又下着雨。魏文侯准备出发，左右的大臣说："今天饮酒很快乐，天又下着雨，您准备到哪里去呢？"魏文侯说："我同管山泽的人约好一同去打猎，虽然现在很快乐，怎么可以不去赴约呢！"于是就去了，亲自通知虞人取消打猎的计划。魏国从此强盛起来了。

魏文侯与田子方饮酒而称乐

原文

魏文侯与田子方饮酒而称乐[①]。文侯曰："钟声不比乎[②]？左高。"田子方笑。文侯曰："奚笑？"子方曰："臣闻之，君明则乐官，不明则乐音。今君审于声[③]，臣恐君之聋于官也。"文侯曰："善，敬闻命。"

①田子方：名无择，学于子贡，为魏文侯师。　称乐：举乐，张乐。

②比：和谐，协调。

③审：了解。

魏文侯和田子方一边饮酒，一边听音乐。魏文侯说："钟声不协调了吧？左面的声音高。"田子方笑了起来。魏文侯说："为什么笑？"田子方说："我听说，国君英明就关心国家政事，不英明就偏爱音乐。现在您对音乐了解得很清楚，我担心您在政事方面一无所知啊。"魏文侯说："好，遵从您的指教。"

魏武侯与诸大夫浮于西河

原文

魏武侯与诸大夫浮于西河，称曰[①]："河山之险岂不亦信固哉！"王错侍坐曰："此晋之所以强也。若善修之，则霸王之业具矣。"吴起对曰："吾君之言，危国之道也；而子又附之[②]，是重危也。"武侯忿然曰："子之言有说乎？"吴起对曰："河山之险，信不足保也[③]；且伯王之业，不从此也。昔者，三苗之居，左彭蠡之波，右洞庭之水，汶山在其北，而衡山在其南，恃此险也，为政不善，而禹放逐之。夫夏桀之国，左天门之阴，而右天溪之阳，庐、睪在其北，伊、洛出其南，有此险也，然为政不善，而汤伐之。殷纣之国，左孟门而右漳、釜，前带河[4]，后被山[5]，有此险也，然为政不善，而武王伐之。且君亲从臣而胜降城[6]，城非不高也，人民非不众也，然而可得并者，政恶故也。从是观之，地形险阻奚足以霸王矣[7]！"武侯曰："善。吾乃今日闻圣人之言也！西河之政，专委之子矣。"

①称：称赞，夸耀。

②附：附和。

③保：保障，犹言依靠，屏障。

④带：绕。

⑤被：靠。

⑥降：攻克。

⑦奚：怎么。

魏武侯与大夫们一起在西河上荡舟游玩，魏武侯称赞说："河山形势这样险阻，国家岂不是很巩固吗？"王错陪坐说："这就是晋国强大的原因。如果好好地修筑它们，那么成就霸王之业的条件就具备了。"吴起回答说："我们国君的话，是危及国家的办法；而您又附和他，这是加重危险啊。"魏武侯生气地说："您说这话，有什么道理可以讲一讲吗？"吴起回答说："河山的险要，确实不能作为依靠；况且成就霸业，也不是从这里产生。从前，三苗居住的地方，左有彭蠡湖，右有洞庭湖，岷山在它的北面，衡山在它的南面，凭借这些险塞，却不能很好地治理政事，大禹放逐了他们。夏桀的国家，左靠天井关的北歧，右达天溪的北岸；庐山、睪山在它的北面，伊水、洛水在它的南部流过，有这样的险塞，然而不能很好地治理政事，商汤征伐了它。殷纣王的国家，左有孟门，右有漳水、滏水，前面有黄河，后有太行山，有这样的险塞，然而不能很好地治理政事，周武王征伐了它。况且大王亲自和我一起攻克过敌人的城邑，他们的城墙并非不高，百姓并非不多，然而却被兼并了，这是因为为政不良的缘故。由此看来，地形的险阻怎么能够用来成就霸王之业呢！"魏武侯说："对。我今天听到圣人的话了！西河地方的政事，我就专门委托给您了。"

魏公叔痤病

魏公叔痤病，惠王往问之。曰："公叔病，即不可讳[1]，将奈社稷何？"公叔痤对

曰:“痤有御庶子公孙鞅,愿王以国事听之也。为弗能听,勿使出竟[②]。”王弗应,出而谓左右曰:“岂不悲哉!以公叔之贤,而谓寡人必以国事听鞅,不亦悖乎[③]!”

公孙痤死,公孙鞅闻之,已葬,西之秦,孝公受而用之。秦果日以强,魏日以削。此非公叔之悖也,惠王之悖也。悖者之患,固以不悖者为悖。

①即:如果。　不可讳:“死”的婉辞。鲍彪注曰:“死者,人之所不能避,故云。”

②竟:通“境”。

③悖:乱,惑,糊涂。

魏国的公叔痤病重,魏惠王前去问候他。说:“您病重,如果有什么不幸,国家将怎么办呢?”公叔痤回答说:“我有一个家臣叫公孙鞅,希望大王在国事上听从他,假如不能听从,一定不要让他离开魏国。”魏惠王没有答应,出来后对左右大臣说:“难道不可悲吗!凭公叔痤的贤能,却对我说在国事上一定要听从公孙鞅的,岂不太糊涂了吗?”

公叔痤死了,公孙鞅听到后,埋葬完公叔痤,就向西去了秦国,秦孝公接纳并重用了他。秦国果然一天比一天强盛,魏国却一天比一天削弱。这不是公叔痤的糊涂,而是魏惠王的糊涂。糊涂人的祸患,本来就是把不糊涂的看成是糊涂的。

苏子为赵合从说魏王

苏子为赵合从,说魏王曰:“大王之地,南有鸿沟、陈、汝南、许、鄢、昆阳、邵陵、舞阳、新郪,东有淮、颍、沂、黄、煮枣、海盐、无疏,西有长城之界,北有河外、卷、衍、燕、酸枣,地方千里。地名虽小,然而庐田庑舍,曾无所刍牧牛马之地[①]。人民之众,车马之多,日夜行不休已,无以异于三军之众。臣窃料之,大王之国,不下于楚。然横人谋王,外交强虎狼之秦,以侵天下,卒有国患,不被其祸[②]。夫挟强秦之势,以内劫其主[③],罪无过此者。且魏,天下之强国也;大王,天下之贤主也。今乃有意西面而事秦,称东藩[④],筑帝宫[⑤],受冠带[⑥],祠春秋[⑦],臣窃为大王愧之[⑧]。

①曾:竟然。　刍:喂牛马的草。　牧:放牧。

②被:遭。

③劫:威胁,胁迫。

④藩:藩国,古代称臣服的国家叫藩国。

⑤筑帝宫:为秦王建筑行宫。鲍彪注:"为秦筑宫,备其巡幸。"

⑥受冠带:接受秦王赐给的服饰。鲍彪注:"受服于秦。"

⑦祠春秋:春秋两季给秦国纳贡,以助秦国祭祀之用。

⑧愧:惭愧,羞愧。

苏秦替赵国组织合纵,游说魏王说:"大王的土地,南有鸿沟、陈、汝南、许、鄢、昆阳、邵陵、舞阳、新郪,东有淮河、颍水、沂水、黄、煮枣、海盐、无疏,西有长城为边界,北面有河外、卷、衍、燕、酸枣,土地方圆千里。国土名义上虽小,然而田舍相间,竟没有可以割草放牧牛马的地方。百姓之众,车马之多,昼夜往来无休止,同三军士卒行军没什么两样。我暗自考虑,大王的国家,不在楚国之下。然而主张连横的人为大王谋画,外交强大的虎狼之国秦国,来侵夺天下,最终产生了国家的祸患,他们自己却遭受不到祸害。他们依仗强秦的势力,在国内胁迫他们的国君,罪过没有比这再大的了。况且魏国是天下的强国;大王是天下的贤君。现在竟然有意面向西而服侍秦国,称为秦国东面的藩国,为秦王修筑行宫,接受秦国的冠带制度,进贡秦国举行春秋祭祀,我私自替大王您感到惭愧。

"臣闻越王勾践以散卒三千,禽夫差于干遂[①];武王卒三千人,革车三百乘,斩纣于牧之野。岂其士卒众哉?诚能振其威也。今窃闻大王之卒,武力二十馀万[②],苍头二十万[③],奋击二十万,厮徒十万[④],车六百乘,骑五千匹。此其过越王勾践、武王远矣!今乃劫于辟臣之说,而欲臣事秦。夫事秦必割地效实[⑤],故兵未用而国已亏矣[⑥]。凡群臣之言事秦者,皆奸臣,非忠臣也。夫为人臣,割其主之地以求外交,偷一旦之功而不顾其后[⑦],破公家而成私门,外挟强秦之势以内劫其主,以求割地,愿大王之熟察之也。

①禽:通"擒"。

②武力:武卒,武士。

③苍头:指用青巾裹头的士兵。

④厮徒:杂役。

⑤效:献。

⑥亏:损失,削弱。

⑦偷:苟且。

"我听说越王勾践靠三千没有战斗力的士卒，在干遂擒获了吴王夫差；周武王率领三千名士卒，兵车三百辆，在牧野斩杀了殷纣王。难道是他们的士卒多吗？实在是因为这些士卒能够振奋自己的威势。我听说大王的士卒，有武士二十多万，青巾裹头的士卒二十万，勇士二十万，干杂役的士卒十万，战车六百辆，坐骑五千匹。这些已经远远超过了越王勾践、周武王！现在竟然被邪僻之臣的说教所胁迫，而要像做臣子那样服侍秦国。服侍秦国一定会割让土地、进献名器重宝，所以，没等打仗，国家就已经削弱了。凡是群臣之中说侍奉秦国的，都是奸臣，而不是忠臣。做臣子的，割让他们国君的土地来求得与外国交好，苟且窃取一时的功绩而不考虑后果，损害国家而去成就自己的小家，凭借国外强秦的势力在国内胁迫自己的国君，来求得割地苟安，希望大王仔细审察他们。

"《周书》曰：'绵绵不绝[①]，缦缦奈何[②]？毫毛不拔，将成斧柯[③]。'前虑不定，后有大患，将奈之何？大王诚能听臣，六国从亲，专心并力，则必无强秦之患。故敝邑赵王使使臣献愚计，奉明约，在大王诏之[④]。"魏王曰："寡人不肖，未尝得闻明教。今主君以赵王诏诏之[⑤]，敬以国从。"

①绵绵：软弱，细微，此指细细的藤蔓。

②缦：通"蔓"。

③斧柯：斧柄。

④在：随，任。

⑤主君：对苏秦的尊称。

"《周书》上说：'蔓藤细细不断，蔓延起来对它又能怎么样呢？刚刚萌芽的小树如不被拔掉，就将成为制作斧柄的材料。'事前疑虑拿不定主意，以后必有大的祸患，那时将怎么办呢？大王如果真能听从我的建议，六国合纵亲近，齐心协力，那么就一定不会有强秦的祸患。所以敝国赵王派我献上愚计，我国保证遵守合纵盟约，这一切都由大王您指示。"魏王说："寡人不贤，不曾听到英明的教诲。现在您把赵王的指示告诉了我，我们魏国参加合纵。"

张仪为秦连横说魏王

张仪为秦连横，说魏王曰："魏地方不至千里，卒不过三十万，地四平，诸侯四通，条达辐凑[①]，无有名山大川之阻。从郑至梁，不过百里；从陈至梁，二百馀里；马驰人趋，不待倦而至梁。南与楚境[②]，西与韩境，北与赵境，东与齐境，卒戍四方，守亭障者参列[③]，粟粮漕庾[④]，不下十万。魏之地势，故战场也[⑤]。魏南与楚而不与齐[⑥]，则齐攻其东；东与齐而不与赵，则赵攻其北；不合于韩，则韩攻其西；不亲于楚，则楚攻其南，此所谓四分五裂之道也。

①条达辐凑：犹言各诸侯国像树枝一样分布在魏国的周围，到魏国去就像车辐连接车毂一样直接。鲍彪注："如木枝分布，而四方凑之，如辐于毂。"

②境：接界，接壤。

③参：分。 列：散布。

④漕：水道运粮。 庾（yǔ）：露天的粮仓。此指水道运粮的粮仓。

⑤故：通"固"。

⑥与：联合。

译文

张仪为秦国组织连横，游说魏王说："魏国土地，方圆不到千里，士卒不超过三十万，地势四面平坦，四方与诸侯通达，各诸侯国像树枝一样分布在魏国周围，到魏国去就像车辐连接车毂一样直接，没有名山大川的阻挡。从郑国到魏国，不超过百里；从陈国到魏国，仅二百多里；马驰人跑，不等疲倦就到了魏国。魏国南面与楚国接境，西面与韩国接境，北面与赵国接境，东面与齐国接境，士卒要戍守四方的边界，守卫边境堡垒的士兵分散各处，水道运粮的粮仓不下十万个。魏国的地理形势，本来就是一个战场。魏国向南联合楚国而不联合齐国，那么齐国进攻它的东面；东面联合齐国而不联合赵国，那么赵国进攻它的北面；不同韩国联合，那么韩国就进攻它的西面；不亲近楚国，楚国就进攻它的南面，这就是所说的四分五裂啊！

"且夫诸侯之为从者，以安社稷、尊主、强兵、显名也。合从者，一天下[①]，约为兄弟，刑白马以盟于洹水之上，以相坚也。夫亲昆弟、同父母尚有争钱财，而欲恃诈伪反覆苏秦之馀谋，其不可成亦明矣。大王不事秦，秦下兵攻河外，拔卷、衍、燕、酸枣，劫卫取晋阳，则赵不南[2]；赵不南则魏不北，魏不北则从道绝，从道绝，则大王之国欲求无危不可得也。秦挟韩而攻魏，韩劫于秦，不敢不听。秦、韩为一国，魏之亡可立而须也[3]，此臣之所以为大王患也。为大王计，莫如事秦，事秦则楚、韩必不敢动；无楚、韩之患，则大王高枕而卧，国必无忧矣。

①一：联合。

②不南：不会向南援助。

③须：待。

“况且诸侯进行合纵，是为安定国家、使国君尊贵、使军队强大、使名声显赫。合纵，就是要联合各诸侯国，订立盟约结成兄弟之国，在洹水之上杀白马盟誓，借此巩固彼此的关系。亲兄弟、同父母尚且有争夺钱财的，而要凭借欺诈、虚伪、反复无常的苏秦的合纵的策谋，那不可能成功是显而易见的。大王不服侍秦国，秦国发兵进攻河外，攻取卷、衍、燕、酸枣，威胁卫国攻取晋阳，那么赵国就不会向南援助；赵国不向南援助，魏国就不会向北联合；魏国不向北联合，合纵的道路就断绝了，合纵的道路断绝，那么大王的国家想要没有危险是不可能的了。秦国胁迫韩国进攻魏国，韩国被秦国所逼迫，不敢不听从。秦、韩成为一个国家，魏国的灭亡就可马上到来，这就是我所以替大王担心的原因。为大王考虑，不如服侍秦国，服侍秦国，楚、韩一定不敢轻举妄动；没有楚、韩的祸患，大王就可高枕而卧，国家一定没有什么忧患了。

“且夫秦之所欲弱莫如楚，而能弱楚者莫若魏。楚虽有富大之名，其实空虚；其卒虽众，多然而轻走[1]，易北[2]，不敢坚战。魏之兵南面而伐，胜楚必矣。夫亏楚而益魏，攻楚而适秦[3]，嫁祸安国，此善事也。大王不听臣，秦甲出而东[4]，虽欲事秦而不可得也。

“且夫从人多奋辞而寡可信[5]，说一诸侯之王，出而乘其车；约一国而反，而成封侯之基。是故天下之游士，莫不日夜扼腕、瞋目[6]、切齿以言从之便，以说人主。人主览其辞，牵其说[7]，恶得无眩哉[8]？臣闻积羽沉舟，群轻折轴，众口铄金[9]，故愿大王之熟计之也。”魏王曰：“寡人蠢愚，前计失之。请称东藩，筑帝宫，受冠带，祠春秋，效河外[10]。”

①走：逃。

②北：败。

③适：归，附。

④甲：兵。

⑤奋辞：说大话，夸夸其谈。

⑥瞋（chēn）目：发怒或激愤时睁大眼睛。

⑦牵：牵制。

⑧恶：何，怎么。 眩（xuàn）：眼花，此指迷惑，迷乱。

⑨铄（shuò）：熔化金属。

⑩效：献。

译文

“况且秦国想要削弱的国家，没有比得上楚国的，而能够削弱楚国的国家，没有比得上魏国的。楚国虽然富有强大的名声，实际却很空虚；它的士卒虽然很多，但是多容易逃跑，容易败北，不敢打硬仗。魏国的军队向南征伐，一定能战胜楚国，使楚国亏损而让魏国获益，进攻楚国而取悦秦国，转嫁祸患安定国家，这是一件好事。大王如果不听从我的建议，秦国出兵向东进攻，即使想要侍奉秦国也做不到了。

“况且主张合纵的人，大多只会说大话，而很少值得信赖，他们游说一个诸侯，出来就乘上诸侯送给的车子；同一个国家缔结了合纵之盟，返回本国就有了封侯的基础。所以，天下的游说之士，没有不日夜握住手腕、睁大眼睛、咬牙切齿来谈论合纵的好处，以此来游说国君。国君看到他们的陈词，被他们的说教所牵制，怎么能不迷乱呢？我听说羽毛积累起来能够使船沉没，很轻的东西，堆积起来，也能够把车轴压断，众口一词，足可以使金属熔化，所以希望大王仔细考虑这件事。”魏王说：“寡人愚蠢，以前的策略错了。请允许我国向秦国称臣，为秦王修筑行宫，接受秦国的冠带制度，进贡秦国举行春秋祭祀，进献河外之地。”

史举非犀首于王

史举非犀首于王[①]，犀首欲穷之，谓张仪曰：“请令王让先生以国，王为尧、舜矣；而先生弗受，亦许由也。衍请因令王致万户邑于先生。”张仪说[②]，因令史举数见犀首。王闻之而弗任也，史举不辞而去。

①非：非议。
②说：通“悦”。

史举在魏王面前说公孙衍的坏话，公孙衍想要使史举陷入困境，就对张仪说：“请让我使魏王把魏国让给先生，这样魏王就成了尧、舜一样的君主了；而先生您却辞谢不受，也就成了许由一样的贤人。我因此再使魏王给先生一座万户人家的城邑。”张仪大为高兴，于是让史举多次去拜见公孙衍。魏王听说史举多次拜见公孙衍，就不再信任史举了，史举因此没有告别就离开了魏国。

五国伐秦

五国伐秦，无功而还。其后，齐欲伐宋，而秦禁之。齐令宋郭之秦，请合而以伐宋。秦王许之。魏王畏齐、秦之合也，欲讲于秦[①]。谓魏王曰：“秦王谓宋郭曰：‘分宋之城，服宋之强者，六国也。乘宋之敝，而与王争得者，楚、魏也。请为王毋禁楚之伐魏也，而王独举宋[②]。王之伐宋也，请刚柔而皆用之。如宋者，欺之不为逆，杀之不为仇者也。王无与之讲以取地，既已得地矣，又以力攻之，期于啖宋而已矣[③]。’

“臣闻此言，而窃为王悲，秦必且用此于王矣，又必且困王以求地，既已得地，又且以力攻王。又必讲王，因使王轻齐，齐、魏之交已丑[④]，又且收齐更索于王[⑤]。秦尝用此于楚矣，又尝用此于韩矣，愿王之深计之也。秦善魏不可知也已。故为王计，太上伐秦，其次宾秦[⑥]，其次坚约而详讲[⑦]，与国无相仇也。秦、齐合，国不可为也已。王其听臣也，必无与讲。

①讲(gòu)：通“媾”，讲和。
②而：则。　举：攻取，灭。
③啖：吃，犹言吞没。
④丑：恶。此指恶化。
⑤索：此言求地。
⑥宾：通“摈”，摈弃，对抗。
⑦详：通“佯”，假装。

韩、赵、魏、燕、齐五国联兵伐秦，没有战功而返回来。在这之后，齐国要讨伐宋国，秦国制止了它。齐国派宋郭去秦国，请求联合进攻宋国。秦王答应了。魏王害怕齐、秦的联合，也要同秦讲和。苏秦对魏王说："秦国对宋郭说：'分割宋国的城邑，击败宋国的，是东方六国。趁宋国衰弱，而同大王争利的，是楚、魏。请允许我们为了大王而不去阻止楚国进攻魏国，这样大王就可以独自攻取宋国了。大王进攻宋国，刚柔两种手段都可以使用。像宋国这样的国家，欺侮它不算大逆不道，攻灭它不算结仇。大王不要和宋国讲和来得到土地，得到土地以后，再加强兵力进攻它，目的是最终灭掉宋国而已。'

"我听了这些话，私下替大王悲哀，秦国一定会用这种方法来对待大王，也一定会使大王陷入困境来索求土地，已经获得土地，又将用武力进攻大王。又一定会同大王讲和，于是使大王轻慢齐国，齐、魏的邦交恶化后，秦国又将联合齐国再向大王索取土地。秦国曾经对楚国用过这种策略，也曾对韩国用过这种策略，希望大王仔细考虑这件事。秦对魏友好是不可信的。所以替大王考虑，最上策是进攻秦国，其次是摒弃秦国，再次是同盟国坚守信约而同秦国假装讲和，同其他国家彼此不结仇。秦、齐联合，魏国就不可能保持下去了。大王还是听我吧，一定不要同秦国讲和。

"秦权重，魏冉明孰，是故又为足下伤秦者，不敢显也。天下可令伐秦，则阴劝而弗敢图也。见天下之伤秦也，则先鬻与国而以自解也[1]。天下可令宾秦，则为劫于与国而不得已者[2]。天下不可，则先去，而以秦为上交以自重也。如是人者，鬻王以为资者也，而焉能免国于患？免国于患者，必穷三节而行其上[3]，上不可则行其中，中不可则行其下，下不可则明不与秦，而生以残秦[4]，使秦皆无百怨百利，唯已之曾安[5]。令足下鬻之以合于秦[6]，是免国于患者之计也[7]，臣何足以当之？虽然，愿足下之论臣之计也。

①鬻(yù)：出卖。

②劫：胁迫。

③穷：研究，探究。

④生以残秦：吴师道云："不能伐，不能摈，又不能媾，必为秦所伐，则誓斗而必死，不与秦俱生以残秦。"

⑤曾：则。

⑥合：求和。

⑦是：这种。

“秦国权势过大，魏冉明习于诸侯之事，因此即使有为您损伤秦国的，也不敢明显地表现出来。天下诸侯可以号令攻伐秦国，就会有人暗中劝告而不敢图谋伐秦了。看到天下诸侯损伤秦国，就先出卖盟国来自我解脱。天下诸侯能够号令摒弃秦国，是受到盟国的胁迫而不得已响应。天下诸侯无法做到，自己就会首先背叛诸侯，而把秦国作为上等的邦交来保全自己。像这样的人，把出卖大王作为资本，怎能免除国家的祸患呢？能使国家免除祸患的人，必须探究上、中、下三种策略，去实行上策。上策不行，就实行中策；中策不行，就实行下策；下策不行，就明确表示与秦国决不妥协，只要活着就要消灭秦国。要使秦国不给别国造成多种怨恨，他自己也得不到各种利益，只有灭亡秦国才能安宁。让您出卖盟国来向秦国求和，这种免除国家祸患的计策，我不知道它有什么可取之处呢？既然如此，我还是希望大王您能考虑我的计策。

“燕、齐仇国也，秦，兄弟之交也，合仇国以伐婚姻，臣为之苦矣[①]。黄帝战于涿鹿之野，而西戎之兵不至；禹攻三苗，而东夷之民不起[②]。以燕伐秦，黄帝之所难也，而臣以致燕甲而起齐兵矣。臣又偏事三晋之吏[③]，奉阳君、孟尝君、韩珉、周最、韩余为从而下之[④]，恐其伐秦之疑也，又身自丑于秦。初之请焚天下秦符者，臣也；次传焚符之约者[⑤]，臣也；欲使五国约闭秦关者，臣也。奉阳君、韩余为既和矣，苏修、朱婴既皆阴在邯郸[⑥]，臣又说齐王而往败之。天下共讲，因使苏修游天下之语[⑦]，而以齐为上交，兵请伐魏，臣又争之以死，而果西因苏修重报[⑧]。臣非不知秦权之重也，然而所以为之者，为足下也。”

①苦：难。

②不起：不起兵响应。

③偏：通“徧”，遍。

④韩余为：一作“韩徐为”，赵国大臣。

⑤传：通，联络。

⑥阴：秘密。

⑦游：宣扬。　语：论。

⑧重报：因齐不伐魏，因此苏修再报秦王。重，再。

"燕、齐是仇国，燕、齐同秦国是兄弟之国，让燕、齐这样的仇国联合起来，去攻打燕国的婚姻之国秦国，我认为难以办到。黄帝在涿鹿之野作战，而西戎的军队没有赶到；大禹攻打三苗，而东夷的百姓没有起来响应。使燕国进攻秦国，是黄帝也为难的事，而我可以召来燕国军队并使齐国起兵响应。我又辅佐侍奉三晋的大臣，跟从奉阳君、孟尝君、韩珉、周最、韩余为，并且列在他们之下，唯恐他们攻伐秦国疑虑不定，自身又同秦国决裂。一开始请求诸侯焚烧秦国符信以与秦国断交的，是我；联络诸侯结盟的，是我；使五国结盟不与秦国通好的，也是我。奉阳君、韩余为已经和睦了，苏修、朱婴已经都秘密住在了邯郸，我又游说齐王前去瓦解他们的合秦之约。诸侯已经和好，秦国又派苏修宣扬诸侯的言论，而把齐国作为最好的邦交，请求发兵攻魏，我又以死去说服齐国不伐魏国，苏修终究因此西入秦国再去报告秦王。我并非不知道秦国权势大，但我所以这样做的原因，都是为了您啊。"

魏王令惠施之楚

魏王令惠施之楚，令犀首之齐。钧二子者[1]，乘数钧，将测交也。施因令人先之楚，言曰："魏王令犀首之齐，惠施之楚，钧二子者，将测交也。"楚王闻之，因郊迎惠施[2]。

①钧：通"均"。

②郊迎：国君亲自到郊外迎接使节，这是尊礼。

魏王命惠施出使楚国，命公孙衍出使齐国。使两人出使的车辆数目相等，平均他们出使的车辆数目，是要推测两国与魏国交情的深浅。惠施于是派人先去楚，声言说："魏王命公孙衍出使齐国，惠施出使楚国，平均二人随从的车辆数目，将要以此来推测两国与魏国交情的深浅。"楚王听说后，于是到郊外迎接惠施。

田需贵于魏王

原文

田需贵于魏王[1]，惠子曰："子必善左右[2]。今夫杨，横树之则生[3]，倒树之则生，折而树之又生。然使十人种杨，一人拔之，则无生杨矣④。故以十人之众，树易生之物，然而不胜一人者，何也？树之难而去之易也。今子虽自树于王，而欲去子者众，则子必危矣。”

①贵：显贵，此指宠信。

②善：亲善。

③树：栽种。

④生：活。

田需很受魏王的宠信，惠施说：“您对大王左右的人一定要亲善。您看那杨树，横着栽能活，倒着栽能活，折一枝栽上也能活。然而让十个人来栽杨树，一个人来拔掉它们，那么就没有活着的杨树了。所以用十个人来栽容易成活的东西，却抵不过一个人的毁坏，为什么呢？栽种困难而除掉容易啊！现在您自己虽然在大王那里得到了信任，而如果要除掉您的人很多，那么您一定危险了。”

梁王魏婴觞诸侯于范台

梁王魏婴觞诸侯于范台①。酒酣，请鲁君举觞。鲁君兴②，避席择言曰：“昔者，帝女仪狄作酒而美③，进之禹，禹饮而甘之，遂疏仪狄，绝旨酒。曰：‘后世必有以酒亡其国者。’齐桓公夜半不嗛④，易牙乃煎敖燔炙⑤，和调五味而进之，桓公食之而饱，至旦不觉⑥，曰：‘后世必有以味亡其国者。’晋文公得南之威⑦，三日不听朝，遂推南之威而远之，曰：‘后世必有以色亡其国者。’楚王登强台而望崩山，左江而右湖，以临彷徨，其乐忘死，遂盟强台而弗登，曰：‘后世必有以高台陂池亡其国者。’今主君之尊，仪狄之酒也；主君之味，易牙之调也；左白台而右闾须⑧，南威之美也；前夹林而后兰台，强台之乐也。有一于此，足以亡其国。今主君兼此四者，可无戒与！”梁王称善相属⑨。

①觞（shāng）：古代饮酒器，此指宴饮。

②兴：起。

③帝女仪狄作酒：姚本“女”字下有“令”字。姚注：“一本无令字。”无“令”字是也。仪狄即帝女。今删“令”字。

④不嗛（qiàn）：此指厌食。嗛，衔在口中。

⑤易牙:齐桓公宠臣,善于烹饪。 敖:通"熬"。 燔:烤。 炙:同"燔"义。皆为烹调的方法。
⑥不觉:不醒。
⑦南之威:即南威,古代美女。
⑧白台、闾须:均为美人名。
⑨属:戒。

魏惠王魏婴在范台宴请鲁、卫、宋、郑各国诸侯。当酒兴正浓时,魏惠王请鲁共公向诸侯祝酒。鲁共公站了起来,离开座位,选择好祝酒词说:"从前,帝女仪狄造出味道很美的酒,进献给禹,禹喝了认为味道甜美,就疏远了仪狄,从此拒不喝美酒,说:'后世一定有因为饮酒亡掉他的国家的。'齐桓公夜半厌食,易牙就煎熬燔烤,调和五味做成吃的进献给齐桓公,齐桓公吃得很饱,睡到了天明也没有醒来,就说:'后世一定有因为美味亡掉他的国家的。'晋文公得到美人南威,三日不听朝政,于是将南威推到一边并疏远她,说:'后世一定有因为女色而亡掉他的国家的。'楚王登上强台而望巫山,左有长江,右有洞庭湖,居高临下,徘徊难去,快乐得忘记了生死,于是发誓不再登临强台,说:'后世一定有因为高台水池亡掉他的国家的。'现在凭大王您的尊贵,杯中是仪狄的美酒;您的食物,是易牙调出的美味;左有白台而右有闾须,都是南威一样的美女;前有夹林后有兰台,如同登临强台一样的快乐。四种快乐有一种,足可以灭亡国家。现在您兼有这四种,可以不戒备吗!"魏王连声称赞鲁君的话,并告诉在座的诸侯要引以为戒。

秦败魏于华魏王且入朝于秦

秦败魏于华,魏王且入朝于秦①。周䜣谓魏王曰②:"宋人有学者,三年反而名其母③。其母曰:'子学三年,反而名我者,何也?'其子曰:'吾所贤者,无过尧、舜,尧、舜名;吾所大者,无大天地,天地名。今母贤不过尧、舜,母大不过天地,是以名母也。'其母曰:'子之于学者,将尽行之乎?愿子之有以易名母也。子之于学也,将有所不行乎?愿子之且以名母为后也。'今王之事秦,尚有可以易入朝者乎?愿王之有以易之,而以入朝为后。"魏王曰:"子患寡人入而不出邪?许绾为我祝曰④:'入而不出,请殉寡人以头。'"周䜣对曰:"如臣之贱也,今人有谓臣曰:'入不测之渊而必出,不出,请以一鼠首为女殉者。'臣必不为也。今秦不可知之国也,犹不测之渊也;而许绾之首,犹鼠首也。内王于不可知之秦,而殉王以鼠首,臣窃为王不取也。且无梁孰与无河内急?"王曰:"梁急。""无梁孰与无身急?"王曰:"身急。"

曰："以三者，身，上也；河内，其下也。秦未索其下⑤，而王效其上⑥，可乎？"

①且：将要。

②周䜣（xī）：魏臣。

③反：通"返"。　名其母：称其母之名。

④祝：犹言发誓。

⑤索：索取。

⑥效：献。

秦国在华阳打败了魏国，魏王将要到秦国去朝见秦王。周䜣对魏王说："宋国有个求学的人，出门在外三年回来后直呼母亲的名字。他的母亲说：'你求学三年，回来后反而直呼我的名字，为什么？'她的儿子说：'我所知道贤明的人，没有超过尧、舜的了，可是人们都喊尧、舜的名字；我所知道大的事物，没有超过天地的了，可是人们都直接叫天和地的名字。现在母亲贤不过尧、舜，母亲大不过天地，因此称呼母亲名字。'他的母亲说：'你对于自己所学的，准备全都实行吗？如果准备全都实行，我希望你换个称呼来称呼你母亲的名字。你对于你所学的，是不是不准备都实行呢？如果不准备都实行，我希望你叫母亲名字的作法往后搁一搁。'现在大王您准备朝拜秦王，是不是可以换个别的办法呢？我希望大王能够换个别的办法，而把到秦国朝拜的事放在后边。"魏王说："您是担忧寡人进入秦国而出不来吗？许绾对我发誓说：'如果进去了出不来，请用我的头为您殉葬。'"周䜣回答说："像我这样地位低下的人，如果现在有人对我说：'进入不可测的深渊一定能出来，出不来用一个老鼠脑袋为你殉葬。'我一定不去做。如今秦国是不可测知的国家，犹如不可测的深渊；而许绾的脑袋，犹如老鼠的脑袋。使大王陷入不可测知的秦国，而用一个老鼠脑袋来为大王殉葬，我认为大王您是不会这样干的。况且失去大梁与失去河内哪个更紧急呢？"魏王说："失去大梁更紧急。""失去大梁和失去自己的生命，哪个更紧急呢？"魏王说："丢掉性命更紧急。"周䜣说："从这三者看，身家性命是最主要的；失去河内是最次要的。秦国还没有索取最次要的，而大王却献上最主要的，可以这样做吗？"

王尚未听也①。支期曰："王视楚王。楚王入秦，王以三乘先之；楚王不入，楚、魏为一，尚足以捍秦。"王乃止。王谓支期曰："吾始已诺于应侯矣，今不行者欺之矣。"支期曰："王勿忧也。臣使长信侯请无内王，王待臣也。"

支期说于长信侯曰："王命召相国。"长信侯曰："王何以臣也？"支期曰："臣不知也，王急召君。"长信侯曰："吾内王于秦者，宁以为秦邪[2]？吾以为魏也。"支期曰："君无为魏计，君其自为计。且安死乎？安生乎？安穷乎？安贵乎？君其先自为计，后为魏计。"长信侯曰："楼公将入矣，臣今从。"支期曰："王急召君，君不行，血溅君襟矣。"长信侯行，支期随其后，且见王，支期先入谓王曰："伪病乎而见之，臣已恐之矣[3]。"长信侯入见王，王曰："病甚奈何？吾始已诺应侯矣，意虽道死，行乎？"长信侯曰："王毋行矣！臣能得之于应侯[4]，愿王无忧。"

①尚：还。

②宁：岂，难道。

③恐：恐吓，吓唬。

④得之于应侯：鲍彪注曰："能使应侯止王之行。"

魏王还是不听。支期说："大王先看楚王。如果楚王去秦国，大王用三辆车抢在他的前面；楚王不去秦国，楚、魏联合为一，还足可以抵抗秦国。"魏王才没有出发。魏王对支期说："我起初已经答应秦国应侯了，现在不去，那是欺骗人家。"支期说："大王不要忧虑。我让长信侯请求秦国不让您去，大王请等我的消息吧。"

支期对长信侯说："大王下令召见相国。"长信侯说："大王为什么召见我？"支期说："我不知道，大王召您速去。"长信侯说："我送大王去秦国，难道是为了秦国吗？我是为了魏国。"支期说："您不要为魏国打算了，您还是为自己考虑一下吧。您是想死？还是想活？您是想穷？还是想富？您还是先为自己打算吧，然后再为魏国打算。"长信侯说："楼缓要来了，让我随他同去。"支期说："大王紧急召见您，您不去，血就要溅到你的衣襟上了。"长信侯只好走，支期跟在他的后面，将要见到魏王，支期先走进去对魏王说："您伪装得了重病接见他，我已经恐吓他一番了。"长信侯进来拜见魏王，魏王说："病得这么厉害，怎么办呢？我起初已经答应应侯了，心想即使死在道上，看来也得走了！"长信侯说："大王不要去了！我能使应侯不让您到秦国去，希望大王不要忧虑。"

华军之战

华军之战，魏不胜秦。明年，将使段干崇割地而讲。孙臣谓魏王曰："魏不以败之上割[1]，可谓善用不胜矣；而秦不以胜之上割，可谓不能用胜矣。今处期年乃欲割[②],是群臣之私而王不知也。且夫欲玺者段干子也,王因使之割地;欲地者秦也,而王因使之受玺。夫欲玺者制地,而欲地者制玺,其势必无魏矣。且夫奸臣固皆欲以地事秦。以地事秦,譬犹抱薪而救火也,薪不尽则火不止。今王之地有尽,而秦之求无穷,是薪火之说也。"魏王曰:"善。虽然,吾已许秦矣,不可以革也[③]。"对曰:"王独不见夫博者之用枭邪?欲食则食,欲握则握。今君劫于群臣而许秦,因曰不可革,何用智之不若枭也?"魏王曰:"善。"乃案其行[④]。

①上:当时。
②期年:一周年。
③革:改变,更改。
④案:止。

在华阳两军交战时,魏国没有战胜秦国。第二年,魏王派段干崇去向秦国割地讲和。孙臣对魏王说:"魏国不因战败而在当时割地,可以说善于应付失败的局面;而秦国不因为取得胜利而在当时要求割地,可以说不善于利用取胜的时机。现在过了一年又想割地,这是群臣怀有私心而大王却没有发现。况且想得到秦国印玺的是段干崇,大王却派他去割让土地;想要得到土地的是秦国,而大王却让秦国授予段干崇印玺。想要得到印玺的掌管土地,想要得到土地的掌管印玺,这种形势发展下去,魏国一定要灭亡了。再说奸臣本来都想用土地去侍奉秦国。用土地去侍奉秦国,犹如抱着干柴去救火,干柴不烧尽火就不会熄灭。现在大王的土地有割尽的时候,而秦国的贪求却没有止境,这同抱柴救火是一样的。"魏王说:"对。虽然如此,但是我已经答应秦国了,不能更改了。"孙臣回答说:"大王难道没见过赌博的人使用枭子吗?想吃子就吃子,想握在手里就握在手里。现在您受到群臣的胁迫而答应了秦国,就说不能更改,为什么你运用智谋还不如赌博时运用枭子呢?"魏王说:"好吧。"于是阻止了段干崇出使秦国。

秦使赵攻魏

秦使赵攻魏,魏谓赵王曰:"攻魏者,亡赵之始也。昔者,晋人欲亡虞而伐虢,伐虢者,亡虞之始也。故荀息以马与璧假道于虞[①],宫之奇谏而不听,卒假晋道。晋人伐虢,反而取虞[②]。故《春秋》书之,以罪虞公。今国莫强于赵,而并齐[③]、秦,王贤而有声者相之[④],所以为腹心之疾者,赵也。魏者,赵之虢也;赵者,魏之虞也。听秦而攻魏者，虞之为也。愿王之熟计之也。”

①假：借。
②反：通“返”。
③并：等。
④有声者：有声望的人。

秦国让赵国攻打魏国，魏国派人对赵王说：“攻打魏国，是灭亡赵国的开始。从前，晋国人想灭亡虞国而去讨伐虢国，讨伐虢国，是灭亡虞国的开始。因此荀息用良马和璧玉向虞国借道，宫之奇劝谏而虞国国君不听，最终借道给晋国。晋国人讨伐虢国，回来的时候攻取了虞国。所以《春秋》记载这件事，谴责虞国国君。现在没有哪个国家比赵国强大，其国力可以同齐国、秦国并列，大王贤明并用有声望的人做相国，秦国认为是心腹之患的，只有赵国。魏国，就如同赵国的虢国。赵国，就如同魏国的虞国。听从秦国而去进攻魏国，这是同虞国借道给晋国一样的行为，希望大王仔细考虑这件事。”

白珪谓新城君

白珪谓新城君曰：“夜行者能无为奸[①]，不能禁狗使无吠己也[②]。故臣能无议君于王，不能禁人议臣于君也。”

①奸：邪，恶。
②禁：止。

【译文】

白珪对新城君说：“走夜路的人能够不做坏事，却不能禁止狗对自己的狂叫。所以我能够做到在秦王面前不议论您，却不能禁止别人在您面前议论我。”

芮宋欲绝秦赵之交

【原文】

芮宋欲绝秦[①]、赵之交，故令魏氏收秦太后之养地。秦王怒。芮宋谓秦王曰：

"魏委国于王而王不受②,故委国于赵也。李郝谓臣曰③:'子言无秦,而养秦太后以地,是欺我也。'故敝邑收之。"秦王怒,遂绝赵也。

①芮宋:魏国大臣。

②委:托付。

③李郝:赵臣。

魏臣芮宋想要断绝秦、赵二国的邦交,所以让魏国收回了供养秦太后的土地。秦王大怒。芮宋对秦王说:"魏国把国家托付给大王而大王却不接受,所以只好托付给赵国。赵臣李郝对臣下说:'您说同秦国没有联系了,却用土地供养秦太后,这是欺骗我。'因此敝国收回了土地。"秦王大怒,于是断绝了同赵国的邦交。

魏王欲攻邯郸

魏王欲攻邯郸,季梁闻之,中道而反①,衣焦不申②,头尘不去,往见王曰:"今者臣来,见人于大行③,方北面而持其驾,告臣曰:'我欲之楚。'臣曰:'君之楚,将奚为北面?'曰:'吾马良。'臣曰:'马虽良,此非楚之路也。'曰:'吾用多④。'臣曰:'用虽多,此非楚之路也。'曰:'吾御者善。''此数者愈善,而离楚愈远耳。'今王动欲成霸王,举欲信于天下,恃王国之大⑤,兵之精锐⑥,而攻邯郸,以广地尊名,王之动愈数,而离王愈远耳,犹至楚而北行也。"

①中道:半路。

②焦:卷曲,此指皱折。　申:通"伸",平展。

③大行:大路,大道。

④用:资,路费,盘缠。

⑤恃:依仗。

⑥兵:武器。

魏王想要攻打邯郸,季梁听说后,半路上就返了回来,衣服的皱折没来得及平展,头上的尘土没来得及洗去,就前去拜见魏王说:"我今天回来的时候,在大路上看见一个人,正朝着北面赶他的车,告诉我说:'我要到楚国去。'我说:'您要

到楚国去，为什么往北走？'他说：'我的马好。'我说：'马虽好，可这不是去楚国的路啊。'他说：'我的路费多。'我说：'路费虽多，这不是去楚国的路啊。'他又说：'我的车夫驾车技术好。''这几样越好，离楚国就越远了。'现在大王一切行动想成就霸业，一切措施想取信于天下，然而依仗大王国家的强大，武器的精锐，而去攻打邯郸，便扩大土地提高声望，大王的行动越多，离大王的事业就越远，就像到楚国去却往北走一样。"

魏王与龙阳君共船而钓

魏王与龙阳君共船而钓，龙阳君得十馀鱼而涕下[①]。王曰："有所不安乎？如是，何不相告也？"对曰："臣无敢不安也。"王曰："然则何为涕出？"曰："臣为臣之所得鱼也。"王曰："何谓也？"对曰："臣之始得鱼也，臣甚喜，后得又益大[②]，今臣直欲弃臣前之所得矣。今以臣凶恶[③]，而得为王拂枕席。今臣爵至人君，走人于庭[④]，辟人于途[⑤]。四海之内，美人亦甚多矣，闻臣之幸于王也，必褰裳而趋王[⑥]。臣亦犹曩臣之前所得鱼也[⑦]，臣亦将弃矣，臣安能无涕出乎？"魏王曰："误！有是心也，何不相告也？"于是布令于四境之内曰："有敢言美人者，族[⑧]。"

①涕：泪。

②益：更。

③凶恶：此指面貌丑陋。

④走：趋。　庭：通"廷"。

⑤辟：通"避"。

⑥褰(qiān)：揭，提起。

⑦曩(nǎng)：以往，从前。

⑧族：灭族。

魏王和宠姬龙阳君同在一条船上钓鱼，龙阳君钓了十多条鱼却流下了眼泪。魏王说："你是不是有不高兴的事？如果有，为什么不告诉我？"龙阳君说："我没有不高兴的事。"魏王说："既然没有不高兴的事，那为什么流泪？"龙阳君说："我为钓的鱼流泪。"魏王说："为什么这样说呢？"龙阳君回答说："我刚钓到鱼的时候，很高兴，后来钓到的鱼更大了，现在我简直就想抛弃先前所钓到的鱼。现在凭我这样的丑陋，却能够在大王身边侍奉。现在我的爵位达到了君主，在朝廷上人们见了我要趋步而行，在道路上人们见了我要马上回避。四海之内美人多得很，听说我受到大王的宠幸，一定会提起衣裙奔向大王。到那时，我就像先前我所钓到的鱼一样，也将被抛弃了，我怎能不流泪呢？”魏王说：“您错了！有这样的想法，为什么不告诉我呢？”于是魏王在国内发布号令说：“有敢再来谈论美人的，灭他的全族。”

由是观之，近习之人，其挚谄也固矣[①]，其自幂系也完矣[②]。今由千里之外，欲进美人，所效者庸必得幸乎[③]？假之得幸，庸必为我用乎？而近习之人相与怨，我见有祸，未见有福；见有怨，未见有德，非用知之术也[④]。

①挚：进，献。

②幂系：遮掩巴结。幂，覆。

③效：献。　庸：难道。　得：能。　幸：宠幸。

④知：通“智”。

由此来看，君王亲近惯了的人，他们讨好的语言在君王那里已经很牢固了，他们自我遮掩巴结的手段也很完备了。现在从千里之外要进献美人，可是进献来的美人难道一定能得到宠幸吗？假设美人真得到了君王宠幸，难道一定会被我利用吗？并且被君王亲近惯了的那些人彼此怨恨，我只看到了他们终将有祸，看不出他们有什么福，我只看到他们在互相怨恨，没看到他们互相施德。所以，向君王进献美女不是运用智慧的办法。

◎韩 策

《韩策》记载了韩国历史上之重大事件。《三晋已破智氏》写韩国谋臣段规的先见之明。《苏秦为楚合从说韩王》写苏秦为楚游说韩王推行合纵之策。《张仪为秦连横说韩王》写张仪为秦国游说韩王推行连横之策。《韩公仲谓向寿》写韩公仲派使者巧说秦国向寿,使其推行善韩备楚的策略。《楚围雍氏五月》写韩国使者张翠巧使秦国出兵以解楚患的故事。《韩公叔与几瑟争国》写楚国大臣郑强矫造王命送韩太子几瑟土地,并使自己免受楚王治罪的故事。《韩傀相韩》写聂政为严遂刺杀韩傀之事。《或谓韩王》写韩国只有推行合纵之策,才不会被秦国灭亡。《安邑之御史死》写韩国安邑御史副手巧使自己在正职死后继任副职的故事。《段产谓新城君》写段产巧谏新城君莫听谗言。《段干越人谓新城君》写段干越人以千里马跑不了千里路的故事劝谏新城君要重视自己,不要忽视自己对秦国的影响。

三晋已破智氏

三晋已破智氏,将分其地。段规谓韩王曰:“分地必取成皋①。”韩王曰:“成皋,石溜之地也②,寡人无所用之。”段规曰:“不然,臣闻一里之厚,而动千里之权者,地利也。万人之众而破三军者③,不意也④。王用臣言,则韩必取郑矣。”王曰:“善。”果取成皋。至韩之取郑也,果从成皋始。

①取:得到。

②石溜之地:流水不存的石头地。吴师道曰:“溜,言山多石,水所溜也。”

③三军:上、中、下军,即全军。

④不意:不加在意,犹言出其不意。

韩、魏、赵三国消灭了智伯之后,准备瓜分智伯的土地。谋臣段规对韩王说:“分地时一定要得到成皋。”韩王说:“成皋是流水不存的石头地,寡人要它没什么用。”段规说:“不是这样,我听说一里大小的地方,能牵动具有千里面积的当权者,这是因为地势有利的缘故。万人之众能攻破三军,是因为出其不意。大王如果采用我的建议，那么韩国一定能取得郑国。”韩王说：“好。”韩王果然分到了成皋。等到韩国攻取郑国时，果然是从成皋开始的。

苏秦为楚合从说韩王

苏秦为楚合从说韩王曰：“韩北有巩、洛、成皋之固，西有宜阳、常阪之塞，东有宛、穰、洧水，南有陉山，地方千里，带甲数十万。天下之强弓劲弩皆自韩出，谿子、少府、时力、距黍，皆射六百步之外。韩卒超足而射[①]，百发不暇止，远者达胸，近者掩心[②]。韩卒之剑戟皆出于冥山、棠谿、墨阳、合伯。邓师、宛冯、龙渊、大阿，皆陆断马牛，水击鹄雁，当敌即斩。坚甲、盾、鞮鍪[③]、铁幕[④]、革抉[⑤]、䩏芮[⑥]，无不毕具。以韩卒之勇，被坚甲、跖劲弩[⑦]，带利剑，一人当百，不足言也。夫以韩之劲与大王之贤，乃欲西面事秦，称东藩，筑帝宫，受冠带，祠春秋，交臂而服焉。夫羞社稷而为天下笑，无过此者矣。是故愿大王之熟计之也。大王事秦，秦必求宜阳、成皋，今兹效之，明年又益求割地。与之，即无地以给之；不与则弃前功而后更受其祸。且夫大王之地有尽，而秦之求无已。夫以有尽之地而逆无已之求，此所谓市怨而买祸者也[⑧]，不战而地已削矣。臣闻鄙语曰：‘宁为鸡口，无为牛后[⑨]。’今大王西面交臂而臣事秦，何以异于牛后乎？夫以大王之贤，挟强韩之兵[⑩]，而有牛后之名，臣窃为大王羞之。”韩王忿然作色，攘臂按剑，仰天太息曰：“寡人虽死，必不能事秦。今主君以楚王之教诏之，敬奉社稷以从。”

①超足而射：抬脚踏射。

②掩心：穿透心脏。鲍彪注曰：“箭中心上，如掩。”

③鞮鍪（dīmóu）：头盔。

④铁幕：铁制的护臂。

⑤革抉（jué）：革制的射抉。抉，射抉，著于右大拇指，用来钩弦发箭。

⑥䩏（fá）：盾。　芮：系盾的绶带。

⑦跖：踏，踩。

⑧市：买。

⑨宁为鸡口，无为牛后：《史记·索隐》作“宁为鸡尸，不为牛从”。尸，鸡中主。从，牛子。

⑩挟：持，握，靠。

苏秦为楚国推行合纵而游说韩王说：“韩国北面有险固的巩地、洛地、成皋，

西面有宜阳、常阪作屏障，东面有宛地、穰地、洧水，南面有陉山，土地方圆千里，被甲的士兵数十万。天下的强弓硬弩出自韩国，韩国制造的良弓谿子、少府、时力、距黍，都可射出六百步以外。韩国士兵抬脚踏射，能射百箭而不间断，远处的可以射中胸膛，近处的可射穿心脏。韩国士兵的剑戟都出产于冥山、棠谿、墨阳、合伯。邓师、宛冯、龙渊、太阿这样的宝剑，都能够在陆地上斩断牛马，在水中击杀天鹅和大雁，遇见敌人立刻斩断。坚固的铠甲、盾牌、头盔、铁护臂、革制的射抉、系盾的绶带，这些东西韩国无不具备。凭借韩国士兵的勇敢，披上坚固的铠甲，脚踏硬弩，身披利剑，一人可以当百，这些就不用多说了。凭借韩国的强大和大王的贤明，竟然要向西侍奉秦国，自称秦国东面的藩国，为秦王修筑行宫，接受秦国的冠带制度，供奉春秋祭祀的祭品，拱手臣服，使国家蒙受羞辱并被天下人耻笑，没有比这更糟的了。因此希望大王仔细考虑。大王侍奉秦国，秦国一定会索求宜阳、成皋，今年如果献上，明年又会索要更多。给他吧，您再也没有土地可给；不给他吧，就会前功尽弃，还会受到秦国别的祸患。再说大王的土地是有限的，而秦国的贪求却不会休止。用有限的土地去迎合无休止的贪求，这就是所说的自己购买怨恨和祸患，没有经过战斗土地就已经被割去了。我听俗话说：'宁为鸡口，不为牛后。'现在大王要拱手向西称臣侍奉秦国，和做牛后有什么不同呢？凭大王的贤明，靠强大韩国的军队，却得到了牛后的名声，我私下替大王感到羞愧。"韩王愤然变了脸色，卷起袖子，抬起胳膊，按住宝剑，仰天叹息说："寡人即使死了，一定不会去侍奉秦国。现在先生把楚王的教诲告诉我，韩国愿意参加合纵。"

张仪为秦连横说韩王

【原文】

张仪为秦连横说韩王曰："韩地险恶，山居，五谷所生，非麦而豆；民之所食，大抵豆饭藿羹①；一岁不收，民不厌糟糠；地方不满九百里，无二岁之所食。料大王之卒，悉之不过三十万②，而厮徒负养在其中矣③，为除守徼、亭、鄣、塞，见卒不过二十万而已矣④。秦带甲百馀万，车千乘，骑万匹，虎贲之士，跿跔科头⑤，贯颐奋戟者⑥，至不可胜计也。秦马之良，戎兵之众，探前趹后⑦，蹄间三寻者⑧，不可称数也。山东之卒，被甲冒胄以会战；秦人捐甲徒裎以趋敌⑨，左挈人头，右挟生虏。夫秦卒之与山东之卒也，犹孟贲之与怯夫也；以重力相压，犹乌获之与婴儿也。夫战孟贲、乌获之士，以攻不服之弱国，无以异于堕千钧之重，集于鸟卵之上，必无幸矣。诸侯不料兵之弱，食之寡，而听从人之甘言好辞，比周以相饰也，皆言曰：'听吾计则可以强霸天下。'夫不顾社稷之长利，而听须臾之说，诖误人主者⑩，无过此者矣。"

①藿（huò）：豆叶。

②悉之：总计。

③厮徒：杂役。　负养：负担以给养公家。

④见：通“现”。

⑤跿跔（tújū）：腾跳踊跃。　科头：不戴头盔。

⑥贯颐：被箭射穿了面颊。贯，射中，射穿。颐，面颊。一说贯颐为弯弓之意。

⑦趹（jué）：蹶，探前趹后，言马走势疾。

⑧寻：八尺为一寻。

⑨捐：弃。　徒裎（chéng）：赤膊。

⑩诖（guà）：欺，误。

张仪为秦国推行连横而游说韩王说：“韩国地势险恶，百姓山中而居，所产的粮食，不是麦子就是豆子；民众所吃的，大部分是豆饭和豆叶羹；一年收成不好，百姓连糟糠都吃不饱；韩国土地方圆不足九百里，积存的粮食不够两年用。估计大王的士卒，总计不过三十万，其中还有杂役和苦力，再除去守卫边境关卡要塞的，现有的士卒不超过二十万而已。秦国披甲的士卒有百馀万，战车千辆，战马万匹，勇猛的战士中，腾跳踊跃，甚至不戴头盔，被箭射穿面颊而挥戟向前的，不可胜数。秦国战马优良，士兵众多，战马探起前蹄蹬开后腿，两蹄之间可跃出三寻之远，这样的好马也不可胜数。山东六国诸侯的士卒，都是披戴甲胄来战；秦国人即使抛弃甲胄来迎击敌人，也会左手拎着人头，右手挟着俘虏。秦国的士卒同山东六国的士卒，就如同勇士孟贲与懦夫相比一样；秦国大军压向六国，犹如勇士乌获对付婴儿一样。用孟贲、乌获这样的勇士去作战，去攻打不顺服的弱国，这和在鸟卵上坠千钧重物没什么不同，鸟卵一定不会有幸免的。各国诸侯考虑不到自己兵力的软弱，粮食的缺乏，而去听信主张合纵之人的甜言蜜语，结党营私来互相粉饰，都说：‘听从我的计策就可以雄霸天下。’不顾国家的长远利益，听信一时的空话，欺骗国君，没有比这更严重的了。”

“大王不事秦，秦下甲据宜阳[①]，断绝韩之上地，东取成皋、宜阳，则鸿台之宫、桑林之苑，非王之有已。夫塞成皋，绝上地，则王之国分矣。先事秦则安矣，不事秦则危矣。夫造祸而求福，计浅而怨深，逆秦而顺楚，虽欲无亡，不可得也。故为大王计，莫如事秦。秦之所欲莫如弱楚，而能弱楚者莫如韩。非以韩能强于楚也[②]，其地势然也。今王西面事秦以攻楚，为敝邑，秦王必喜。夫攻楚而私其地[③]，转祸而说秦[④]，计无便于此者也[5]。是故秦王使使臣献书大王御史,须以决事。"韩王曰:"客幸而教之,请比郡县[6],筑帝宫,祠春秋,称东藩,效宜阳[7]。"

①下甲:发兵,出兵。　据:占据。
②以:因。
③私:独据,独占。
④说:通"悦"。
⑤便:利。
⑥比:同。
⑦效:献。

"大王如果不侍奉秦国,秦国发兵占据宜阳,断绝韩国与上党的交通,向东攻取成皋、宜阳,那么鸿台宫、桑林苑,就不归大王所有了。如果封锁成皋、隔绝上党,那么大王的国家就被分割开了。先侍奉秦国就可以安宁,不侍奉秦国就会出现危险。到祸患中寻求幸福,计谋短浅而怨仇太深,违背秦国而去顺从楚国,即使想不灭亡,也不能做到了。所以,为大王考虑,不如去侍奉秦国。秦国所需要的没有比削弱楚国更迫切的了,而能削弱楚国的没有比韩国更合适的了。并非因为韩国比楚国强大,而是因为韩国地势有利。现在大王如能向西侍奉秦国并进攻楚国,为敝国做事,秦王一定很高兴。攻打楚国并独占它的土地,转嫁了祸患并能取悦秦王,任何计策都没有比这个更有利的了。因而秦王派我向大王的传命小臣献上书信,敬等大王决断此事。"韩王说:"幸蒙贵客教诲,我请求韩国作为秦国的一个郡县,为秦王修筑行宫,供奉春秋祭祀的祭品,自称东方藩国,敬献宜阳。"

韩公仲谓向寿

韩公仲谓向寿曰:"禽困覆车[1]。公破韩,辱公仲,公仲收国复事秦,自以为必可以封。今公与楚解,中封小令尹以杜阳。秦、楚合,复攻韩,韩必亡。公仲躬率私徒以斗于秦,愿公熟计之也。"向寿曰:"吾合秦、楚,非以当韩也[2],子为我谒之公仲[3],曰秦、韩之交可合也[4]。"对曰:"愿有复于公。谚曰:'贵其所以贵者贵。'今王之爱习公也[5],不如公孙郝;其知能公也,不如甘茂。今二人者皆不得亲于事矣,而公独与王主断于国者[6],彼有失之也。公孙郝党于韩,而甘茂党于魏,故王不信也。今秦、楚争强,而公党于楚,是与公孙郝、甘茂同道也,公何以异之?人皆言楚之多变也，而公必之，是自为责也。公不如与王谋其变也，善韩以备之，若此，则无祸矣。韩氏先以国从公孙郝，而后委国于甘茂，是韩，公之仇也。今公言善韩以备楚，是外举不辟仇也⑦。”

①韩公仲谓向寿：此处当作“韩公仲使人谓向寿”。　禽：野兽。

②当：对抗，对付。

③谒：告。

④合：联合，缔结。

⑤爱习：宠爱亲近。

⑥主断：专断。

⑦辟：通“避”。

公仲派人对向寿说：“野兽被围困急了，也能撞翻猎人的车。您攻破了韩国，侮辱了公仲，公仲收拾了韩国的残局又重新来侍奉秦国，他自认为一定可以得到秦国的封赏。现在您使秦、楚和解，使楚王在国内把秦地杜阳封赏给小令尹。秦、楚联合起来，再次攻打韩国，韩国一定会灭亡。公仲将亲自率领自己的党徒去秦国拼命，希望您仔细考虑一下。”向寿说：“我把秦、楚联合起来，并不是想以此来对付韩国，您替我告诉公仲，说秦、韩的邦交可以缔结了。”使者回答说：“有些话希望再对您说一说。谚语说：‘尊重别人所尊重的，就会受到别人的尊重。’现在秦王宠爱亲近您，比不上宠爱亲近公孙郝；他信任您，比不上信任甘茂。现在这两个人都不能接近国事，而唯独您能同秦王专断国事，这是因为他们有过失。公孙郝同韩国亲近，而甘茂同魏国亲近，所以秦王不信任他们。现在秦、楚争霸，而您却同楚国亲近，这与公孙郝、甘茂走的是同一条路。您用什么表现出与他们不同呢？人们都说楚国多变，而您却一定要帮助它，这是要自求富贵。您不如和秦王谋划应付楚国的多变，善待韩国防范楚国，如此，就没有祸患了。当初，韩国先把国事交给公孙郝，后又把国事委托给甘茂，这样，韩国早就成了您的仇敌了。现在您提出善待韩国防备楚国的策谋，这就是所谓的‘外举不避仇’。”

向寿曰：“吾甚欲韩合。”对曰：“甘茂许公仲以武遂，反宜阳之民①，今公徒收之，甚难。”向子曰：“然则奈何？武遂终不可得已。”对曰：“公何不以秦为韩求颍川于楚？此乃韩之寄地也②。公求而得之，是令行于楚，而以其地德韩也。公求而弗得，是韩、楚之怨不解，而交走秦也③。秦、楚争强，而公过楚以收韩，此利于秦。”

向子曰："奈何？"对曰："此善事也。甘茂欲以魏取齐，公孙郝欲以韩取齐，今公取宜阳以为功，收楚、韩以安之④，而诛齐⑤、魏之罪，是以公孙郝、甘茂之无事也。"

①反：通"返"。

②寄地：鲍彪注曰："此本韩地，楚取之，故云。"

③走：归向，亲附。

④收楚、韩以安之：楚、韩合，则向寿守宜阳无忧患了。

⑤诛：谴责，声讨。

译文

向寿说："我很想同韩国和好。"使者回答说："甘茂答应公仲归还韩国的武遂，让宜阳的百姓返回家园，如今您平白无故收回武遂，想同韩国和好很难啊。"向寿说："那该怎么办？武遂难道永远不能收回了吗？"使者回答说："您为什么不凭借秦国的力量替韩国向楚国求取颍川？这本是韩国被楚国夺去的土地，您一旦求得，这就使您的命令能在楚国得以执行，并且用楚国的土地使韩国感激您的恩德。您如果不能求得，这样韩、楚的怨仇就不能化解，它们就会竞相投靠秦国。秦、楚争霸，您指责楚国，拉拢韩国，这会对秦国有利。"向寿说："怎么办呢？"使者回答说："这是件好事。甘茂想依靠魏国攻取齐地，公孙郝也想依靠韩国夺取齐地，现在您夺取宜阳为自己建立了功勋，让楚、韩两国联合，使宜阳无忧，再声讨齐、魏的罪过，这样公孙郝、甘茂就会失去权势了。"

楚围雍氏五月

楚围雍氏五月，韩令使者求救于秦，冠盖相望也①，秦师不下殽。韩又令尚靳使秦，谓秦王曰："韩之于秦也，居为隐蔽②，出为雁行。今韩已病矣③，秦师不下殽。臣闻之，唇揭者其齿寒，愿大王之熟计之。"宣太后曰："使者来者众矣，独尚子之言是。"召尚子入。宣太后谓尚子曰："妾事先王也，先王以其髀加妾之身④，妾困不支也，尽置其身妾之上，而妾弗重也⑤，何也？以其少有利焉。今佐韩，兵不众，粮不多，则不足以救韩。夫救韩之危，日费千金，独不可使妾少有利焉⑥。"

①冠盖相望：使者之车络绎不绝。

②居：平时。　隐蔽：犹言屏障。

③病：难，危难。

④髀(bì):大腿。

⑤弗重:不以为重。

⑥独:难道。

楚围困雍氏五个月了,韩国派使者向秦国求救,使者络绎不绝,彼此能够望见出使的车盖,而秦国军队就是不下殽山。韩国又派尚靳出使秦国,尚靳对秦王说:“韩国对秦国来说,平时是秦国的屏障,战时是秦国的先锋。如今韩国遇到危难,秦国军队却不下殽山援救。我听说,掀起嘴唇,牙齿就会感到寒冷,希望大王仔细考虑一下。”宣太后说:“使者来得很多,只有尚靳的话是对的。”于是召尚靳进去拜见。宣太后对尚靳说:“我侍奉先王的时候,先王把他的大腿搭在我的身上,我感到疲乏不能支撑,把他的身体完全放在我的身上,而我不以为重,为什么呢?因为他对我稍有益处。现在救援韩国,如果士卒不多,粮食不足,就不够用来救助韩国。解救韩国的危难,每天耗费千金,难道不能使我获得一点好处吗?”

尚靳归书报韩王,韩王遣张翠[1],张翠称病,日行一县[2]。张翠至,甘茂曰:“韩急矣,先生病而来。”张翠曰:“韩未急也,且急矣。”甘茂曰:“秦重国知王也[3],韩之急缓莫不知。今先生言不急,可乎?”张翠曰:“韩急,则折而入于楚矣,臣安敢来?”甘茂曰:“先生毋复言也。”甘茂入言秦王曰:“公仲柄[4],得秦师,故敢捍楚。今雍氏围而秦师不下殽,是无韩也。公仲且抑首而不朝,公叔且以国南合于楚。楚、韩为一,魏氏不敢不听,是楚以三国谋秦也。如此则伐秦之形成矣。不识坐而待伐,孰与伐人之利?”秦王曰:“善。”果下师于殽以救韩[5]。

①遣:派。　张翠:韩臣。

②日行一县:日行百里。县,古代百里为县。

③知:通“智”。

④柄:名词用如动词,掌权。

⑤果:遂。

译文

尚靳送回书信报告韩王,韩王派张翠出使,张翠称病,每天只走一百里。张翠到了秦国以后,甘茂说:“韩国形势危急了,先生竟带病而来。”张翠说:“韩国形势并没有危急,而是将要危急了。”甘茂说:“秦国国势强盛君主明智,韩国形势危急与否,没有不知道的。现在先生说不危急,行吗?”张翠说:“韩国如果真的危急了,就会掉过头去投向楚国，我怎么还敢来秦国呢？”甘茂说：“先生不要再说了。”甘茂进谏秦王说：“公仲掌握韩国权力并能得到秦国军队的支持，所以才敢对抗楚国。如今雍氏被围，秦国军队不从殽山出兵，这是抛弃韩国。公仲将会痛心疾首，不理朝事，公叔就会把韩国同南方的楚国联合起来。楚、韩联合为一，魏国不敢不听从，这样楚国就可以用三个国家的力量图谋秦国。果真如此，那么进攻秦国的形势就形成了。我不知是坐等被人进攻有利呢，还是进攻别人有利？”秦王说：“好。”遂从殽山出兵救韩。

韩公叔与几瑟争国

韩公叔与几瑟争国①。郑强为楚王使于韩，矫以新城②、阳人合世子③，以与公叔争国。楚怒，将罪之。郑强曰：“臣之矫与之，以为国也。臣曰，世子得新城、阳人，以与公叔争国，而得全，魏必急韩氏；韩氏急，必县命于楚，又何新城、阳人敢索？若战而不胜，幸而不死，今且以至，又安敢言地？”楚王曰：“善。”乃弗罪。

注释

①几瑟：韩襄王太子。
②矫：假托。
③世子：即太子几瑟。

韩公叔帮助公子咎与几瑟争为太子。楚臣郑强替楚王到韩国出使，假传楚王之命，准备把楚国的新城、阳人赠给几瑟，以此来帮助几瑟与公叔争太子之位。楚王很生气，将要降罪郑强。郑强说：“臣下假传王命，送给几瑟土地，是为了楚国的利益。我以为，几瑟得到新城、阳人两地同公叔支持的公子咎争夺太子之位，如果真能成功，魏国一定会猛攻韩国；韩国形势危急，必定会把自己的命运寄托于楚国，又怎么敢索要新城、阳人之地呢？如果打不赢，几瑟侥幸不被杀死，恐怕现在就要逃到这里了，又怎么敢谈到要土地呢？”楚王说：“好。”这才没有加罪郑强。

韩傀相韩

韩傀相韩①，严遂重于君②，二人相害也。严遂政议直指③，举韩傀之过。韩傀以

之叱之于朝，严遂拔剑趋之，以救解。于是严遂惧诛，亡去，游求人可以报韩傀者。至齐，齐人或言："轵深井里聂政，勇敢士也，避仇隐于屠者之间。"严遂阴交于聂政，以意厚之。聂政问曰："子欲安用我乎？"严遂曰："吾得为役之日浅，事今薄[④]，奚敢有请？"于是严遂乃具酒，觞聂政母前。仲子奉黄金百镒，前为聂政母寿。聂政惊，愈怪其厚，固谢严仲子。仲子固进，而聂政谢曰："臣有老母，家贫，客游以为狗屠，可旦夕得甘脆以养亲，亲供养备，义不敢当仲子之赐。"严仲子辟人[⑤]，因为聂政语曰："臣有仇，而行游诸侯众矣。然至齐，闻足下义甚高，故直进百金者，特以为夫人粗粝之费[⑥]，以交足下之欢，岂敢以有求邪？"聂政曰："臣所以降志辱身，居市井者，徒幸而养老母。老母在，政身未敢以许人也。"严仲子固让，聂政竟不肯受[⑦]。然仲子卒备宾主之礼而去[⑧]。

①韩傀：即侠累，韩烈侯相国。

②严遂：韩烈侯宠臣。　重：尊宠，重用。

③政：通"正"。

④薄：迫，进，紧急。

⑤辟：通"避"。

⑥粝(lì)：粗粮。

⑦竟：终究。

⑧卒：最终。　备：用。

韩傀做韩国相国的时候，严遂也受到韩王的重用，两个人彼此嫉恨。严遂议事公正，直接指斥韩傀的行为，列举韩傀的过失。韩傀于是就在朝廷上叱骂严遂，严遂拔出宝剑直奔韩傀，幸好有人来救，韩傀才脱险。严遂害怕被处死，逃离韩国，到处流浪，寻找可以向韩傀报仇的人。他到了齐国，齐国有人说："轵地深井里的聂政，是一个勇士，因为躲避仇人隐藏在屠夫之中。"严遂就暗中与聂政交往，有意厚待他。聂政问严遂："您想让我干什么？"严遂说："我为您效劳的日子还很短，然而现在事情又很紧迫，怎么敢有所求呢？"于是严遂就摆上酒宴，向聂政母亲敬酒。严遂又拿出百镒黄金，为聂政母亲祝寿。聂政很吃惊，更加奇怪他为什么要送这样的厚礼，坚决辞谢严遂的盛情。严遂坚持进献，聂政辞谢说："我有老母亲，家中贫寒，游荡他乡，以杀狗为业，能够早晚买点甜美酥脆的食物奉养老母，母亲的供养已经够用，按情理实在不敢接受您的赏赐。"严遂避开周围的人，对聂政说："我有仇要报，曾游访过许多诸侯国。这样到了齐国，听说您很讲义气，所以直接送上百金，也只不过是作为老夫人粗茶淡饭的费用，以此讨您的欢心，怎么敢有什么要求呢？”聂政说：“我所以降低志气，辱没身分，隐居在市井之中，只是为奉养老母。老母在一天，我就不敢以死相许。”严遂极力推让，聂政始终不肯接受礼物。但严遂最终还是尽了宾主之礼才离去。

【原文】

久之，聂政母死，既葬，除服[①]。聂政曰：“嗟呼！政乃市井之人，鼓刀以屠[②]，而严仲子乃诸侯之卿相也，不远千里，枉车骑而交臣[③]，臣之所以待之，至浅鲜矣，未有大功可以称者，而严仲子举百金为亲寿，我虽不受，然是深知政也。夫贤者以感忿睚眦之意[④]，而亲信穷僻之人，而政独安可嘿然而止乎[⑤]？且前日要政[⑥]，政徒以老母。老母今以天年终，政将为知己者用。”遂西至濮阳，见严仲子曰：“前所以不许仲子者，徒以亲在。今亲不幸，仲子所欲报仇者为谁？”严仲子具告曰：“臣之仇，韩相傀，傀又韩君之季父也，宗族盛，兵卫设，臣使人刺之，终莫能就[⑦]。今足下幸而不弃，请益车骑壮士以为羽翼。”政曰：“韩与卫中间不远，今杀人之相，相又国君之亲，此其势不可以多人，多人不能无生得失，生得失则语泄，语泄则韩举国而与仲子为仇也，岂不殆哉！”遂谢车骑人徒，辞，独行仗剑至韩。韩适有东孟大会，韩王及相皆在焉，持兵戟而卫者甚众。聂政直入，上阶刺韩傀。韩傀走而抱哀侯，聂政刺之，兼中哀侯，左右大乱。聂政大呼，所杀者数十人，因自皮面抉眼[⑧]，自屠出肠[⑨]，遂以死。

①除服：守孝期满，脱去丧服。
②鼓：动，操。
③枉：委屈。
④睚眦(yázì)：怒目而视。
⑤嘿：通“默”。
⑥要：通“邀”，约请。
⑦就：成。
⑧皮面：自披皮面，即以刀刺其面皮令人不识。皮，通“披”。　抉：挑出，剜掉。
⑨屠：剖开。

过了很久，聂政的母亲死了，已经安葬了。守孝期满，聂政脱去了丧服。聂政说：“唉！我只是个市井平民，做着操刀宰牲的事情，而严遂却是诸侯的卿相，他不远千里，屈尊来结交我，我对他的情分，太浅薄了，没有可以称道的大功劳，而严遂却拿出百金为我的母亲祝寿，我虽然没有接受，然而他是很了解我的人。贤德的人因为心中有令人愤怒的仇恨，竟然亲近、相信穷困僻远的人，我怎么可以默然不动呢？况且韩遂以前约请我，我只是因为有老母。老母如今享尽天年，我将为知己者报仇。”于是向西到了濮阳，见到严遂说：“从前没有答应您的原因，只因为老母还在。现在老母不幸辞世，请问您想报仇的人是谁？”严遂把全部情况都告诉聂政说：“我的仇人，是韩国相国韩傀，他又是韩王的叔父，家族庞大，设有很多警卫，我曾派人刺杀他，一直没有成功。现在有幸承蒙您不抛弃我，请让我为您多准备车马、壮士作为随从。”聂政说：“韩国与卫国之间相距不远，现在要杀人家的相国，相国又是韩王的至亲，这种形势是不可以多带人的，人多了难免出差错，出了差错就会泄露秘密，泄露秘密就会使韩国全国与您为仇，岂不是很危险！”于是辞谢了车马随从，告别严遂，独自持剑来到韩国。恰逢韩国在东孟举行盛会，韩王和相国韩傀都在那里，手持武器护卫的人很多。聂政直冲而入，跑上台阶，用剑刺韩傀。韩傀逃跑，抱住了韩哀侯，聂政再刺韩傀，同时刺中了哀侯，左右的人大乱。聂政大吼，又杀死数十人。然后聂政自己划破脸皮，挖出眼睛，剖开肚皮，流出了肠子，很快就死去了。

【原文】

韩取聂政尸暴于市，县购之千金[①]，久之莫知谁子。政姊闻之，曰：“弟至贤，不可爱妾之躯，灭吾弟之名，非弟意也。”乃之韩，视之曰：“勇哉！气矜之隆[②]，是其轶贲、育而高成荆矣[③]。今死而无名，父母既殁[④]，兄弟无有，此为我故也。夫爱身不扬弟之名，吾不忍也。”乃抱尸而哭之曰：“此吾弟轵深井里聂政也。”亦自杀于尸下。晋、楚、齐、卫闻之曰：“非独政之能，乃其姊者亦列女也[⑤]。”聂政之所以名施于后世者[⑥]，其姊不避菹醢之诛以扬其名也[⑦]。

①县：通“悬”。

②隆：高尚。

③轶(yì)：超过。　贲、育、成荆：皆古之勇士。贲，孟贲。育，夏育。

④殁(mò)：死。

⑤列：通“烈”。

⑥施：流传。

⑦菹醢(zūhǎi)：古代酷刑，把人剁成肉酱。

韩国把聂政暴尸在市场上，悬赏千金想知道他的名字，过了很久，没有人知道他究竟是谁。聂政的姐姐听说后，说：“我的弟弟非常贤能，我不应该吝惜自己的身躯，而埋没了弟弟的英名，虽然这并不是弟弟的本意。”于是她来到韩国，看到聂政的尸体说："勇敢啊！你的气节多么高尚，这样的行为超过了孟贲、夏育和成荆。现在弟弟死了，却没留下名字，父母已经去世，又没有其他兄弟，弟弟这样做是为了不牵连我的缘故啊。吝惜自己的身躯而不传扬弟弟的英名，我不忍心这样做。"她就抱着聂政尸体哭着说："这是我的弟弟，轵地深井里的聂政。"她也自杀在聂政的尸体旁。晋、楚、齐、卫等国的人听说后，都说："不只是聂政勇敢，就是他的姐姐也是一个刚烈女子。"聂政所以能名传后世，是因为他的姐姐不避杀身之祸，才传扬了他的名声。

或谓韩王

或谓韩王曰："秦王欲出事于梁①，而欲攻绛、安邑，韩计将安出矣？秦之欲伐韩以东窥周室甚，唯寐忘之②。今韩不察，因欲与秦，必为山东大祸矣。秦之欲攻梁也，欲得梁以临韩，恐梁之不听也，故欲病之以固交也③。王不察，因欲中立，梁必怒于韩之不与己，必折为秦用④，韩必举矣，愿王熟虑之也。不如急发重使之赵、梁，约复为兄弟，使山东皆以锐师戍韩、梁之西边，非为此也，山东无以救亡，此万世之计也。秦之欲并天下而王之也⑤，不与古同。事之虽如子之事父，犹将亡之也。行虽如伯夷，犹将亡之也。行虽如桀、纣，犹将亡之也。虽善事之，无益也，不可以为存，适足以自令亟亡也。然则山东非能从亲⑥，合而相坚如一者，必皆亡矣。"

①出事：发生战事，有战事。

②寐（mèi）：睡觉，睡着。

③病：使入困境。

④折：掉转。

⑤王：统治天下。

⑥从亲：合纵联盟。

有人对韩王说："秦王要对魏国发动战争，想要攻取绛地、安邑，韩国将要制定怎样的策略呢？秦王想要进攻韩国，进而窥探周朝的欲望很强烈，恐怕只有睡着了才能忘记。现在假如韩国不了解情况，就想与秦国建交，一定会酿成山东六国的大祸。秦国要进攻魏国，是想在得到魏国之后兵临韩国，担心魏国不听从，所以就想使它陷入困境来巩固邦交。如果大王不详察，就想保持中立，魏国必然会恼怒韩国不帮助自己，一定会掉头为秦国所驱使，韩国一定会被攻下，希望大王仔细考虑这件事。不如赶快派遣重要的使臣去赵、魏二国，恢复兄弟盟约，使山东各国都派出精锐军队，戍守韩、魏的西部边界，不这样做，山东各国就没有办法挽救灭亡的命运了，这是影响万世的策略。秦国想兼并诸侯，统治天下，但他与古代不同。即使像儿子侍奉父亲一样服侍秦国，仍将会被秦国灭掉。国君的品行即使像伯夷一样，仍将被灭掉。国君的品行即使如夏桀、殷纣，也同样将被灭掉。即使侍奉秦国，也没有任何益处，这不但不能保存自己，反而会让自己加速灭亡。所以说，山东六国如果不能组成合纵联盟、相坚如一的话，六国必将为秦国所灭。"

安邑之御史死

【原文】

安邑之御史死，其次恐不得也[①]。输人为之谓安邑令曰[②]："公孙綦为人请御史于王，王曰：'彼固有次乎？吾难败其法[③]。'"因遽置之[④]。

①次：副手。
②输：鲍注曰："安邑里名。"
③败：破坏。
④置：立，任命。

安邑的御史死了，他的副手担心不能被提升，输里人替他对安邑令说："公孙綦已经替别人向韩王请求御史的职位，韩王说：'那里原来不是有副手吗？我难以破坏他们的规定。'"于是副手很快被提升为御史。

段产谓新城君

【原文】

段产谓新城君曰："夫宵行者能无为奸[①]，而不能令狗无吠己[②]。今臣处郎中[③]，能无议君于王，而不能令人毋议臣于君，愿君察之也[④]。"

①宵：夜。　无：不。　为：做。　奸：坏事。
②吠己：对着自己叫。
③郎中：宫中侍卫。

④察：明察。

段产对新城君说："夜里行走的人能够不做奸邪的事情，却不能让狗不冲自己叫。现在我处在郎中的地位，能够做到不在大王面前非议您，却不能让别人在您面前不诽谤我。希望您能明察。"

段干越人谓新城君

段干越人谓新城君曰①："王良之弟子驾②，云取千里马，遇造父之弟子③。造父之弟子曰：'马不千里。'王良弟子曰：'马，千里之马也；服，千里之服也④。而不能取千里，何也？'曰：'子纆牵长⑤。故纆牵于事，万分之一也，而难千里之行。'今臣虽不肖，于秦亦万分之一也，而相国见臣不释塞者，是纆牵长也。"

①段干越人：吴师道云："初邑段，后邑干，因邑而氏。"鲍注："凡段干皆魏人，时在秦。"

②王良之弟子驾：鲍注："良，赵简子御。驾，马在车下负轭。"

③造父：鲍注："造父，周穆王之御，不得与王良同时，然学出于造父者，得称为其弟子，非必与之同时也。"

④马：指骖马。　服：指辕马。战国时一车驾四马，两旁之马称骖，中间驾辕之两马称服。

⑤纆(mò)：绳索。

段干越人对新城君说："王良的弟子赶着马车，声称赶的是千里马，遇到了造父的弟子。造父的弟子说：'你的马跑不了千里。'王良的弟子说：'我的骖马，是千里马；我的辕马，也是千里马。你却说跑不了千里，为什么？'造父的弟子说：'你的缰绳放得太长。缰绳的长短对于马跑多少路程，只有万分之一的影响，但却影响到千里马很难跑千里的路程。'现在我虽然无才，但对于秦国也有万分之一的影响，而相国见到我却不打通我这个阻挡在道路上的障碍，这实际上等于手握着过于长的缰绳。"

◎燕　策

题解

《燕策》记载了燕国历史上的重大事件。《燕文公时》写苏秦为燕国游说齐宣王，使齐国归还燕国十座城邑之事。《人有恶苏秦于燕王者》写针对别人的诽谤，苏秦在燕王面前申辩自己的忠心。《宫他为燕使魏》写宫他为燕使魏之事。《燕王哙既立》写燕相子之篡位之乱。《燕昭王收破燕后即位》写燕昭王求贤强国之事。《燕王谓苏代》写苏代向燕王陈述骗子的重要性。《苏秦自齐献书于燕王》是苏秦写给燕王的一封信，信中详细叙述了自己为燕国所作出的贡献。《燕饥赵将伐之》写楚将用赵恢之计劝赵，使赵取消了乘燕国饥荒而攻打燕国的计划。《客谓燕王》写苏秦为燕国游说齐国攻打宋国，以削弱齐国之事。《赵且伐燕》写苏代为燕国劝谏赵惠文王取消攻燕的打算。成语"鹬蚌相争，渔翁得利"即出于此。《张丑为质于燕》写齐臣张丑巧脱杀身之祸的故事。

燕文公时

原文

燕文公时，秦惠王以其女为燕太子妇。文公卒，易王立。齐宣王因燕丧攻之，取十城。武安君苏秦为燕说齐王，再拜而贺，因仰而吊[①]。齐王按戈而却曰[②]："此一何庆吊相随之速也？"对曰："人之饥所以不食乌喙者[③]，以为虽偷充腹[④]，而与死同患也。今燕虽弱小，强秦之少婿也。王利其十城[⑤]，而深与强秦为仇。今使弱燕为雁行[⑥]，而强秦制其后，以招天下之精兵，此食乌喙之类也。"齐王曰："然则奈何？"对曰："圣人之制事也，转祸而为福，因败而为功[⑦]。故桓公负妇人而名益尊，韩献开罪而交愈固，此皆转祸而为福，因败而为功者也。王能听臣，莫如归燕之十城，卑辞以谢秦[⑧]。秦知王以己之故归燕城也，秦必德王[⑨]。燕无故而得十城，燕亦德王。是弃强仇而立厚交也。且夫燕、秦之俱事齐，则大王号令，天下皆从，是王以虚辞附秦，而以十城取天下也，此霸王之业矣。所谓转祸为福，因败成功者也。"齐王大说，乃归燕城，以金千斤谢其后，顿首涂中[⑩]，愿为兄弟而请罪于秦。

①吊：吊唁。

②却：退。

③乌喙（huì）：毒药名，又称乌头。

④偷：苟且。

⑤利：贪。

⑥雁行：前锋。

⑦功：胜，成功。

⑧卑：谦卑。　谢：谢罪。

⑨德：感激。

⑩顿首：头叩地而拜。　涂中：鲍彪注曰："涂，泥也。自卑之甚。"

燕文公的时候，秦惠王把他的女儿嫁给燕国太子做媳妇。燕文公死后，燕易王继位。齐宣王趁燕国举行丧事之机进攻燕国，夺取燕国十座城邑。武安君苏秦为燕国去游说齐王，他对齐王跪拜两次表示祝贺，接着又仰面吊唁。齐王按戈命他退下，说："您这一来为什么贺喜之后紧接着就吊丧呢？"苏秦回答说："人在饥饿的时候，所以不吃乌喙，是认为即使暂且填饱了肚子，却面临着死亡一样的祸患。如今燕国虽然很弱小，但却是强秦的女婿之邦。大王贪图燕国的十座城邑，却与强秦结下了深仇。现在您这样做，是使弱小的燕国打前锋，让强大的秦国做后盾，把天下最精锐的士兵秦兵招来进攻齐国，这和吃乌喙是同样的情况。"齐王说："那怎么办呢？"苏秦回答说："圣人处理事务，能够转祸为福，由失败达到成功。所以齐桓公虽然有负于蔡姬，但名声却更加尊贵；韩献子虽然因杀人获罪，但他地位却更加牢固。这都是转祸为福，由失败达到成功的范例。大王如能听从我的建议，不如归还燕国的十座城邑，以谦卑的言词向秦国谢罪。秦国知道大王因为秦国的缘故，归还了燕国的城邑，秦国一定会感谢大王。燕国无故收回十座城邑，燕国对大王也会感恩戴德。这样既避免了树立强敌，又确立了深厚的邦交。再说燕、秦两国一起侍奉齐国，那么大王传下的号令，天下人都会听从，这是大王用空话敷衍秦国，用十座城邑换取天下的支持，这是称霸天下的事业。也就是所说的转祸为福，由失败达到成功的做法。"齐王非常高兴，于是归还了燕国的城邑，随后送金千斤表示谢罪，并且在道路上叩头，希望与燕国结为兄弟之国，并向秦国谢罪。

人有恶苏秦于燕王者

人有恶苏秦于燕王者曰："武安君，天下不信人也。王以万乘下之，尊之于廷，示天下与小人群也。"武安君从齐来，而燕王不馆也①。谓燕王曰："臣东周之鄙人也，见足下，身无咫尺之功，而足下迎臣于郊，显臣于廷。今臣为足下使，利得十城，功存危燕，足下不听臣者，人必有言臣不信，伤臣于王者。臣之不信，是足下之福也。使臣信如尾生，廉如伯夷，孝如曾参[②]，三者天下之高行，而以事足下，可乎？”燕王曰：“可。”曰：“有此，臣亦不事足下矣。”

①不馆：不预备居住的馆舍。“馆”在这里作动词。

②曾参：孔子弟子，字子舆，春秋时期鲁国人。

有一个人在燕王面前诽谤苏秦说：“武安君，是天下最不讲信义的人。大王以万乘之尊的身份迁就他，在朝廷之上尊重他，这是向天下人表示自己与小人为伍。”武安君苏秦从齐国回来时，燕王却听信馋言没有为他安排馆舍。苏秦对燕王说：“我本是东周卑贱之人，刚来拜见您的时候，自己并没有几分功劳，而您却到郊外迎接我，使我在朝廷上声名显赫。现在我为您出使齐国，从齐国索回十座城邑，有保存危燕之功，可是您却不相信我，一定有人说我不讲信义，在大王面前中伤我。我不讲信义，那倒是大王的福事。假如让我像尾生那样守信，像伯夷那样廉洁，像曾参那样孝顺，这三个人的品行是天下最高尚的，以这样的行为侍奉您，可以吗？”燕王说：“可以。”苏秦说：“有这样的品行我也就不能侍奉您了。”

苏秦曰：“且夫孝如曾参，义不离亲一夕宿于外，足下安得使之之齐？廉如伯夷，不取素餐[①]，污武王之义而不臣焉，辞孤竹君，饿而死于首阳之山。廉如此者，何肯步行千里而事弱燕之危主乎？信如尾生，期而不来[②]，抱梁柱而死。信至如此，何肯扬燕、秦之威于齐而取大功乎哉？且夫信行者，所以自为也，非所以为人也。皆自覆之术[③]，非进取之道也。且夫三王代兴，五霸迭盛，皆不自覆也。君以自覆为可乎？则齐不益于营丘，足下不逾楚境，不窥于边城之外。且臣有老母于周，离老母而事足下，去自覆之术而谋进取之道，臣之趣固不与足下合者[④]。足下者自覆之君也，仆者进取之臣也，所谓以忠信得罪于君者也。”

①不取素餐：不白吃饭。

②信如尾生，期而不来：鲍彪注曰：“《史记》：信如尾生，与女子期于梁下，女子不来，水至不去，抱柱而死。”

③自覆：犹言自我满足。

④趣：志趣。

译文

苏秦又说："再说像曾参那样孝顺，不肯远离双亲在外住一宿，您怎么能派他到齐国去呢？像伯夷那样廉洁，不白吃饭，认为武王不义而不愿做武王的臣子，辞让孤竹国的君位，饿死在首阳山上。廉洁到如此地步，怎么肯步行千里来侍奉弱小燕国中一位处境危险的君王呢？像尾生那样守信，等待那个女子，久等不来，竟然抱着桥下的柱子被水淹死。守信到如此程度，怎么肯到齐国宣扬燕、秦两国的声威，并取得巨大的成功呢？况且讲究信义品行的人，都是为了自我完善，不是为了别人。这都是自我满足，不是努力进取。再说三王相继兴起，五霸交替兴盛，都没有自我满足。您却自我满足，行吗？那样齐国就不会在营丘增兵，您也不能跨过楚国边境，不能窥探边城之外了。况且我在周地还有老母，远离老母来侍奉大王，抛弃自我满足的处世方法，寻求进取之道，我的志趣本来就与您不同。您是自我满足的国君，我是富有进取心的大臣，我就是那种因为忠诚守信而得罪国君的人。"

原文

燕王曰："夫忠信又何罪之有也？"对曰："足下不知也。臣邻家有远为吏者，其妻私人[1]。其夫且归，其私之者忧之。其妻曰：'公勿忧也，吾已为药酒以待之矣。'后二日，夫至，妻使妾奉卮酒进之[2]。妾知其药酒也，进之则杀主父，言之则逐主母，乃阳僵弃酒[3]，主父大怒而笞之[4]。故妾一僵而弃酒，上以活主父，下以存主母也，忠至如此，然不免于笞，此以忠信得罪者也。臣之事，适不幸而有类妾之弃酒也。且臣之事足下，亢义益国[5]，今乃得罪，臣恐天下后事足下者，莫敢自必也。且臣之说齐，曾不欺之也。使说齐者莫如臣之言也，虽尧、舜之智不敢取也[6]。"

①私人：与人私通。

②卮(zhī)：古代盛酒的器具。

③阳：通"佯"，假装。　僵：倒地，跌倒。

④笞(chī)：鞭打。

⑤亢：高。

⑥取：言取回齐侵燕之十座城池。

燕王说："忠诚守信有什么罪？"苏秦回答说："您还不知道忠诚守信也有罪吧。我的邻居有个远方做官的，他的妻子与人私通。她的丈夫要回来了，与她私通的人很忧虑。他的妻子说：'您不要忧虑，我已经准备好了药酒等着他呢。'两天后，她的丈夫回来了，妻子让小妾捧着那杯酒给她的丈夫。小妾知道那是一杯药酒，送上去就会毒死男主人，而说出来女主人就会被驱逐，于是就假装跌倒扔了酒杯，男主人大怒，鞭打了她一顿。因此，小妾故意跌倒扔了酒杯，上救活了男主人，下使女主人不被驱逐。小妾的忠心到了这种地步，然而却免不了遭受鞭打，这就是因为忠诚守信而获罪。我的事，恰恰不幸同小妾扔掉酒杯有类似的地方。况且我侍奉您，推崇王的道义，有益王的国家，现在竟然获罪，我担心以后来侍奉您的人，没有人敢相信自己的言行了。再说我游说齐王，也没有欺骗过他。那些被派去游说齐国的人，假如不说像我说的那番话，即使他们有尧、舜一样的智慧，也不可能索回齐国侵占的十座城池。"

宫他为燕使魏

宫他为燕使魏，魏不听，留之数月。客谓魏王曰："不听燕使何也？"曰："以其乱也[①]。"对曰："汤之伐桀，欲其乱也。故大乱者可得其地，小乱者可得其宝。今燕客之言曰：'事苟可听，虽尽宝、地犹为之也。'王何为不见？"魏王说[②]，因见燕客而遣之。

①乱：因燕相子之而引起的燕国内乱。

②说：通"悦"。

宫他替燕国出使魏国，魏王没有听信他的游说，并且把他扣留了几个月。有个客人对魏王说："为什么不听信燕国使者的话呢？"魏王说："因为燕国发生了内乱。"那个客人又对魏王说："商汤讨伐夏桀时，希望夏朝发生内乱。所以大乱的国家，别国可以得到它的土地；小乱的国家，别国可以得到它的珍宝。现在宫他有句话是这样说的：'我所提出的事情假使魏王能够听从，即使用尽珍宝、土地，仍愿意去干。'大王为什么不召见他呢？"魏王很高兴，于是召见宫他，并让他返回燕国。

燕王哙既立

燕王哙既立，苏秦死于齐。苏秦之在燕也，与其相子之为婚，而苏代与子之

交。及苏秦死，而齐宣王复用苏代。燕哙三年，与楚、三晋攻秦，不胜而还。子之相燕，贵重主断①。苏代为齐使于燕，燕王问之曰："齐宣王何如？"曰："必不霸。"燕王曰："何也？"对曰："不信其臣。"苏代欲以激燕王以厚任子之也②。于是燕王大信子之。子之因遗苏代百金③，听其所使。

①贵重：尊贵。 主断：专断。

②厚：重。

③遗：送。

燕王哙即位之后，苏秦在齐国被杀。苏秦在燕国的时候，曾与燕相子之结为亲家，并且苏代与子之也很有交情。等到苏秦死后，齐宣王又任用了苏代。燕王哙三年，燕国与楚国及韩、赵、魏三国进攻秦国，失败而归。当时子之为燕相，地位尊贵，权力很大，而且专断国事。苏代替齐国出使燕国，燕王问苏代说："齐宣王怎么样？"苏代说："一定不能称霸。"燕王说："为什么？"苏代回答说："他不信任自己的大臣。"苏代想以此激发燕王，让燕王重用子之。从此燕王果然信任子之。子之于是送给苏代百金，任他随用。

鹿毛寿谓燕王曰："不如以国让子之。人谓尧贤者，以其让天下于许由，由必不受，有让天下之名，实不失天下。今王以国让相子之，子之必不敢受，是王与尧同行也①。"燕王因举国属子之②，子之大重。或曰："禹授益而以启为吏，及老而以启为不足任天下，传之益也，启与支党攻益而夺之天下，是禹名传天下于益，其实令启自取之。今王言属国子之，而吏无非太子人者，是名属子之，而太子用事。"王因收印自三百石吏而效之子之。子之南面行王事，而哙老不听政③，顾为臣④，国事皆决子之。

①行(háng)：列。

②举：全。 属：托付，交给。

③听政：执政。

④顾：反。

有个叫鹿毛寿的人对燕王说："不如把燕国的权力让给子之。人们称尧为贤者，是因为他把天下让给许由，许由坚决不接受，这样尧就有让出天下的美名，而实际上并没有失掉天下。现在大王把国家让给子之，子之一定不敢接受，这样大王就与尧同列了。”燕王于是把整个国家的权力都交给子之，子之的权势更大了。又有人对燕王说：“禹传位给伯益，让启做伯益的官吏，禹老的时候，认为启不能统治天下，就把国家的大权传给了伯益。后来，启和他的党羽杀死了伯益，夺取了天下。这样，禹名义上把天下传给了伯益，而实际上是让启自己夺取天下。现在大王说把国家交给子之，但是官吏没有不是太子的人，这是名义上把国家交给子之，而实际上是太子执政。”燕王于是收回了三百石以上俸禄的官吏的大印，把这些大印交给子之。子之面南称王，处理国事，而燕王哙年老不再处理政事，反而做了臣子，国家大事一概由子之决断。

子之三年，燕国大乱，百姓恫怨[1]。将军市被、太子平谋，将攻子之。储子谓齐宣王：“因而仆之[2]，破燕必矣。”王因令人谓太子平曰：“寡人闻太子之仪，将废私而立公，饬君臣之义[3]，正父子之位。寡人之国小，不足先后。虽然，则唯太子所以令之。”太子因数党聚众，将军市被围公宫，攻子之，不克。将军市被及百姓乃反攻太子平。将军市被死以殉[4]，国构难数月[5]，死者数万众，燕人恫恐，百姓离意[6]。

①恫怨：痛恨。

②因：趁机。　仆：通“扑”，击。

③饬：整顿。

④殉：示众。

⑤构难：发生祸乱。

⑥离意：人心涣散，离心离德。

子之执政三年，燕国大乱，百姓都痛恨子之。将军市被与太子平一起谋画，准备攻击子之。齐相国储子对齐宣王说：“我们趁此时机进攻燕国，一定能攻破燕国。”齐宣王于是派人对太子平说：“寡人听说太子在商议大事，准备废除私权，确立公理，整顿君臣大义，端正父子纲纪。寡人的国家太小，不能为您前后奔走。虽然如此，还是愿意听从太子的命令。”太子平于是急招党羽，聚集徒众，将军市被围攻王宫，攻打子之，没有攻下。将军市被又和百姓一道攻打太子平。后来将军市被被杀死示众，燕国内乱数月，死者数万人。燕国人都痛恨这场内乱，百姓人心涣散，离心离德。

孟轲谓齐宣王曰："今伐燕，此文、武之时，不可失也。"王因令章子将五都之兵[①]，以因北地之众以伐燕[②]。士卒不战，城门不闭，燕王哙死。齐大胜燕，子之亡。二年，燕人立公子平，是为燕昭王[③]。

①五都之兵：在战国时代，只有齐国始终没有设郡，而设有都。齐国共设有五都，除国都临淄外，四边的都具有边防重镇的性质。五都均驻有经过考选和训练的常备兵，即所谓"技击"，也称"持戟之士"，因而有所谓"五都之兵"，也称"五家之兵"。

②北地：鲍彪注："齐之北，近燕。"

③燕人立公子平，是为燕昭王：公子平死于燕国内乱，燕昭王名职，此处以公子平为燕昭王，恐误。

孟轲对齐宣王说："现在进攻燕国，这正如同周文王、周武王讨伐商纣王的时机，不可失掉。"齐王于是派大将章子率领齐国全部军队，再加上齐国北部的百姓，一起进攻燕国。燕国士兵不愿打仗，也不关闭城门，燕王哙被杀死。齐国大胜燕国，子之也被杀死了。两年后，燕国人拥立公子平为国君，这就是燕昭王。

燕昭王收破燕后即位

燕昭王收破燕后即位，卑身厚币以招贤者，欲将以报仇。故往见郭隗先生曰："齐因孤国之乱而袭破燕，孤极知燕小力少，不足以报，然得贤士与共国[①]，以雪先王之耻，孤之愿也。敢问以国报仇者奈何？"郭隗先生对曰："帝者与师处，王者与友处，霸者与臣处，亡国与役处。诎指而事之[②]，北面而受学[③]，则百己者至。先趋而后息，先问而后嘿[④]，则什己者至。人趋己趋，则若己者至。冯几据杖[⑤]，眄视指使[⑥]，则厮役之人至。若恣睢奋击[⑦]，呴籍叱咄[⑧]，则徒隶之人至矣。此古服道致士之法也[⑨]。王诚博选国中之贤者而朝其门下[⑩]，天下闻王朝其贤臣，天下之士必趋于燕矣。"

①共国：共同治理国家。

②诎指：折节，屈尊。诎，通"屈"。

③北：向北。古人以坐北向南为尊位，"北面"即面向老师。　受学：接受老师的教导。

④嘿：通"默"。

⑤冯:通“凭”。

⑥眄(miǎn):斜视。

⑦恣睢:放纵,暴戾的样子。

⑧呴(hǒu)籍叱咄:蹦跳呵叱。呴,通“吼”,吼叫。籍,通“藉”,践踏。叱咄,大声呵斥。

⑨服:事。　致:招。

⑩诚:果真。　博:广泛地。

燕昭王收复了被齐国打得残破的燕国之后,即位为王,降低身分用重金招揽贤才,想要依靠这些贤才报仇。于是去见郭隗先生说:“齐国趁着我国内乱攻破了国都,我深知我们燕国国小力薄,无力报仇,然而却想得到贤能的人与我一起治理国家,以洗刷先王的耻辱,这是我的心愿。请问要报国家之仇,应该怎么办?”郭隗先生回答说:“称帝的人与老师相处,称王的人与朋友相处,称霸的人与大臣相处,亡国的人只有和仆役相处。屈节侍奉有才能的人,面向北面接受教导,这样,那些才能超过自己百倍的人就会到来。如果他比别人先去做事,比别人后去休息,先去讨教,然后默想,那么那些才能超过自己十倍的人就会到来。别人去求教,自己也去求教,那些才能与自己相仿的人就会到来。如果靠着几案拄着手杖,傲气十足地指手画脚,那么招来的只能是随从仆役。如果举止放纵,蹦跳呵斥,那么招来的只能是奴隶。这是古人侍奉有道之人和招揽贤才的办法。大王果真能广泛地选用国内贤才,亲自登门拜访,天下人都会听说大王去拜访自己的贤臣,那么,天下有才能的人一定会纷纷奔向燕国。”

昭王曰:“寡人将谁朝而可[①]?”郭隗先生曰:“臣闻古人之君人有以千金求千里马者,三年不能得。涓人言于君曰[②]:‘请求之。’君遣之。三月得千里马,马已死,买其首五百金,反以报君[③]。君大怒曰:‘所求者生马,安事死马而捐五百金[④]?’涓人对曰:‘死马且买之五百金,况生马乎?天下必以王为能市马,马今至矣。’于是不能期年,千里马至者三。今王诚欲致士,先从隗始,隗且见事[⑤],况贤于隗者乎?岂远千里哉?”于是昭王为隗筑宫而师之。乐毅自魏往,邹衍自齐往,剧辛自赵往,士争凑燕[⑥]。燕王吊死问生,与百姓同其甘苦。二十八年,燕国殷富,士卒乐佚轻战[⑦]。于是遂以乐毅为上将军,与秦、楚、三晋合谋以伐齐[⑧]。齐兵败,闵王出走于外。燕兵独追北入至临淄[⑨],尽取齐宝,烧其宫室宗庙。齐城之不下者,唯独莒、即墨。

①谁朝:即朝谁。

②涓人:宫中负责扫除的官吏。

③反:通"返"。

④生:活。　捐:花费。

⑤见事:被任用。

⑥凑:聚集,奔向。

⑦乐佚:生活安定。　轻战:不怕战争。

⑧三晋:指韩、赵、魏三国。

⑨北:败,这里指败逃的军队。

燕昭王说:"我应该去拜访谁呢?"郭隗先生说:"我听说古代有个想用千金求购千里马的君王,买了三年也没有买到。宫中一个管扫除的官吏对这个君王说:'请让我去买千里马吧。'君王就派他去了。三个月之后找到了千里马,但是马已经死了,就用五百金买下了马头,返回来回报君王。君王大怒说:'我所要买的是活马,哪里让你为买死马就花费五百金呢?'管扫除的官吏回答说:'死马尚且用五百金来买,更何况是活马呢?天下人一定会认为大王能买良马,千里马就要到了。'在这以后不到一年,送上门来的千里马就有三匹。如今大王如果真想招揽贤才,先从我开始,我尚且被任用,更何况比我更贤能的人呢?他们怎么会把千里路程当作远路呢?"于是,燕昭王就专为郭隗修筑了宫殿,向他请教。此后,乐毅从魏国来了,邹衍从齐国来了,剧辛从赵国来了,有才能的人争着奔向燕国。燕昭王吊唁死者,慰问生者,与百姓同甘共苦。二十八年过去了,燕国殷实富足,士兵生活安定,不怕战争。于是燕昭王任命乐毅为上将军,与秦、楚、三晋联合进攻齐国。齐军大败,齐闵王逃往国外。燕军独自追击齐国败军,直至进入齐都临淄,夺取了那里所有的珍宝,烧毁了齐国宫室和宗庙。没有被攻下的齐国城邑,只有莒和即墨。

燕王谓苏代

燕王谓苏代曰:"寡人甚不喜訑者之言也①。"苏代对曰:"周地贱媒,为其两誉也②。之男家曰女美③,之女家曰男富。然而周之俗不自为取妻④。且夫处女无媒,老且不嫁;舍媒自衒⑤,弊而不售⑥。顺而无败,售而不弊者,唯媒而已矣。且事非权不立⑦,非势不成。夫使人坐受成事者,唯訑者耳。"王曰:"善矣。"

①訑(tuó)者:骗子。訑,欺骗。

②两誉：两面说好话。

③之：到，至。

④取：通“娶”。

⑤衒（xuàn）：通“炫”，夸耀。

⑥弊：通“敝”。　售：卖，此指出嫁。

⑦立：成。

燕王对苏代说：“我很不喜欢骗子的假话。”苏代回答说：“周地看不起媒人，因为媒人两头说好话。到男家说女子貌美，到女家说男子富有。然而按周地的风俗，男人不自行娶妻。而且年轻女子没有媒人说媒，到老也不能出嫁；离开媒人自己去夸耀，磨破了嘴皮也嫁不出去。顺应风俗就不会坏事，要想出嫁又不费唇舌，只有找媒人了。况且参与政事离开权术就不能成事，不靠权势就不能成功。因此，让人坐享成功的人，只有那些骗子了。”燕王说：“说得对。”

苏秦自齐献书于燕王

苏秦自齐献书于燕王曰[①]：“臣之行也，固知将有口事，故献御书而行，曰：‘臣贵于齐，燕大夫将不信臣；臣贱，将轻臣；臣用，将多望于臣[②]；齐有不善，将归罪于臣；天下不攻齐，将曰善为齐谋；天下攻齐，将与齐兼贸臣[③]。臣之所处重卵也。’王谓臣曰：‘吾必不听众口与谗言，吾信汝也，犹刬刈者也[④]。上可以得用于齐，次可以得信于下，苟无死，女无不为也，以女自信可也。’与之言曰：‘去燕之齐可也，期于成事而已。’臣受令以任齐，及五年。齐数出兵，未尝谋燕。齐、赵之交，一合一离，燕不与齐谋赵，则与赵谋齐。齐之信燕也，至于虚北地行其兵[⑤]。今王信田伐与参、去疾之言，且攻齐，使齐大戒而不信燕。今王又使庆令臣曰：‘吾欲用所善。’王苟欲用之，则臣请为王事之。王欲醳臣剸任所善[⑥]，则臣请归醳事。臣苟得见，则盈愿。”

①苏秦：原作“苏代”。此篇文字见于《战国纵横家书》第四章，而第四章有“臣秦拜辞事”之语，故“代”当为“秦”。《燕策一·人有恶苏秦于燕王者》、《史记·苏秦列传》并作“苏秦”。今据改。

②望：责。

③贸：出卖。

④刬刈：铲除。

⑤虚：空。　行：移。

⑥醳（shì）：通“释”。　剸（zhuān）：通“专”。

苏秦从齐国给燕王送信说："臣下离开燕国时，本来就知道将会出现有人搬弄口舌的事，所以临行前献上奏书说：'臣下如果在齐国地位显贵，燕国大夫就将不信任臣下；如果臣下受到轻视，他们就将看不起臣下；臣下受到重视，他们又将更多地责难臣下；齐国如有对燕国不利的举动，也将归罪于臣下；天下诸侯不攻打齐国，他们会说臣下一心为齐国谋画；天下诸侯进攻齐国，他们又会同齐国一道出卖臣下。臣下的处境危如累卵。'大王当时对臣下说：'我一定不听众人的非议和谗言，我相信您，会像除草那样铲除谗言。您最好能在齐国受到重用，其次能够得到下边群臣的信任，只要您还活着，您没有什么不可以做的，只要你有信心就可以了。'大王又同我说：'离开燕国去齐国的事是可行的，只期望事情能办成功。'臣下接受任务来争取齐国的任用，到现在有五年了。齐国几次出兵，都不曾图谋燕国。齐、赵两国的邦交，时而联合，时而分离，燕国不是同齐国图谋赵国，就是同赵国图谋齐国。可是齐国一直相信燕国，以至于北部边境不设军队，调走那里的军队进攻别国。如今大王相信田伐和参、去疾等人的话，准备进攻齐国，使齐国大为戒备不再相信燕国。现在大王又派盛庆命令臣下说：'我想任用善于办事的人。'大王如果想任用这样的人，那么臣下请求替大王辅佐他。大王如果想要解我的职而专门任用善于办事的那个人，那么臣下请求回燕国解职。臣下如果能够见到大王，臣下的愿望也就满足了。"

燕饥赵将伐之

燕饥，赵将伐之。楚使将军之燕，过魏，见赵恢[①]。赵恢曰："使除患无至[②]，易于救患。伍子胥、宫之奇不用，烛之武、张孟谈受大赏。是故谋者皆从事于除患之道，而无使除患无至者。今予以百金送公也，不如以言。公听吾言而说赵王曰：'昔者吴伐齐，为其饥也，伐齐未必胜也，而弱越乘其弊以霸。今王之伐燕也，亦为其饥也，伐之未必胜，而强秦将以兵承王之西，是使弱赵居强吴之处，而使强秦处弱越之所以霸也。愿王之熟计之也。'"

使者乃以说赵王，赵王大悦，乃止。燕昭王闻之，乃封之以地。

①赵恢：赵国人，在魏国做官。

②使除患无至：鲍彪注曰："除之使不至。"

译文

燕国遇到饥荒，赵国想乘机进攻燕国。楚国派一名将军去燕国，经过魏国，见到了赵恢。赵恢说：“使人消除灾祸，使灾祸不来到，比灾祸出现了以后再去救灾容易。伍子胥和宫之奇都规劝过他们的国君，以便使灾祸不致来到，但是吴王和虞公都不采用。郑国的烛之武说服秦国不要攻打郑国，赵国的张孟谈劝说韩、魏两国不要攻打赵国，烛之武、张孟谈的活动都成功了，因而受到了重赏。因此谋士都从事研究消除祸患的方法，而不是想办法在祸患到来之前铲除隐患。现在我送您百金，不如送您一句话。您听从我的话去游说赵王说：‘从前吴国进攻齐国，是因为齐国闹饥荒，进攻齐国未必能取胜，弱小的越国却乘吴国疲弊之机，打败吴国而称霸。现在大王进攻燕国，也是因为燕国闹了饥荒，可是您进攻燕国也未必能取胜，而强大的秦国将可能乘机在西部进攻赵国，这是让弱小的赵国处于当年强大的吴国的地位上，而让强大的秦国处于当年弱小的越国的地位上。希望大王仔细考虑一下。’”

出使的楚国将军就用这番话游说赵王，赵王非常高兴，就停止进攻燕国。燕昭王听说后，就用土地封赏了这位楚国将军。

客谓燕王

原文

客谓燕王曰①：“齐南破楚，西屈秦，用韩、魏之兵，燕、赵之众，犹鞭策也。使齐北面伐燕，即虽五燕不能当。王何不阴出使，散游士，顿齐兵②，弊其众③，使世世无患。”燕王曰：“假寡人五年，寡人得其志矣。”苏子曰：“请假王十年。”燕王说，奉苏子车五十乘④，南使于齐。

①客：据下文当指苏秦。

②顿：困。

③弊：疲。

④奉：备。

苏秦对燕王说：“齐国向南打败了楚国，向西制服了秦国，指挥韩、魏、燕、赵之师，如同用鞭子赶马一样。假使齐国到北面进攻燕国，即使有五个燕国也不能抵挡。大王何不暗中派遣使者，差遣游说之士去各国，使齐兵陷入困境，让它的百姓疲惫不堪，这样就可使燕国世代无患。"燕王说："给我五年时间，我就能实现自己的愿望了。"苏秦说："让我给大王十年时间。"燕王十分高兴，送给苏秦五十辆车，让他出使齐国。

谓齐王曰："齐南破楚，西屈秦，用韩、魏之兵，燕、赵之众，犹鞭策也。臣闻当世之王，必诛暴正乱，举无道，攻不义。今宋王射天笞地，铸诸侯之象，使侍屏匽[①]，展其臂，弹其鼻，此天下之无道不义，而王不伐，王名终不成。且夫宋，中国膏腴之地[②]，邻民之所处也，与其得百里于燕，不如得十里于宋。伐之，名则义，实则利，王何为弗为？"齐王曰："善。"遂兴兵伐宋，三覆宋，宋遂举[③]。

燕王闻之，绝交于齐，率天下之兵伐齐，大战一，小战再，顿齐国，成其名。故曰：因其强而强之，乃可折也；因其广而广之，乃可缺也[④]。

①屏匽(yǎn)：路旁的厕所。

②膏腴：肥沃。

③举：灭。

④因其强而强之，乃可折也；因其广而广之，乃可缺也：利用它的强大而使它逞强，就可以折服它；利用它扩张的野心来增大它的贪欲，就可以残害它。《老子》第三十六章曰："将欲歙之，必固张之；将欲弱之，必固强之；将欲废之，必固兴之；将欲夺之，必固与之。"《吕氏春秋·恃君览·行论》曰："湣王以大齐骄而残，田单以即墨城而立功。《诗》曰：'将欲毁之，必重累之；将欲踣之，必高举之。'其此之谓乎？"皆与此意同。

苏秦对齐王说："齐国向南打败了楚国，向西制服了秦国，指挥韩、魏、燕、赵的军队，如同用鞭子赶马一样。我听说当代有作为的国君，一定要诛杀残暴的诸侯，平定混乱的天下，讨伐无道的昏君，攻打不义的国家。如今宋王箭射天神，鞭打地神，铸造诸侯的塑像，让它们侍立在路旁的厕所里，又拉开它们的双臂，用石子射它们的鼻子，这是天下昏庸无道、不讲信义的人，然而大王却不去攻打他，大王的英名终难成就。况且宋地，是中原最肥沃的土地，齐国的边民与宋相处，与其从燕国得到百里土地，不如从宋国得到十里土地。进攻宋国，不仅名义上是为了正义，实际上也会得到好处，大王为什么不这样做呢？"齐王说："好。"于是发兵进攻宋国，三次击败宋国，宋国终于被灭掉了。

燕王听说后，即与齐国断交，率领天下诸侯的军队进攻齐国，经过一次大战，两次小战，使齐国疲弊，成就了燕王的声名。所以说，利用它的强大而使它逞强，就可以折服它；利用它扩张的野心来增大它的贪欲，就可以残害它。

赵且伐燕

原文

赵且伐燕，苏代为燕谓惠王曰[①]："今者臣来，过易水，蚌方出曝[②]，而鹬啄其肉，蚌合而拑其喙[③]。鹬曰：'今日不雨，明日不雨，即有死蚌。'蚌亦谓鹬曰：'今日不出，明日不出，即有死鹬。'两者不肯相舍，渔者得而并禽之[④]。今赵且伐燕，燕、赵久相支以弊大众[⑤]，臣恐强秦之为渔父也，故愿王之熟计之也。"惠王曰："善。"乃止。

①惠王：指赵惠文王。

②曝：晒。

③拑（qián）：通"钳"，夹住。　喙（huì）：鸟兽的嘴。

④禽：通"擒"。

⑤支：对抗。　弊：疲。

赵国准备进攻燕国，苏代为了燕国对赵惠文王说："今天我来您这里的时候，路过易水，河蚌正出来张开蚌壳晒太阳，一只鹬鸟啄住了蚌肉，蚌合拢起来夹住了鹬嘴。鹬鸟说：'今天不下雨，明天不下雨，就会有只死蚌。'河蚌也对鹬鸟说：'今天不放你，明天不放你，就会有只死鹬。'双方都不肯松开，渔夫看到后，把它们一起抓住了。现在赵国准备进攻燕国，燕、赵两国长期对抗，让百姓疲惫不堪，我担心强大的秦国就要成为渔翁了，所以希望大王仔细考虑这件事。"赵惠文王说："好。"于是就停止进攻燕国。

张丑为质于燕

原文

张丑为质于燕，燕王欲杀之，走且出境，境吏得丑。丑曰："燕王所为将杀我者，人有言我有宝珠也，王欲得之，今我已亡之矣，而燕王不我信。今子且致我，我且言子之夺我珠而吞之，燕王必当杀子，刳子腹及子之肠矣。夫欲得之君，不可说以利。吾要且死，子肠亦且寸断。"境吏恐而赦之。

译文

齐臣张丑到燕国去做人质，燕王想杀他，张丑逃跑，快要逃出边境时，边境上的官吏抓住了他。张丑说："燕王所以要杀我，是因为有人说我有宝珠，燕王想得到它，但是现在我已经丢了宝珠，可燕王不相信我。今天您准备把我送到燕王那里，我就说您夺去了我的宝珠并吞进了肚子里，燕王一定会杀了您，剖开您的肚子和肠子。想要得到国君的赏识，也不该用财物取悦于他。我如果被腰斩而死，您的肠子也会一寸寸地被切断。"边境上的这个官吏很害怕，就放了张丑。

◎宋 策

题解

《宋策》记载了宋国历史上的重大事件。《齐攻宋宋使臧子索救于荆》写宋臣臧子的先见之明。《公输般为楚设机》写墨子巧谏楚王，从而使其取消了攻打宋国的行动。《谓大尹曰》写能使宋国大臣大尹长期执掌宋国政事的计策。《魏太子自将过宋外黄》写魏惠王太子申之死。《宋康王之时有雀生鹯》写宋康王暴虐无道，终于落得个身死国亡的可悲下场。

齐攻宋宋使臧子索救于荆

原文

齐攻宋，宋使臧子索救于荆①。荆王大说②，许救甚劝③。臧子忧而反④。其御曰："索救而得，有忧色，何也？"臧子曰："宋小而齐大。夫救于小宋而恶于大齐，此王之所忧也；而荆王说甚，必以坚我。我坚而齐弊，荆之利也。"臧子乃归。齐王果攻，拔宋五城而荆王不至⑤。

①索：求。

②说：通"悦"。

③劝：鲍彪注曰："劝，力也。"

④反：通"返"。

⑤拔：攻下。

齐国进攻宋国，宋国派臧子向楚国求救。楚王很高兴，表示全力相救。臧子却忧心忡忡地返回宋国。他的车夫说："求救的目的达到了，可您却面带忧色，为什么？"臧子说："宋国是小国，而齐国却是大国。援救弱小的宋国而得罪强大的齐国，这是任何国君都忧虑的事，而楚王却很高兴，这一定是用救宋的空话来坚定我国与齐国作战的信心；我国信心坚定了，齐国就会因战争而疲弊，这对楚国大有好处。"臧子便回到宋国。不久，齐王果然攻打宋国，攻下了宋国的五座城邑，楚王也没有派兵来救。

公输般为楚设机

公输般为楚设机[①]，将以攻宋。墨子闻之，百舍重茧[②]，往见公输般，谓之曰："吾自宋闻子。吾欲籍子杀人。"公输般曰："吾义固不杀人。"墨子曰："闻公为云梯[③]，将以攻宋。宋何罪之有？义不杀人而攻国，是不杀少而杀众。敢问攻宋何义也？"公输般服焉，请见之王。

墨子见楚王曰："今有人于此，舍其文轩[④]，邻有弊舆而欲窃之；舍其锦绣，邻有短褐而欲窃之[⑤]；舍其粱肉[⑥]，邻有糟糠而欲窃之。此为何若人也？"王曰："必为有窃疾矣。"

①机：指机械战具。

②百舍：百里为一舍。　重茧：厚茧。

③云梯：古代攻城时攀登城墙的长梯。高诱注曰："梯长而高，上至于云，故曰云梯也。"鲍彪注曰："梯之高上如云。"

④文轩：文车，雕饰精美的车子。轩，车的通称。

⑤短褐：粗布短衣。

⑥粱肉：精美的食物。粱，好粟。

【译文】

鲁国巧匠公输般为楚国制造攻战机械，准备用它攻打宋国。墨子听说这件事后，步行万里，脚上都走出了老茧，到楚国去见公输般，对公输般说："我在宋国就听说您的大名。我想借你的手去杀人。"公输般说："我本来就讲究仁义不杀人。"墨子说："听说您制造云梯，将要用它攻打宋国。宋国有什么罪过？讲仁义不杀人却帮助进攻别国，这是不杀少数的人而杀多数的人。请问进攻宋国有什么仁义？"公输般信服，墨子请求公输般为自己引见楚王。

墨子见到楚王说："现在这里有这样一个人，舍弃自己雕饰精美的车子，邻居有破车却想偷窃；舍弃自己的锦绣衣服，邻居有粗布短衣却想偷窃；舍弃自己的精美食物，邻居有糟糠却想偷窃。这是一个什么样的人呢？"楚王说："这个人一定是患了偷窃病。"

墨子曰："荆之地方五千里，宋方五百里，此犹文轩之与弊舆也[①]；荆有云梦，

犀兕麋鹿盈之[②]，江、汉鱼鳖鼋鼍为天下饶[③]，宋所谓无雉兔鲋鱼者也，此犹粱肉之与糟糠也；荆有长松、文梓、楩[④]、楠、豫樟，宋无长木，此犹锦绣之与短褐也。臣以为王吏之攻宋，为与此同类也。"王曰："善哉！请无攻宋[⑤]。"

①弊：破。

②兕（sì）：雌犀牛。　麋（mí）：兽名，俗称四不像。　盈：充满。

③鼋（yuán）：鳖的一种。　鼍（tuó）：鳄鱼。　饶：多。

④楩（pián）：南方大木名。

⑤无：勿。

墨子说："楚国土地方圆五千里，宋国方圆五百里，这如同雕饰精美的车和破车；楚国有云梦泽，犀牛、野牛、麋鹿充满泽中，长江、汉水盛产鱼、鳖、大鼋和鳄鱼，是天下出产最多的地方，而宋国是一个人们所说的没有野鸡、兔子和鲫鱼的地方，这如同精美的食物和糟糠相比一样；楚国有高大的松树、梓树、楩树、豫樟树，宋国却没有高大的树木，这如同锦绣衣服和粗布短衣相比一样。因此我认为大王的官吏进攻宋国，与上述情形相似。"楚王说："讲得好！我们不去攻打宋国了。"

谓大尹曰

谓大尹曰[①]："君日长矣，自知政，则公无事。公不如令楚贺君之孝，则君不夺太后之事矣[②]，则公常用宋矣[③]。"

①大尹：高诱注："大尹，宋卿也。"

②君不夺太后之事：鲍彪注曰："后时与政。"高诱注："事，政事也。"

③公常用宋：高诱注："与后共为政。太后不见夺政，则太尹亦不见废也。故云常用于宋也。"鲍彪注曰："见用于宋，尹盖太后之人。"

有人对宋国大臣大尹说："宋君一天比一天长大，自己就要亲自理政，那么您就再也没有执掌政事的机会了。您不如让楚国派使臣来祝贺宋君孝顺母亲，那么宋君就不会剥夺太后执掌政事的权力，那么您就可以常在宋国掌权了。"

魏太子自将过宋外黄

魏太子自将,过宋外黄。外黄徐子曰:"臣有百战百胜之术,太子能听臣乎?"太子曰:"愿闻之。"客曰:"固愿效之[1]。今太子自将攻齐,大胜并莒,则富不过有魏,而贵不益为王。若战不胜,则万世无魏。此臣之百战百胜之术也。"太子曰:"诺。请必从公之言而还。"客曰:"太子虽欲还,不得矣。彼利太子之战攻,而欲满其意者众[2],太子虽欲还,恐不得矣。"太子上车请还。其御曰:"将出而还,与北同[3],不如遂行。"遂行,与齐人战而死,卒不得魏。

①效:献。

②彼利太子之战攻,而欲满其意者众:高诱注:"彼,谓魏战士也。欲使太子战,得其利,以盈满其志意。众,多也。"鲍彪注曰:"希赏也。"

③与北同:高诱注:"北,退走也。与退走者同罪。"

【译文】

魏国太子亲自率军队进攻齐国,路过宋国外黄。外黄人徐子对魏太子说:"臣下有百战百胜的方法,太子能听臣下说一说吗?"魏国太子说:"愿意听。"徐子说:"臣下的确想把这意见献给您。如今太子亲自率军队进攻齐国,如果取得大胜,吞并了莒地,那富贵也超不过拥有魏国,显贵也不会超过做国君。如果打不胜,您就会永世失去魏国。臣下认为您不要亲自率军攻打齐国,这就是臣下百战百胜的方法。"魏国太子说:"好吧。我一定听您的话,返回魏国。"徐子说:"太子即使想回去,恐怕也做不到了。那些利用太子攻战机会谋取好处,想要满足私欲的人太多了,太子虽然想回去,恐怕做不到了。"太子登上战车请将士们回去。他的车夫说:"将领出征无故而还,这与战败逃跑同罪,您不如继续向前。"魏国太子只好带兵前进,同齐国开战,太子不幸战死,终究没有得到魏国。

宋康王之时有雀生鹯

宋康王之时,有雀生鹯于城之陬[1]。使史占之,曰:"小而生巨,必霸天下。"康王大喜。于是灭滕,伐薛,取淮北之地。乃愈自信,欲霸之亟成,故射天笞地,斩社稷而焚灭之[2]，曰："威服天下鬼神。"骂国老谏者，为无颜之冠以示勇，剖伛之背[3]，锲朝涉之胫[4]，而国人大骇[5]。齐闻而伐之，民散，城不守。王乃逃倪侯之馆[6]，遂得而死[7]。见祥而不为祥，反为祸。

①鹯(zhān)：一种似鹞、鹰的猛禽。 陬(zōu)：隅，城墙墙角。

②斩：断。 社稷：此指土神、谷神的牌位。

③伛(yǔ)：驼背，罗锅儿。

④锲：断。 胫：小腿。

⑤骇：高诱注："乱忧也。"

⑥倪侯：鲍彪注曰："侯，其臣也。"

⑦得：获。

宋康王之时，有只小鸟在城墙的角落生了一只鹯鸟。宋康王让太史占卜，太史说："小鸟生出大鸟，一定能称霸天下。"宋康王大喜过望。于是出兵灭掉了滕国，进攻薛国，夺取了齐国的淮北之地。宋康王更加自信，想尽快实现霸业，所以他上箭射天神，下又鞭打地神，还砍掉了土神、谷神的神位，把它们烧掉，说："我用威力降服天地鬼神。"他痛骂国老中敢于劝谏的大臣，他戴上没有帽檐的帽子来表示勇敢。他剖开驼背人的后背，砍断早晨过河人的小腿，因此，国中的人非常恐慌。齐国听说后进攻宋国，百姓四处逃散，城也没有人把守。宋康王逃到大臣倪侯的家里，很快就被齐国人抓住杀死了。宋康王看到吉兆却不做好事，吉祥反而成了灾祸。

◎卫　策

题解

《卫策》记载了卫国历史上的重大事件。《智伯欲伐卫》写卫国大臣南文子的贤能。《智伯欲袭卫》写卫国大臣南文子识破智伯偷袭卫国的阴谋。《犀首伐黄》写卫国大臣南文子判断局势之准确。《卫嗣君病》写卫国大臣殷顺且如何获得相国职位之事。《卫嗣君时胥靡逃之魏》写卫嗣君以百金和城邑向魏国赎其罪犯，反映了卫嗣君的治国之道。《卫人迎新妇》通过描写卫人迎娶新媳妇时新媳妇讲的三句话，说明了一个浅显的道理：说话要选择恰当的时机和场合。

智伯欲伐卫

原文

智伯欲伐卫，遗卫君野马四①，白壁一。卫君大悦，群臣皆贺，南文子有忧色②。卫君曰："大国大欢，而子有忧色何？"文子曰："无功之赏，无力之礼③，不可不察也。野马四，白壁一，此小国之礼也，而大国致之④，君其图之⑤。"卫君以其言告边境。智伯果起兵而袭卫，至境而反⑥，曰："卫有贤人，先知吾谋也。"

①遗：赠，送给。　野马：驹骕（tāotú），北方的良马。

②南文子：卫臣。

③无力：犹言不费力。

④致：献。

⑤图：考虑。

⑥反：通"返"。

智伯要进攻卫国，就送给卫国国君良马四匹，白璧一块。卫国国君非常高兴，群臣都来道贺，只有南文子面露忧色。卫国国君说："全国一片欢腾，您为什么却面有忧色？"南文子说："无功而受赏，未出力而受礼，不可不详察原因。四匹良马，一块白璧，这是小国才赠送的礼物，而大国却送来这样的礼物，您还是考虑一下吧。"卫国国君就把南文子的话转告给边境守军。智伯果然派兵偷袭卫国来了，到了边境又返回去了，智伯说："卫国有贤人，预先就知道了我的计谋。"

智伯欲袭卫

智伯欲袭卫[①]，乃佯亡其太子，使奔卫。南文子曰："太子颜为君子也[②]，甚爱而有宠，非有大罪而亡，必有故。"使人迎之于境，曰："车过五乘，慎勿纳也[③]。"智伯闻之，乃止。

①袭：乘人不备而进攻。

②太子颜：智伯的长子，名颜。　君：指智伯。

③慎：谨慎，小心。

智伯想偷袭卫国，就派他的太子假装逃亡，让他投奔卫国。卫臣南文子说："太子颜是智伯的儿子，智伯又很宠爱他，并没有什么大罪却逃出国，其中必有缘故。"南文子派人在边境上迎接他，并嘱咐说："假如太子颜的车超过五辆，千万不要放他入境。"智伯听说后，就取消了太子去卫国的计划。

犀首伐黄

犀首伐黄[①]，过卫，使人谓卫君曰："弊邑之师过大国之郊，曾无一介之使以存之乎[②]？敢请其罪。今黄城将下矣，已，将移兵而造大国之城下[③]。"卫君惧，束组三百绲[④]，黄金三百镒，以随使者。南文子止之曰："是胜黄城，必不敢来；不胜，亦不敢来。是胜黄城，则功大名美，内临其伦[⑤]。夫在中者恶临，议其事。蒙大名，挟成功，坐御以待中之议，犀首虽愚，必不为也。是不胜黄城，破心而走[⑥]，归恐不免于罪矣！彼安敢攻卫以重其不胜之罪哉[⑦]？"果胜黄城，帅师而归，遂不敢过卫。

注释

①犀首：鲍彪注曰："犀首，魏官名，非公孙衍。"

②存：慰问。

③造：至。

④绲（gǔn）：捆。

⑤内临其伦：鲍彪注曰："临，言以功处其上。伦，其辈类。"

⑥破心：犹言恐惧。

⑦重:加重。

魏将犀首率兵进攻黄国,路过卫国,他派人对卫国国君说:"弊国军队路过贵国郊外,竟连一个使者也没派来慰问我国军队?请问我们有什么罪过。现在黄国的城邑就要被攻下了,攻下后,我们就将调兵到贵国的城下。"卫国国君很害怕,捆扎了三百捆绶带,准备了三百镒黄金,让使者带上这些东西出使。南文子阻止卫国国君说:"这次犀首如果在黄城取胜,一定不敢来攻打卫国;没有取胜,也不敢来攻打。他在黄城取胜,那么他就取得了很大的功劳,赢得了很好的名声,就会居功蔑视他的同事。在国中的大臣就会讨厌他的居高临下,说他的坏话。有了大名,获得成功,却坐等国中人的非议,他即使再愚蠢,也一定不会这样做。这次如果不能在黄城取胜,他将怀着恐惧的心理逃回魏国,回国后还会担心免不了要受惩罚!他怎么敢加重没有战胜黄国的罪过呢?"犀首果然在黄城取得了胜利,率军直接回国,没敢经过卫国。

卫嗣君病

原文

卫嗣君病[①]。富术谓殷顺且曰:"子听吾言也说君[②],勿益损也,君必善子。人生之所行,与死之心异。始君之所行于世者,食高丽也[③];所用者,绁错、挐薄也[④]。群臣尽以为君轻国而好高丽,必无与君言国事者。子谓君:'君之所行天下者甚谬。绁错主断于国,而挐薄辅之,自今以往者,公孙氏必不血食矣[⑤]。'"

君曰:"善。"与之相印,曰:"我死,子制之。"嗣君死,殷顺且以君令相公期,绁错、挐薄之族皆逐也[⑥]。

①卫嗣君:卫平侯之子,秦王贬其号为君。

②说:劝。

③食高丽:犹言贪恋美色。食,吃,犹言贪恋。高丽,个高貌美,犹言美色。

④绁(xiè)错、挐(rú)薄:都是卫嗣君的宠臣。

⑤公孙氏:卫国姓。　不血食:不能宰杀牲畜祭祀祖宗,即亡国。

⑥族:属,类。

卫平侯之子嗣君病重。富术对殷顺且说:"您按我的话去劝说卫君,不要增减

一字，卫君一定会亲近您。人活着时候的所作所为，和快要死时的想法是不一样的。当初卫君在世时所做的，是贪恋美色；所任用的，是缫错、挐薄一类的宠臣。群臣都认为卫君不重视国事而贪图美色，一定没有人同卫君谈论国事。所以您应该对卫君这样说：'您过去的所作所为很荒谬。缫错在国内独断专行，而且还有挐薄帮助他，从今往后，卫国一定会亡国了。'"

殷顺且把富术教给他的这些话一字不减地禀告了卫君。卫君听完后说："说得好。"就把相印交给了殷顺且，说："我死之后，你要管理卫国。"卫嗣君死后，殷顺且凭借先君的遗命作了卫国的相国，辅佐卫嗣君的儿子公期。缫错、挐薄一类的奸佞之臣都被驱逐出去了。

卫嗣君时胥靡逃之魏

卫嗣君时，胥靡逃之魏[①]，卫赎之百金，不与。乃请以左氏[②]。群臣谏曰："以百金之地，赎一胥靡，无乃不可乎？"君曰："治无小，乱无大。教化喻于民[③]，三百之城，足以为治；民无廉耻，虽有十左氏，将何以用之？"

①胥靡：高诱注："有罪之贤人。"吴师道云："晋灼曰：'胥，相也；靡，随也。'颜曰：'连系相随而服役之，犹今之囚徒。'"

②左氏：卫国邑名。

③喻：通"谕"，这里指教导之意。

卫嗣君的时候，卫国的一个罪犯胥靡逃到了魏国，卫国用一百斤金赎胥靡，魏国不给。于是卫君请求用左氏邑交换。群臣劝谏卫嗣君说："用百金和左氏邑赎回一个胥靡，恐怕不合适吧？"卫君说："一个国家治理得好，不在于国小；一个国家局势很混乱，不在于国大。用教化来教导百姓，三百户人家的城邑足可以治理得很好。假如百姓不懂廉耻，即使有十座左氏邑，又将有什么用处呢？"

卫人迎新妇

卫人迎新妇，妇上车，问："骖马[①]，谁马也？"御曰："借之。"新妇谓仆曰："拊

骖[2]，无笞服[3]。”车至门，扶，教送母曰[4]：“灭灶，将失火。”入室见臼[5]，曰：“徙之牖下[6]，妨往来者。”主人笑之。

此三言者，皆要言也，然而不免为笑者[7]，蚤晚之时失也[8]。

①骖马：两旁拉套的马。

②拊（fǔ）：拍；击。

③服：中间驾辕的马。

④送母：送新妇之老妇。鲍彪注曰：“母，送妇者。将还，故戒之。”

⑤臼：舂米的器具，用石头或木头做成，中部凹下。

⑥牖（yǒu）：窗户。

⑦为：被。　者：表示原因。

⑧蚤：通“早”。

有个卫国人迎娶新媳妇，新媳妇上车后，问：“骖马，是谁家的马？”驾车的人说：“是借来的。”新媳妇于是就对驾车的人说：“打骖马，别打辕马。”车子到了夫家门口，扶新媳妇进门时，新媳妇又对送她的老妇说：“把灶里的火灭掉，以防失火。”到了屋里看到舂米的石臼，新媳妇又说：“把石臼搬到窗户下，以免妨碍来往的人走路。”主人便笑话她。

新娘这三句话，都是很要紧的话，然而免不了要受人嘲笑，这是因为她说话的时机不当。

◎中山策

题解

《中山策》记载了中山国历史上的重大事件。《魏文侯欲残中山》写常庄谈为防魏并中山，累及赵国，劝谏赵襄子娶魏文侯女儿公子倾为妻。《司马憙使赵》写中山国大臣司马憙巧解自己杀身之祸的事。《司马憙三相中山》写中山国大臣田简巧计使中山君美人阴简尽释对司马憙的嫉恨。《阴姬与江姬争为后》写中山国大臣司马憙巧计使中山王立阴姬为后之事。《主父欲伐中山》写赵武灵王派李疵察看中山国情况，以及李疵陈述中山国将要灭亡的征兆。《中山君飨都士》通过描述发生在中山君身上的两件小事，说明了一个浅显的道理：施恩不在于多少，应在最困难的时候；怨恨不在于深浅，在于是否伤害人心。

魏文侯欲残中山

原文

魏文侯欲残中山①。常庄谈谓赵襄子曰："魏并中山，必无赵矣②。公何不请公子倾以为正妻，因封之中山③，是中山复立也④。"

①残：灭。

②必无赵：高诱注曰："兼有中山，必复以次取赵。"

③封之中山：高诱注曰："公子倾，魏君之女，封之于中山，以为邑。"

④中山复立：高诱注曰："是则中山不残也，故云'中山复立'，犹存也。"

译文

魏文侯想灭掉中山国。赵襄子家臣常庄谈对赵襄子说："魏国如果吞并中山国，接着就会攻打赵国，赵国必将灭亡。您为什么不请求魏文侯，娶他的女儿公子倾做您的正妻，趁机把她的封邑封在中山国，这样中山国就可以继续存在了。"

司马憙使赵

司马憙使赵①，为己求相中山。公孙弘阴知之②。中山君出，司马憙御，公孙弘

参乘。弘曰："为人臣，招大国之威，以为己求相，于君何如？"君曰："吾食其肉，不以分人。"司马憙顿首于轼曰："臣自知死至矣！"君曰："何也？""臣抵罪[3]。"君曰："行，吾知之矣。"居顷之，赵使来，为司马憙求相。中山君大疑公孙弘，公孙弘走出。

①司马憙(xǐ)：中山国大臣。憙，同"喜"。

②公孙弘：中山国大臣。　阴：暗中。

③抵：当。

司马憙出使赵国，让赵国替自己谋求中山国相国的职位。中山国大臣公孙弘暗中知道了这件事。一次中山君外出，司马憙驾车，公孙弘陪乘。公孙弘对中山君说："做人臣子的，利用大国的威势为自己谋求相位，在您看来，这种人怎么样？"中山君说："我吃他的肉，不把肉分给别人。"司马憙急忙在车前的横木上叩头说："臣下自知死期到了。"中山君说："为什么这样？"司马憙说："臣下当受死罪。"中山君说："走吧，我知道了。"过了一段时间，赵国的使者来到中山国，为司马憙谋取相位。中山君很怀疑公孙弘与赵国暗中有来往，公孙弘只好逃离中山国。

司马憙三相中山

司马憙三相中山，阴简难之[1]。田简谓司马憙曰："赵使者来属耳[2]，独不可语阴简之美乎？赵必请之，君与之，即公无内难矣。君弗与赵，公因劝君立之以为正妻。阴简之德公[3]，无所穷矣。"果令赵请，君弗与。司马憙曰："君弗与赵，赵王必大怒，大怒则君必危矣。然则立以为妻，固无请人之妻不得而怨人者也。"田简自谓取使[4]，可以为司马憙，可以为阴简，可以令赵勿请也。

①阴简难之：高诱注："阴简，中山君美人也。难，恶也。"鲍彪注曰："阴简，姬名也。难，谓忌之。"

②属耳：探听，刺探。

③德：感激。

④自谓：自称。

司马憙三次做中山国的相国，中山君的美人阴简很嫉恨他。田简对司马憙

说："赵国使者来中山探听消息，难道不可以对他说一说阴简的美貌吗？赵王一定会请求娶阴简，如果君王把阴简送给赵王，您就没有内患了。如果君王不把阴简送给赵王，您就趁机劝君王立阴简为正妻。阴简感激您的恩德，就会报答不尽。"司马憙果然让赵国要阴简，中山君不给。司马憙说："您不把阴简送给赵国，赵王一定会大怒，赵王大怒，您的处境必然危险。但如果您能把阴简立为正妻，那就不会出现要求娶别人的正妻而不得就怨恨人家的事情了。"田简自己认为，照这个办法去做，不仅能帮助司马憙，帮助阴简，还能使赵国无法要去阴简。

阴姬与江姬争为后

【原文】

阴姬与江姬争为后[①]。司马憙谓阴姬公曰："事成[②]，则有土子民[③]；不成，则恐无身。欲成之，何不见臣乎？"阴姬公稽首曰："诚如君言，事何可豫道者[④]。"司马憙即奏书中山王曰："臣闻弱赵强中山。"中山王悦而见之曰："愿闻弱赵强中山之说。"司马憙曰："臣愿之赵，观其地形险阻，人民贫富，君臣贤不肖[⑤]，商敌为资[⑥]，未可豫陈也。"中山王遣之。

①江姬：中山君美人。　后：国君的正妻，王后。

②事成："争为后"之事成功。

③有土：据有土地。　子民：统治百姓。

④豫：预先。

⑤不肖：不贤。

⑥商：比较。

中山国的阴姬和江姬争做王后。司马憙对阴姬的父亲说："争为王后的事如果能够成功，就会得到土地，统治百姓；不能成功，恐怕就会性命难保。想使事情成功，为什么不来见我呢？"阴姬的父亲叩头说："真像您说的那样，怎么可以事先道谢呢。"司马憙立即就向中山王上书说："我知道削弱赵国加强中山的办法。"中山王高兴地召见他说："愿意听一听削弱赵国加强中山的计谋。"司马憙说："我希望到赵国去，观察那里的地形和山川险阻情况，人民的贫富，君臣的贤愚，比较敌我力量作为参考，现在还不能预先乱说。"于是中山王派司马憙去赵国。

见赵王曰："臣闻赵，天下善为音，佳丽人之所出也①。今者，臣来至境，入都邑，观人民谣俗②，容貌颜色殊无佳丽好美者。以臣所行多矣，周流无所不通③，未尝见人如中山阴姬者也，不知者特以为神④，力言不能及也⑤。其容貌颜色固已过绝人矣，若乃其眉目、准頞、权衡、犀角、偃月⑥，彼乃帝王之后，非诸侯之姬也。"赵王意移，大悦曰："吾愿请之，何如？"司马憙曰："臣窃见其佳丽，口不能无道尔⑦。即欲请之，是非臣所敢议，愿王无泄也。"

①佳丽人：美女。

②谣：歌谣，民歌。 俗：风俗，习俗。

③周流：周游。 通：达，至。

④特：乃。

⑤力言：尽力言之。一说"力言不能及"五字为高诱注，误入正文。

⑥准：鼻子。 頞(è)：鼻梁。 权：两颊。 衡：眉宇。 犀角：指头型。 偃月：额头。

⑦尔：通"耳"。

司马憙见到赵王说："我听说，赵国是天下最擅长音律的国家，美女多出自赵国。现在我来到赵国，也到过了大小城市，听了民谣，观看了民俗，从人们的容貌脸色上看，并没有特别漂亮好看的女子。我到过的地方很多，周游各地无所不往，不曾见过比中山阴姬更美的人，不知道的，还以为是仙女，竭尽言辞也描摹不出。她的容貌姿色本来就超过了那些绝代佳人，如果说到她的眉毛、眼睛、鼻子、面颊、眉宇、头型和额头，那真是帝王之后的长相，绝不该是诸侯的姬妾。"赵王开始动心了，非常高兴地说："我想把她娶来，怎么样？"司马憙说："我见她那样美丽，所以嘴里不能不说出来。假如您想娶她，这不是我敢议论的事，希望大王不要把此事泄露出去。"

司马憙辞去，归报中山王曰："赵王非贤王也。不好道德，而好声色；不好仁义，而好勇力。臣闻其乃欲请所谓阴姬者。"中山王作色不悦。司马憙曰："赵强国也，其请之必矣。王如不与①，即社稷危矣②；与之，即为诸侯笑。"中山王曰："为将奈何？"司马憙曰："王立为后，以绝赵王之意。世无请后者。虽欲得请之，邻国不与也③。"中山王遂立以为后，赵王亦无请言也。

①与：同意，赞同。
②即：则。
③与：赞同。

译文

司马憙辞别赵王，回到中山国，向中山王汇报说："赵王不是一个贤明的君王。他不喜欢修养道德，而是喜欢淫声美色；不讲求仁义，而是崇尚暴力。我还听说他还想娶阴姬。"中山王脸色一变，很不高兴。司马憙说："赵国是一个强国，赵王想要就一定会要的。大王如果不同意，国家就会危险；如果同意，就要被诸侯们耻笑。"中山王说："该怎样办呢？"司马憙说："大王可以立阴姬为王后，以此来断绝赵王娶阴姬的念头。世上还没有要娶人家王后的呢。即使赵王想娶，邻国也不会赞同。"中山王于是就立阴姬为王后，赵王也没有再说要娶阴姬的话。

主父欲伐中山

主父欲伐中山①，使李疵观之②。李疵曰："可伐也。君弗攻，恐后天下。"主父曰："何也？"对曰："中山之君，所倾盖与车而朝穷闾隘巷之士者，七十家。"主父曰："是贤君也，安可伐？"李疵曰："不然。举士③，则民务名不存本④；朝贤，则耕者惰而战士懦。若此不亡者，未之有也。"

注释

①主父：即赵武灵王。
②李疵：赵臣。
③举：选拔，任用。
④务：追求，专力于。　本：农业。

赵武灵王要攻打中山国，派李疵去察看情况。李疵说："可以进攻了。您如果再不攻打中山，恐怕就要落在别国的后面了。"赵武灵王说："为什么？"李疵回答说："中山国的国君，拿掉不用车盖和车子去拜访住在穷街僻巷的士人，拜访了七十家。"赵武灵王说："这是位贤君，怎么可以攻打呢？"李疵说："不是这样。治理国家，如果只选拔士人，那么百姓就会追求虚名，不会把心思放在农业上；拜访贤

者，那么耕种的人就会懒惰，战士怯懦贪生。像这样的国家如果不灭亡，以前从来没有过。”

中山君飨都士

中山君飨都士[1]，大夫司马子期在焉。羊羹不遍，司马子期怒而走于楚[2]，说楚王伐中山。中山君亡，有二人挈戈而随其后者[3]，中山君顾谓二人："子奚为者也[4]？"二人对曰："臣有父，尝饿且死[5]，君下壶飡饵之[6]。臣父且死，曰：'中山有事，汝必死之。'故来死君也。"中山君喟然而仰叹曰："与不期众少[7]，其于当厄；怨不期深浅，其于伤心。吾以一杯羊羹亡国，以一壶飡得士二人。"

①飨(xiǎng)：通"享"，用酒食款待客人。

②走：奔，出奔。

③挈(qiè)：提。

④奚：何，什么。

⑤且：将。

⑥飡(sūn)：熟食。　饵：食，拿东西给人吃。

⑦期：在。

【译文】

中山君宴请都邑中的士人，大夫司马子期也在其中。分羊羹时没有分到司马子期那里，司马子期盛怒之下出奔到了楚国，游说楚王进攻中山国。中山君被逼逃亡，有两个人手提着戈紧跟在他的后面，中山君回头对这两个人说："你们是干什么的？"那两个人回答说："我们的父亲曾经饿得快要死了，您拿出壶中的食物给他吃。父亲在临死的时候，说：'中山国如果有战事，你们一定要效死力。'所以我们来为您死战。"中山君很感慨，仰天叹道："施恩不在于多少，应在最困难之时；怨恨不在于深浅，在于是否伤害人心。我因一杯羊羹灭亡了国家，因一壶食物赢得了两位义士。"

◎附 录

刘向书录

护左都水使者光禄大夫臣向言：所校中《战国策》书，中书馀卷，错乱相糅莒。又有国别者八篇，少不足。臣向因国别者，略以时次之，分别不以序者以相补，除复重，得三十三篇。本字多误脱为半字，以“赵”为“肖”，以“齐”为“立”，如此字者多。中书本号，或曰《国策》，或曰《国事》，或曰《短长》，或曰《事语》，或曰《长书》，或曰《修书》。臣向以为战国时，游士辅所用之国，为之策谋，宜为《战国策》。其事继春秋以后，讫楚、汉之起，二百四十五年间之事，皆定以杀青，书可缮写。

叙曰：周室自文、武始兴，崇道德，隆礼义，设辟雍泮宫庠序之教，陈礼乐弦歌移风之化，叙人伦，正夫妇，天下莫不晓然，论孝悌之义，惇笃之行，故仁义之道满乎天下，卒致之刑错四十馀年。远方慕义，莫不宾服，雅颂歌咏，以思其德。下及康、昭之后，虽有衰德，其纲纪尚明。及春秋时，已四五百载矣，然其馀业遗烈，流而未灭。五伯之起，尊事周室。五伯之后，时君虽无德，人臣辅其君者，若郑之子产，晋之叔向，齐之晏婴，挟君辅政，以并立于中国，犹以义相支持，歌说以相感，聘觐以相交，期会以相一，盟誓以相救。天子之命，犹有所行；会享之国，犹有所耻。小国得有所依，百姓得有所息。故孔子曰：“能以礼让为国乎何有？”周之流化，岂不大哉！及春秋之后，众贤辅国者既没，而礼义衰矣。孔子虽论《诗》、《书》，定《礼》、《乐》，王道粲然分明，以匹夫无势，化之者七十二人而已，皆天下之俊也，时君莫尚之。是以王道遂用不兴。故曰：“非威不立，非势不行。”

仲尼既没之后，田氏取齐，六卿分晋，道德大废，上下失序。至秦孝公，捐礼让而贵战争，弃仁义而用诈谲，苟以取强而已矣。夫篡盗之人，列为侯王；诈谲之国，兴立为强。是以传相仿效，后生师之，遂相吞灭，并大兼小，暴师经岁，流血满野，父子不相亲，兄弟不相安，夫妇离散，莫保其命，泯然道德绝矣。晚世益甚，万乘之国七，千乘之国五，敌侔争权，盖为战国。贪饕无耻，竞进无厌；国异政教，各自制断；上无天子，下无方伯；力功争强，胜者为右；兵革不休，诈伪并起。当此之时，虽有道德，不得施设；有谋之强，负阻而恃固；连与交质，重约结誓，以守其国。故孟子、孙卿儒术之士，弃捐于世，而游说权谋之徒，见贵于俗。是以苏秦、张仪、公孙衍、陈轸、代、厉之属，生从横短长之说，左右倾侧。苏秦为从，张仪为横；横则秦帝，从则楚王；所在国重，所去国轻。

然当此之时，秦国最雄，诸侯方弱，苏秦结之，时六国为一，以傧背秦。秦人恐惧，不敢窥兵于关中，天下不交兵者，二十有九年。然秦国势便形利，权谋之士，咸先驰之。苏秦初欲横，秦弗用，故东合从。及苏秦死后，张仪连横，诸侯听之，西向事秦。是故始皇因四塞之固，据崤、函之阻，跨陇、蜀之饶，听众人之策，乘六世之烈，以蚕食六国，兼诸侯，并有天下。杖于谋诈之弊，终无信笃之诚，无道德之教、仁义之化，以缀天下之心。任刑罚以为治，信小术以为道。遂燔烧诗书，坑杀儒士，上小尧、舜，下邈三王。二世愈甚，惠不下施，情不上达；君臣相疑，骨肉相疏；化道浅薄，纲纪坏败；民不见义，而悬于不宁。抚天下十四岁，天下大溃，诈伪之弊也。其比王德，岂不远哉！孔子曰："道之以政，齐之以刑，民免而无耻；道之以德，齐之以礼，有耻且格。"夫使天下有所耻，故化可致也。苟以诈伪偷活取容，自上为之，何以率下？秦之败也，不亦宜乎！

战国之时，君德浅薄，为之谋策者，不得不因势而为资，据时而为画。其谋扶急持倾，为一切之权，虽不可以临国教化，兵革救急之势也，皆高才秀士，度时君之所能行，出奇策异智，转危为安，运亡为存，亦可喜，皆可观。护左都水使者光禄大夫臣向所校《战国策》书录。

《战国策》主要版本

1. 战国策

汉高诱注　南宋姚宏续注　清黄丕烈札记　读未见书斋嘉庆八年(1803)重雕本(即士礼居本)

2. 战国策

南宋鲍彪注　元吴师道补正商务印书馆四部丛刊影元刊本

3. 战国策谭棷

明张文燿校辑　明刊本

4. 战国策

明张一鲲校订　明万历九年(1581)刊本

5. 战国策

明锺人杰重校　明天启三年(1623)刊本

6. 战国策

清卢见曾雅雨堂乾隆二十一年(1756)刊本

7. 战国策正解

日本横田惟孝著　文政九年(1826)刊本

8. 战国策去毒

陆陇其著　清同治九年(1870)求我斋刻本

9. 战国策补注

吴曾祺注　商务印书馆民国初年刊本

10. 战国策详注

郭希汾注　上海文明书局民国初年刊本

11. 战国策

上海古籍出版社 1978 年汇注校点本

12. 战国纵横家书

马王堆汉墓帛书整理小组编　文物出版社 1976 年版

《战国策》重要研究著作

1. 程恩泽《国策地名考》,清道先二十年(1840)溧阳狄子奇刻本

2. 林春溥《战国纪年》,“竹柏山房十五种”,清咸丰五年(1855)闵县林氏竹柏山房刻本

3. 黄丕烈《战国策札记》,清同治八年(1869)湖北崇文书局刻本

4. 黄式三《周季编略》,清同治十二年(1873)浙江书局刻本

5. 张琦《战国策释地》,清光绪二十六年(1900)广雅书局刻本

6. 顾观光《国策编年·七国地理考》,光绪间金山顾氏刻本

7. 于鬯《战国策年表》,1978 年上海古籍出版社《战国策》汇注本附录

8. 金正炜《战国策补释》,贵阳金氏十梅馆刻本,1924 年版

9. 锺凤年《国策勘研》,《燕京学报》专号 11,1936 年版

10. 郑良树《战国策研究》,台湾学生书局,1975 年版

11. 张正男《战国策初探》,台湾商务印书馆,1984 年版

12. 缪文远《战国策考辨》,中华书局,1984 年版

13. 诸祖耿《战国策集注汇考》,江苏古籍出版社,1985 年版

14. 缪文远《战国策新校注》,巴蜀书社,1987 年版

15. 郭人民《战国策校注系年》,中州古籍出版社,1988 年版

16. 孙诒让著、梁运华点校《札迻》,中华书局,1989 年版

17. 何建章《战国策注释》,中华书局,1990 年版

18. 王念孙《读书杂志》,中华书局,1991 年版

19. 王念孙、金正炜著,赵丕杰、赵立生点校《战国策校释二种》,首都师范大学出版社,1994 年版

20. 何晋《〈战国策〉研究》,北京大学出版社,2001 年版

《战国策》名言警句

△张罗者，张于无鸟之所，则终日无所得矣；张于多鸟处，则又骇鸟矣；必张于有鸟无鸟之际，然后能多得鸟矣。(《东周策·杜赫欲重景翠于周》)(第006页)

△道不拾遗。(《秦策·卫鞅亡魏入秦》)(第016页)

△大臣太重者国危，左右太亲者身危。(《秦策·卫鞅亡魏入秦》)(第016页)

△毛羽不丰满者不可以高飞，文章不成者不可以诛罚，道德不厚者不可以使民，政教不顺者不可以烦大臣。(《秦策·苏秦始将连横》)(第017页)

△嗟乎！贫穷则父母不子，富贵则亲戚畏惧。人生世上，势位富贵，盖可忽乎哉？(《秦策·苏秦始将连横》)(第022页)

△争名者于朝，争利者于市。(《秦策·司马错与张仪争论于秦惠王前》)(第023页)

△欲富国者，务广其地；欲强兵者，务富其民；欲王者，务博其德。(《秦策·司马错与张仪争论于秦惠王前》)(第024页)

△三人成虎，十夫揉椎。众口所移，毋翼而飞。(《秦策·秦攻邯郸》)(第041页)

△日中则移，月满则亏。(《秦策·蔡泽见逐于赵》)(第045页)

△门庭若市。(《齐策·邹忌修八尺有馀》)(第061页)

△连衽成帷，举袂成幕，挥汗如雨。(《齐策·苏秦为赵合从说齐宣王》)(第063页)

△鸟同翼者而聚居，兽同足者而俱行。(《齐策·淳于髡一日而见七人于宣王》)(第068页)

△狡兔有三窟。(《齐策·齐人有冯谖者》)(第073页)

△苟无岁，何以有民？苟无民，何以有君？(《齐策·齐王使使者问赵威后》)(第077页)

△以财交者，财尽而交绝；以色交者，华落而爱渝。(《楚策·江乙说于安陵君》)(第082页)

△兵不如者，勿与挑战；粟不如者，勿与持久。(《楚策·张仪为秦破从连横》)(第088页)

△见兔而顾犬，未为晚也；亡羊而补牢，未为迟也。(《楚策·庄辛谓楚襄王》)(第105页)

△士为知己者死，女为悦己者容。(《赵策·晋毕阳之孙豫让》)(第117页)

△安民之本，在于择交。择交而得则民安，择交不得则民终身不得安。(《赵策·苏秦从燕之赵始合从》)(第120页)

△夫有高世之功者，必负遗俗之累；有独知之虑者，必被庶人之怨。(《赵策·武灵王平昼闲居》)(第127页)

△疑事无功,疑行无名。(《赵策·武灵王平昼闲居》)(第128页)

△夫论至德者,不和于俗;成大功者,不谋于众。(《赵策·武灵王平昼闲居》)(第128页)

△夫制国有常,而利民为本;从政有经,而令行为上。故明德在于论贱,行政在于信贵。(《赵策·武灵王平昼闲居》)(第129页)

△常民溺于习俗,学者沉于所闻。(《赵策·武灵王平昼闲居》)(第132页)

△故为己者不待人,制今者不法古。(《赵策·武灵王平昼闲居》)(第132页)

△故治世不必一其道,便国不必法古。(《赵策·武灵王平昼闲居》)(第134页)

△夫胶漆,至黏也,而不能合远;鸿毛,至轻也,而不能自举。(《赵策·说张相国》)(第143页)

△前虑不定,后有大患。(《魏策·苏子为赵合从说魏王》)(第153页)

△积羽沉舟,群轻折轴,众口铄金。(《魏策·张仪为秦连横说魏王》)(第155页)

△以地事秦,譬犹抱薪而救火也,薪不尽则火不止。(《魏策·华军之战》)(第165页)

△夜行者能无为奸,不能禁狗使无吠己也。(《魏策·白珪谓新城君》)(第166页)

△宁为鸡口,无为牛后。(《韩策·苏秦为楚合从说韩王》)(第171页)

△帝者与师处,王者与友处,霸者与臣处,亡国与役处。(《燕策·燕昭王收破燕后即位》)(第192页)

△因其强而强之,乃可折也;因其广而广之,乃可缺也。(《燕策·客谓燕王》)(第198页)

△与不期众少,其于当厄;怨不期深浅,其于伤心。(《中山策·中山君飨都士》)(第216页)

图书在版编目（CIP）数据

战国策／（西汉）刘向编订；宋韬译注．—2版．—太原：三晋出版社，2008.10
（中国家庭基本藏书·史著选集卷）
ISBN 978－7－5457－0018－3

Ⅰ.战… Ⅱ.①刘…②宋… Ⅲ.①中国—古代史—战国时代—史籍②战国策—译文③战国策—注释 Ⅳ.K 231.04

中国版本图书馆CIP数据核字（2008）第157716号

战国策

著　　者：（战国）佚　名　　**编 订 者**：（汉）刘　向
译 注 者：宋　韬

责任编辑：朱慧峰　　**审 订 者**：杨　淮
封面设计：敬人工作室　　**版式设计**：敬人工作室
责任校对：朱慧峰　　**责任印制**：李佳音

出版发行：山西出版集团·三晋出版社（原山西古籍出版社）
地　　址：太原市建设南路21号
电　　话：（0351）4956036（咨询）　　4922268（邮购）
传　　真：（0351）4922102
网　　址：http://sjs.sxpmg.com
邮　　编：030012
E－mail：sj@sxpmg.com

印刷装订：山西出版集团·山西新华印业有限公司
（本书如有破损、缺页、装订错误，请与承印厂联系调换　0351－4120948）

开　　本：787mm×960mm　　1/16
字　　数：240千字
印　　张：14.75
版　　次：2008年10月第2版
印　　次：2011年6月第2次印刷
印　　数：5001－10000册
书　　号：ISBN 978－7－5457－0018－3
定　　价：22.00元